理解新型农村集体经济

LIJIE
XINXING NONGCUN
JITIJINGJI

孟捷 伍旭中 ◎ 主编

四十人论坛
CPE-40 FORUM

重庆出版集团 重庆出版社

图书在版编目（CIP）数据
理解新型农村集体经济 / 孟捷，伍旭中主编.
重庆 : 重庆出版社, 2025. 1. -- ISBN 978-7-229
-19156-6
Ⅰ. F321.32
中国国家版本馆CIP数据核字第2024DA9922号

理解新型农村集体经济
LIJIE XINXING NONGCUN JITI JINGJI
孟　捷　伍旭中　主编

责任编辑:彭　景
责任校对:刘　刚
装帧设计:梁　俭

重庆出版集团
重庆出版社　出版

重庆市南岸区南滨路162号1幢　邮政编码:400061　http://www.cqph.com
重庆出版社艺术设计有限公司制版
重庆升光电力印务有限公司印刷
重庆出版集团图书发行有限公司发行
E-MAIL:fxchu@cqph.com　邮购电话:023-61520678
全国新华书店经销

开本:890mm×1240mm　1/32　印张:11　字数:265千
2025年1月第1版　2025年1月第1次印刷
ISBN 978-7-229-19156-6
定价:68.00元

如有印装质量问题,请向本集团图书发行有限公司调换:023-61520678

版权所有　侵权必究

写在前面

PREFACE

推进中国式现代化，必须坚持不懈夯实农业基础，全面推进乡村振兴。农村集体经济是我国社会主义公有制经济的重要组成部分，发展壮大新型农村集体经济是实施乡村振兴战略的重要任务，是推动农业农村高质量发展的有效途径，是实现共同富裕的制度保证。党的十八大以来，习近平总书记就乡村振兴和农村集体化有一系列重要指示，2013年3月，在十二届全国人大一次会议的江苏团会议上，他指出："改革开放从农村破题，大包干是改革开放的先声。当时中央文件提出要建立统分结合的家庭承包责任制，但实践的结果是，'分'的积极性充分体现了，但'统'怎么适应市场经济、规模经济，始终没有得到很好的解决。"2020年7月，他在吉林进一步指出："走好农业合作化道路。我们要总结经验，在全国不同的地区实施不同的农业合作化道路。"

党的十八大以来，我国农村集体经济的发展大致经历了三个阶段。第一阶段为2012年至2016年。在东部农村以及中西部具有区位优势的农村地区，农村集体经济获得了一定程度的发展。然而，在集体资产积累到一定程度后，管理和运营体制机制尚未理顺、管理手段尚不健全，需要在农村集体产权制度上进行深入改革。第二阶段为2016年至2021年。2016年12月，中共中央、国务院印发《关于稳步推进农村集体产权制度改革的意见》，提出科学确认农村集体经济组织成员身份，明晰集体所有产权关系，发展新型农村集体经济。2020年11月，农业农村部印发《农村集体经济组织示范章程（试行）》，为农村经济组织形式的规范和发展奠定了基础。第三阶段为2021年至今。新型农村集体经济发展进入快车道，成为迈向农业强国的重要助力。2023年中央一号文件，明确提出要"构建产权关系明晰、治理架构科学、经营方式稳健、收益分配合理的运行机制，探索资源发包、物业出租、居间服务、资产参股等多样化途径发展新型农村集体经济"。2024年中央一号文件，进一步强调"深化农村集体产权制度改革，促进新型农村集体经济健康发展，严格控制农村集体经营风险"。相较传统农村集体经济，新型农村集体经济的要素联合范围更加广泛，除了劳动联合外，还包括土地、资金、技术、管理及文旅资源等各种要素的联合，而且不排斥与其他所有制经济的联合，要素所有者从农村集体延展到农户个体、国有企业、城镇工商企业等多元化经营主体，贯彻了开放、包容、共赢的理念。

改革开放以来，在社会主义市场经济条件下发展农村集体经济，各地一直有零星的探索，河北的周家庄、江苏的华西村、河南的南街村、浙江的航民和滕头村、贵州的塘约村等都是典型的例子。2017年以来，在地方党委和政府的积极推动下，一种新型集体经济组织形态——党支部领办合作社在山东烟台等地得到了迅速发展，成效显著，社会反响良好。党支部领办合作社将党支部的政治优势、合作社的经济优势以及群众的能动性相结合，通过股份合作的形式，把分散的农户组织起来，整合资源、规模经营，走出了一条发展集体经济实现乡村振兴和共同富裕的新路径。2021年7月，烟台市有3245个村党支部领办了合作社，带动集体增收3.9亿元，群众增收5亿元。2021年以来，安徽芜湖吸收烟台、毕节"党支部领办合作社"以及浙江湖州等地"强村公司"的实践经验，因地制宜、积极探索，在安徽省率先全域推行"党组织领办合作社"。截至2023年12月，全市共有189个村级党组织领办合作社，其中70个市、县试点合作社，13个镇级联合社，2个县区级联合社。截至2022年底，全市经营性收入50万元以上强村376个，占比56.29%，较2021年提高26.39个百分点；村均59.72万元，较2021年提高25.39万元。

理论源于实践，又指导实践。新型农村集体经济的兴起和蓬勃发展，已经在实践中展示出对乡村振兴和城乡融合发展的强劲推动力、支撑力，需要我们从理论上进行总结、概括和提炼。新型农村集体经济的内涵是什么？有哪些重要的实践模式？这些模式呈现出哪些一般性特征？为适应农业农村现代化的新要求，未来新型农村集体经济发展应处理好哪些重要关系？需要什么样的政策支持？都是当前值得研究的重要问题。本书从政治经济学、行为经济学、制度经济学、农村社会学等不同方向或视角围绕农村集体经济的理论与实践问题展开了丰富的讨论。我们期待未来能有更多的学者关注新型农村集体经济的发展，共同探索这一理论和政策研究的"富矿"，在时代性与学理性的结合中讲清楚新型农村集体经济新在何处、好在哪里、未来怎么干，为全面推进乡村振兴贡献理论工作者的一份力量。

编者

2024年8月

目 录
CONTENTS

001　写在前面

001　中国共产党百年合作社实践与探索：
　　　发展历程、经验教训与未来展望

036　"党支部领办合作社"与
　　　社会主义初级阶段的政治经济制度
　　　——以"烟台经验"为参照

067　乡村振兴必须坚持正确的政治方向

080　党委领导乡村振兴的首要责任：把好政治方向

110　振兴乡村，以农民为主体，以集体为龙头

118　壮大农村集体经济要发扬历史主动精神，
　　　不能消极等待

152　从合作社转向合作联社：
　　市场扩展下龙头企业和农户契约选择的经济逻辑
　　　　——以山西省太谷县某龙头企业和土地合作社为例

202　国家—村/社—农民：社会主义中国"第三领域"

235　新型农村集体产权制度作用机制研究
　　　　——乡村振兴主体的实践逻辑思考

272　芜湖市"党组织领办合作社"引领新型集体化实践

303　关于市场制度是否挤出道德
　　偏好的实验经济学研究的现状与展望

322　百年农民现代化：土地制度变迁的目标与方式

中国共产党百年合作社实践与探索：发展历程、经验教训与未来展望

张庆亮

一百年来，中国共产党带领人民不懈探索，走出了一条具有中国特色的现代化道路。在革命、建设、改革各个历史时期，中国共产党一直注重领导和发展合作社，经济社会发展尤其是农村经济社会发展取得了巨大的成就，积累了宝贵的经验。在开启全面建设社会主义现代化国家新征程上，推进乡村全面振兴、加快农业农村现代化需要积极推动合作社发展。回顾中国共产党领导和发展合作社的百年历程，总结经验教训，探索未来发展路径，是当前一项十分重要而且紧迫的任务。

一、新民主主义革命时期：合作社的尝试与探索

新民主主义革命时期，中国共产党赢得了最广大人民的支持和拥护，领导人民翻身得解放，夺取了中国革命胜利，建立了中华人民共和国。中国共产党紧紧抓住农民关注的核心诉求——土地，明确提出"打土豪、分田地"，实行"耕者有其田"，解决了两千多年来农民与土地关系这一核心命题，有力地汇聚了革命的

重要力量——农民。1923年的中共"三大"将农民的土地问题列入议事日程。1926年,毛泽东同志提出"农民问题乃国民革命的中心问题"的著名论断。在这一时期,中国共产党创办合作社,有力地发动、组织、教育、引导农民,参加和支持红色革命。

中国共产党从创建之初就开始领导和推动合作社发展,第一个农村合作社是浙江省萧山县衙前村的衙前农民协会(实际就是合作社),成立于1921年9月27日,由中国共产党成立时的50多名党员之一的沈玄庐(即沈定一)等共产党人组织发起,发表了《衙前农民协会宣言》和《衙前农民协会章程》,有力地反抗地主压迫和剥削,捍卫农民自身权益,合作社作为一种新型的农民组织正式出现。1922年的党的二大作出"工人消费合作社是工人利益自卫的组织,共产党须注意和活动此种组织"的附加决议案。

第一次国共合作时期,合作社开始取得了初步发展。1924年7月3日,由共产党人彭湃创办的广州农民运动讲习所正式开学,开设了"农村合作"课程。直至1926年9月,共举办了6届,学员扩大到全国20个省,成为全国性的农民讲习所,为农民运动培养了骨干,为合作社的发展做好了思想理论准备和骨干力量培训。湖南、湖北、广东等省的农村合作社发展较有代表性,正如毛泽东在《湖南农民运动考察报告》中就提出"合作社,特别是消费、贩卖、信用三种合作社,确是农民所需要的"[1]。1927年大革命失败后,这些合作社遭遇重大挫折,普遍停办了。

---

[1]《毛泽东选集》第一卷,人民出版社1991年版,第40页。

土地革命时期，合作社得到了进一步发展。中央苏区的供销合作社（包括消费、贩卖、销售合作社等）在江西省和福建省形成了省总社—县总社—区社—村或乡基层社的自上而下的合作社系统。1932年，中华苏维埃临时中央政府发布的《关于春耕问题的训令》要求"各地必须创办信用合作社"①。生产合作组织主要有耕田队、劳动互助合作社、犁牛合作社等形式。1930年，闽西根据地上杭县才溪乡按照自愿报名的原则，组建了以村为单位的耕田队，1931年，又扩大为以乡为单位的劳动互助合作社；除了劳动互助合作社外，又因当时农村耕牛比较短缺，为了解决农民之间耕牛短缺的问题，还成立了犁牛合作社。这些合作社发展保障了根据地的物资供应。

全民族抗战时期，中国共产党重视合作社的发展。1943年大生产运动之前，陕甘宁边区和根据地的供销合作社、信用合作社等发挥了重要作用。此后，为克服困难和巩固政权，大生产运动中农业生产的互助合作社开始大力发展。1942年12月，毛泽东在陕甘宁边区高级干部会议上作了《经济问题与财政问题》和《论合作社》的报告，提出"发展经济，保障供给"的方针，通过互助合作发展农业和其他经济。1943年11月，毛泽东在中共中央招待陕甘宁边区劳动英雄大会上作了《组织起来》的著名讲话，指出"目前我们在经济上组织群众的最重要形式，就是合作社"②，助推了农业互助合作运动。大小变工队、劳动互助社

---

① 史敬棠等编：《中国农业合作化运动史料》上册，三联书店1957年版，第80页。
② 《毛泽东选集》第三卷，人民出版社1991年版，第931页。

（组）等普遍建立和发展起来。1943年，闻名全国的第一个农业生产合作社——耿长锁农业生产合作社在河北省饶阳县建立，把分散的农民组织了起来。

解放战争时期，中国共产党继续进行土地改革和组织互助合作。农业互助合作不仅强调数量，而且强调质量。1948年，刘少奇在《论新民主主义经济与合作社》中指出："一个最重要最有决定性又最难实现的要求，就是中国无产阶级与共产党如何去帮助、教育与组织中国最大多数的农民及其他小生产者，使他们紧紧地跟随自己前进。合作社是实现这一困难任务的最重要的方法。"[1]毛泽东强调指出："使大多数生产者组织在生产互助团体中，是生产运动胜利的关键。"[2]"平分土地以后，必须号召农民发展生产，并劝告农民组织变工队、互助组或农业互助合作组织。"[3]1948年7月25日，新华社社论《把解放区的农业生产提高一步》指出："为了提高解放区的农业生产，应在自愿结合、等价交换等基础上组织一切农村人民进行互助合作，尤其是组织中农和贫雇农的互助合作。"[4]这不仅促进了生产合作组织数量的增加，而且在部分解放区还出现了更高级别的类似于新中国成立后的初级社的生产合作组织形式。与此同时，信用合作社和供销合作社也取得了比较大的发展，尤其是新解放区对原国民政府时期

---

[1]《刘少奇年谱》下卷，中央文献出版社1996年版，第160页。
[2]《毛泽东选集》第四卷，人民出版社1991年版，第1173页。
[3]《毛泽东选集》第四卷，人民出版社1991年版，第1270页。
[4] 中央档案馆：《中共中央文件选集》第17册，中共中央党校出版社1989年版，第657页。

合作社的接受、改造和利用。1949年，中共七届二中全会上，毛泽东明确提出："必须组织生产的、消费的和信用的合作社，和中央、省、市、区的合作社的领导机关。"①这一时期各种类型的合作社在各地普遍发展。

新民主主义革命时期，中国共产党在根据地和解放区进行了土地革命，在战争环境下通过激烈的阶级斗争，消灭了地主土地所有制，逐渐形成了农民土地私有制，实现了"耕者有其田"的革命理想。在这一过程中，中国共产党以马克思列宁主义为指导，在学习、借鉴国外合作社发展经验的基础上，推动了合作社在根据地和解放区的实践。战时经济是合作社发展的外部环境，由于一直处于革命战争的特殊环境中，粮食等农产品供不应求是常态，合作社更多发挥了组织农民、保障供给、支持革命等作用，保障了战时各种需求的满足。显然，合作社不是单一的经济组织，而是更具有政治动员和保障发展的性质。尽管根据地和解放区时常面临外部的封锁，但是仍然解决了基本的生产生活问题。农民参加合作社也并非完全出于自愿、自发，更多是基层党组织的动员和引导。根据地和解放区的合作社在保障农民权益、民主管理、自愿参加等方面显著优于国统区的合作社，国统区合作社被乡长、保长、地主所控制，广大农民难以获得利益。由此也决定了共产党获得农民的支持远远高于国民党，胜利的天平自然倾向于前者。需要强调的是，囿于当时的社会生产力发展水平

---

① 《毛泽东选集》第四卷，人民出版社1991年版，第1270页。

低下，互助合作的范围小和层次低、规模小和效率低，等等，还无法实现农业组织化程度的显著提高。总之，这一时期合作社发展的经验为新中国农村合作社发展提供了理论指导和实践借鉴。

二、社会主义革命和建设时期：合作社的升级与异化

新中国成立后，中国共产党团结带领人民完成社会主义革命，确立社会主义基本制度，推进社会主义建设，为改善人民生活打下了坚实基础。新中国成立初期，在农业约占国民经济90%份额的现实基础上，中国共产党高度重视农业合作事业发展。

农业生产互助合作快速发展起来。1949年11月1日，国家成立中央合作事业管理局。1950年7月，成立中华全国合作社联合总社。1951年9月，第一次全国互助合作会议通过了《中共中央关于农业生产互助合作的决议（草案）》，明确农业合作化的三种主要形式：互助组、临时性的初级互助组和常年互助组。到1952年底，全国共有互助组803万个，参加的农户为4500万户，占总农户的40%[1]；初级社有3634多个，入社农户为57188万户；高级社有10个，入社农户为1840户。[2]到1953年底，由发展互助组转变为重点发展初级农业生产合作社，出现了急躁冒进倾向。

---

[1] 董辅礽主编：《中华人民共和国经济史》（上），经济科学出版社1999年版，第142页。

[2] 彭连港主编：《新编中国近代经济史》，吉林教育出版社2002年版，第352页。

到1956年4月底，农业生产合作社数量竟然达到了100.8万个，入社农户1.0668亿户，占全国农户总数的90%，其中参加高级社的农户已占全国农户总数的55%。[1]1957年底，出现了生产合作社"并大社"的现象，高级农业合作社高达75.3万个，入社农户占全国总农户数的95.6%。[2]高级社在全国范围内的普及，标志着中国农业合作化的结束以及集体化的开始。1958年，在毛泽东的号召下，74万多个农业生产合作组织被改组为2.6万多个人民公社，参加公社的农户有1.2亿多户，占全国总农户的99%以上。[3]逐渐形成了实行农村土地集体所有制、农业生产经营集体化劳动协作的"三级所有，队为基础"集体化性质的高度集中的人民公社制度。

农村供销社发展经历了分分合合。1953年12月，随着实行统购统销政策，供销社承担粮食、油料、棉花的收购任务。1954年，中华全国合作社联合总社更名为中华全国供销合作总社，在国营商业的领导下，逐渐承担主要农产品的收购任务。供销社还承担了改造农村私人商贩的政治任务。到1957年底，从中央到基层的供销社组织体系基本建立起来，基层社有19402个，机构有29.1万个，从业人员168万人。[4]在收购农产品、供应工业品等沟

---

[1] 国务院发展研究中心农村经济研究部：《集体所有制下的产权重构》，中国发展出版社2015年版，第70页。
[2] 苏星：《新中国经济史（修订本）》，中共中央党校出版社2007年版，第217页。
[3] 李敬文等主编：《中国革命史》，中国文史出版社1993年版，第277页。
[4] 姜兴文、吴德太主编：《供销社市场经济的沃土》，中国人事出版社1994年版，第13页。

通城乡物资供销方面发挥了重要作用，有力地支援了国家工业化。供销社在农村中发挥了重要作用，实现了供销合作社化。特别是农村供销社的销售额一度大大地高于国有商业，导致供销社与国营商业经历了"两合两分"。随着人民公社体制的形成，供销社成为人民公社的组成部分，走向了"升级""过渡"的曲折道路。供销社由集体所有制转化为全民所有制，经营活动更多依附于政府，逐渐形成了"官商"作风。这种基因的突变导致供销社从此之后一直未能恢复为农民自己的组织。

农村信用社受到高度重视。农村信用社一度成为中国最大的、最重要的农村金融机构。到1952年底，各地信用社达2万个。1953年12月，《关于发展农业生产合作社的决议》指出：农业生产互助合作、农村供销社和信用合作社是农村合作化的三种形式。到1955年底，农村信用合作社发展到15.9万家，参加信用社的农户占比超过65%，85%的乡实现了一乡一社，基本实现了农村信用合作化。[①]在人民公社时期，农村信用社的主管部门先是由生产大队领导，后由人民公社管辖，再由中国人民银行管理，成为"信用社是集体金融组织，又是国家银行在农村的基层机构"。以至于中国人民银行总行于1978年5月就农村信用社在机构设置、领导关系、业务经营等作出具体规定。农村信用社不断被"升级""过渡"为国家银行的基层组织，实质上已是官办金融机构，不再具有合作金融组织的性质。

---

① 王贵宸：《中国农村合作经济史》，山西经济出版社2006年版，第330页。

社会主义革命和建设没有更多可供参考的成功经验，学习、借鉴和移植苏联关于合作社发展的经验是可以理解的。斯大林抛弃了列宁的合作社理论，采取限制农民的自愿选择权，发动强制的"群众运动"和采取激烈的阶级斗争（消灭富农）迅速实现农业集体化。毛泽东在20世纪50年代初期提出工业化与合作化、集体化同时进行，先合作化后机械化的思想。这直接影响和决定了农业合作化的进程和合作事业发展的结果。而作为中国合作社思想集大成者的刘少奇，受到列宁合作社思想的影响更大，重视供销合作社的发展，十分遗憾的是，在现实中没有实行下去。众所周知，合作社是市场经济的产物，离开市场经济环境，合作社就没有存在的必要和可能。20世纪50年代前半期，市场经济得到了一定程度的恢复和发展，在农村土地私有的基础上，农民互助合作的热情被激发出来，积极参加互助组、初级生产合作社、信用社、供销社，显著提高了农业的效益，农民获得了实实在在的收益。合作社被赋予了改造广大小农并使之过渡到社会主义道路上去的政治功能，发展农民合作社被纳入完成社会主义改造、壮大社会主义集体经济的国家政治战略之中。合作社被赋予了这种特殊功能有其合理性乃至必然性，一定程度上可以说，合作社是协调农民私人利益和国家利益，使私人利益在"合适程度"上服从国家利益的机构。[1]20世纪50年代后半期，随着计划经济体制的形成，合作社发展的外部环境发生了极大变化。计划经济体

---

[1] 薛凤伟：《苏联集体农庄与中国人民公社之比较》，《聊城大学学报》（哲学社会科学版）2002年第3期。

制的形成和发展意味着真正的合作社的发展是不可能的，合作社的异化是自然而然的。农民被强制性加入高级社，进而加入人民公社，合作社事业受到重创，农民利益受到损害。尤其是农产品统购统销、副食品及工业品凭票供应，农民彻底丧失了作为独立主体参与市场交换的权利，自身权益也就无法得到保障。计划经济体制的形成实现了农业的集体化经营，农民不再占有任何生产资料，几乎不存在独立的财产性收益，仅作为生产队的一员参与集体劳动。特别是由于领导人把"集体化"混同于"合作化"，违背了合作化的循序渐进与自愿互利的基本原则，导致农民对高级合作社、集体化的不认同，给农业发展带来了很大的负面影响。合作化已经异化为、转变为集体化，背离了合作的基本原则和本来面目。在这种情况下，农民的温饱成为重要的社会问题，农产品供不应求的短缺经济成为常态，整个社会的生活水平难以提升。

三、改革开放时期：合作社的重生与改革

改革开放以来，中国共产党团结带领人民开拓创新，着力解放和发展社会生产力，着力保障和改善民生，取得了前所未有的伟大成就。1978年，安徽省凤阳县小岗村率先实行分田包产到户，拉开了以家庭联产承包责任制为主的农村基本经营体制改革的序幕。合作社的发展获得了很好的历史机遇，各种协会、合作社等合作组织形式如雨后春笋般地不断涌现。

随着农村家庭联产承包责任制逐步建立，集体农业生产经营基本消失，建立起了以家庭经营为主的分散的一家一户农业经营模式。农户家庭经营必须面对市场，成为自负盈亏的独立生产经营者。以家庭生产经营为基础的"千家万户的小生产"面对"千变万化的大市场"，导致了越来越严重的小生产与大市场的矛盾，作为分散的农户个体无法应对统一的大市场的挑战，生产和销售脱节、信息不对称等问题不断突显，提高农业、农户生产经营的组织化程度成为当务之急。1983年的中央一号文件《当前农村经济政策的若干问题》提出：适应商品生产需要，发展多种多样的合作经济。此后合作社组织得到了一定的发展，各地出现了名称不一、实质上性质相同的合作社形式，作为新鲜事物得到了许可和包容。

农民专业合作社发展起来。1993年，国务院明确以农业部作为指导和扶持农民专业合作与联合组织的行政主管部门，在陕西和山西两省试点办日本农协类合作社，在安徽省试点办农民专业协会，等等。财政部等部门出台有关政策支持试点省的合作社工作。1998年，《中华人民共和国村民委员会组织法》的颁布，促进了我国农村合作经济组织的快速发展和组织形态创新。2004年，农业部用2000万元资金支持100个由农民领办的专业合作社，中央支持资金达到7000万元。到同年底，农业专业合作社已达到15万个，社员约2363万户，9.8%的农户参加了合作社。[①]

[①] 韩俊主编：《中国农民专业合作社调查》，上海远东出版社2007年版，第11页。

2005年的中央一号文件指出：支持农民专业合作组织发展，对专业合作组织及其所办加工、流通实体适当减免有关税费。2005年10月召开的十六届五中全会通过的《十一五规划纲要建议》中提出"建设社会主义新农村"战略规划，进一步"鼓励和引导农民发展各类专业合作经济组织，提高农业的组织化程度"。2007年7月1日正式实施的《中华人民共和国农民专业合作社法》，有力地推动了合作社的发展。截至2007年底，农民专业合作社有2.6万家，此后，农民专业合作社数量迅速增加，到2011年底达到52.2万家。

供销合作社在改革中不断发展。1982年，全国供销合作总社第三次与商业部合并，设立了中华全国供销合作总社理事会，保留了省以下供销合作社的独立组织系统。1983年，"县供销社改成县联社，作为基层社的经济联合实体，是合作商业"[1]。从1988年起，供销合作社进入深化改革阶段。1995年2月，国务院作出了《关于深化供销合作社改革的决定》，明确了供销合作社的性质、宗旨、地位和作用。中华全国供销合作总社重新恢复，并通过了《中华全国供销合作总社章程》。2009年11月17日，国务院《关于加快供销合作社改革发展的若干意见》（国发〔2009〕40号）再次对供销合作社改革提出了明确的要求。到2011年底，供销社系统有县及县以上供销合作社机关2751个，其中，省（区、市）供销合作社31个，省辖市（地、盟、州）供销合作社

---

[1] 1983年2月11日，国务院批转《国家体改委、商业部关于改革农村商品流通体制若干问题的试行规定》。

342个，县（区、市、旗）供销合作社2377个。

农村信用社改革没有取得明显的成效。1979年中国农业银行恢复后，农村信用社交由农业银行进行经营管理。1983年中央一号文件《当前农村经济政策的若干问题》明确指出：信用社应坚持合作金融的性质。1993年，中国农业银行印发了《农村信用合作社股份合作制试点意见》，试图进行股份合作制改革，最终未真正推广。1996年8月，国务院下发《关于农村金融体制改革的决定》，农信社与农业银行脱离行政隶属关系，由中国人民银行负责对农村信用合作社的金融监管。独立后，全国共有独立核算信用合作社50219个，县联社2049个，职工总数63.5万人。2003年6月，国务院出台了《深化农村信用社改革试点方案》，逐渐建立了形式上的合作金融体制省级联社模式，实质上省联社代表省政府对县级联社实行从上对下的行政性控制，农村信用社不可避免地逐渐发展成"地方准国有商业银行"。《中国银监会关于加快推进农村合作金融机构股权改造的指导意见》（银监发〔2010〕92号）要求符合准入条件的改制为农村商业银行；暂不符合条件的改制组建为股份制的农村信用社。农村信用合作社发展遭遇重大危机。

然而，新型的资金互助和信用合作开始出现。浙江、江苏、山东等省的个别合作社开始进行资金互助尝试，尽管这些资金互助活动没有得到国家的认可，但是却顽强地以多种不同方式存在和运行着。2007年1月，中国银行业监督管理委员会印发《农村资金互助社管理暂行规定》（银监发〔2007〕7号），推动了农村资金互助社的规范发展。2008年10月，党的十七届三中全会首次提出"允许有条件的农民专业合作社开展信用合作"。有银监会、农业部门、地方政府金融办、供销社等批准或支持、指导的农民专业合作社的资金互助和信用合作发展起来。经银监会批准的正规农村资金互助社，2007年有8家，到2011年达到46家。虽然国家主管部门对民间非正式资金互助有各种限制和约束，但是"野火烧不尽，春风吹又生"，非正式的农村资金互助合作以各种不同的形式在各地发展起来，满足了农村社会经济发展中的金融需求。

需要特别强调的是，"三位一体"合作的萌芽。农民专业合作、供销合作、信用合作"三位一体"最早出现在浙江省瑞安市，被称为"三位一体"改革始源地。2006年1月，时任中共浙江省委书记习近平同志在全省农村工作会议上首次提出要"积极探索建立农民专业合作、供销合作、信用合作'三位一体'的农村新型合作体系"。2006年3月，瑞安农村合作协会成立并通过了《瑞安农村合作协会章程》，这是国内第一家集金融、生产和流通为一体的综合性农村合作组织，近100家农民专业合作社和村经济合作社、市供销合作社联合社、农村合作银行等涉农部门加入其中。瑞安这一开创性的工作得到了广泛认可，2008年11月入选"全国改革开放30周年30创新案例"。然而，此后"三位一体"在浙江也没有很好推进下去。

改革开放以来，随着计划经济体制的改革，统购统销和票证制度逐渐被废除，市场经济恢复和发展起来，特别是随着1992年中共十四大确定建立社会主义市场经济体制，为合作社发展提供了基础环境和外部条件。农民作为拥有生产资料所有权的独立的市场主体重新参与市场交换，追求自身利益最大化，在基本遵循"入社自愿、退社自由"等基本原则和"民办、民管、民受益"原则，农业合作重新发展起来。合作社拥有充分的自主经营权，可以突破行政区域界限进行更大范围的联合，实现农业生产经营的专业化、规模化。而农村供销合作社、信用合作社尽管冠以"农村"与"合作"之名，但实践中已无"农村"与"合作"之实，难以得到农民的认同。一般认为，供销合作社作为组织农村商品流通的主导力量，发挥了连接城市与农村、工业与农业的桥梁和纽带作用。然而，供销社更多是以商业性组织的形式与农民进行商品交换，没有实现改革的要求和目标。特别是供销社的官商作风和官本位色彩还没有消除，为农服务的意识和水平还需提升，还不能成为农民自己的合作组织。农村信用社改革一直试图恢复组织上的群众性、管理上的民主性和经营上的灵活性，实现独立经营、自负盈亏、独立核算，这些要求是符合信用社发展规律和现实需求的，然而此后农村信用社的改革并没有按照这些设想进行。2003年以来农村信用社的改革直接以商业化取代合作化，淡化了合作金融属性，强化了以市场化、商业化为改革导向，突出商业上的"可持续性"。农村信用社在政府主导下已经走上了商业化改革的"康庄大道"，与农民、农业、农村渐行渐远。幸而各种资金互助形式还顽强存在并发展着，尤其是在得到批准或支持下，农民专业合作社的信用合作得到了一定程度的发展。这些新型农村信用合作组织的发展才开始起步，还没有能够壮大起来在农村金融领域发挥更大的作用。总之，各种形式的合作社开始探索、实践，农民自愿入社、民主管理、独立自治、教育培训等原则得到落实，农民专业合作社开展信用合作、"三位一体"合作等创新方式不断出现，为未来合作社发展奠定了良好基础。

四、社会主义新时代：合作社的发展与创新

党的十八大以来，中国特色社会主义进入新时代。中国共产党坚持把为中国人民谋幸福、为中华民族谋复兴作为初心使命。在全面建成小康社会的征途上，合作社正在发挥着积极而重要的作用。

农民专业合作社得到较快发展。合作社服务农民的功能不断增强，业务活动范围不断拓宽，服务水平和服务质量不断提升。农民专业合作社有效提高农民的组织化程度，推动了农业产业化经营以及适度规模经营，增强了抵御市场风险能力，保障了农民收入持续增长，成为推进农业供给侧结构性改革的主要力量和乡村振兴的重要组织载体。农民专业合作社2012年发展到68.9万家，截至2020年11月，全国农民合作社达到224.1万家，坚持以农民为主体，辐射带动近一半的农户。农民合作社加强社际联合，通过共同出资、共创品牌、共享收益，组建联合社1.3万余

家，社均带动12个单体合作社。①

党支部领办合作社。山东省烟台市大力推动村党支部领办合作社，形成了合作社发展的"烟台路径"。2017年，烟台在11个村试点党支部领办合作社，2018年确定100个市级示范村，2019年实施千村覆盖工程，2020年全域推进、全面提升。2020年底，已经有3045个党支部领办合作社。党支部领办合作社已经成为烟台一张靓丽的名片和一道美丽的风景线。此外，贵州省毕节市从2016年底开始推行"大党建统领大扶贫"，广东省因地制宜构建形成了"党组织+村经济联合社+公司+合作社+农户"运作机制和模式。

供销社改革不断深化。在供销社多轮改革的基础上，2015年3月，《中共中央国务院关于深化供销合作社综合改革的决定》（中发〔2015〕11号）出台，试图把供销合作社系统打造成为与农民联结更紧密、为农服务功能更完备、市场化运行更高效的合作经济组织体系，成为服务农民生产生活的生力军和综合平台，但是这一目标还未完全实现。当然，供销社改革取得了一些进展：一是供销社土地托管服务创新。由山东省汶上县供销社首创土地托管服务模式成为打造乡村振兴齐鲁样板的重要模式，在全国得到推广。2017年，中央财政安排资金3.18亿元，扶持121个基层供销合作社开展土地托管服务。二是"三位一体"重新发展起来。2017年，中央一号文件第一次将"三位一体"载入其中，

---

① 《农民合作社实现整体发展质量稳步提升　四级联创示范社达15.7万家》，http://www.moa.gov.cn/xw/zwdt/202012/t20201228_6358978.htm。

浙江、贵州、广东等省积极推进"三位一体"发展。2020年9月24日，在中华全国供销合作社第七次代表大会上的工作报告中，明确把"三位一体"作为供销社改革的主要方向。但是此前多年，中华全国供销总社只在浙江省试点"三位一体"。

资金互助有所发展。2015年1月29日，山东省人民政府办公厅印发《山东省农民专业合作社信用互助业务试点方案》和《山东省农民专业合作社信用互助业务试点管理暂行办法》（鲁政办发〔2015〕8号），标志着山东成为全国唯一获准开展依托农民专业合作社开展"信用互助"试点的省份。山东曾为444家合作社颁发了"信用互助"业务资质，但截至2019年9月末，共有335家农民专业合作社开展信用互助业务试点，其中泰安市34家试点名单仅4家保留了"信用互助"业务。参与社员（包括法人社员）2.4万人，互助金余额5812.3万元。累计发生信用互助业务6696笔，互助金额28335.37万元。[①]据统计，全国正规农村资金互助社2012年为49家，2013年到2019年没有增加一家。相反有些资金互助社被关闭，2020年减少到41家。至2019年底，23个省（自治区、直辖市）开展信用合作的农民合作社有2159家。与此同时，信用社发展逐渐淡化。截至2019年底，有农村信用合作社改制而来的农村商业银行1478家，农村合作银行28家，农村信用社722家，合计2228家。

进入中国特色社会主义新时代，社会主义市场经济体制越来

---

① 《"信用互助"全国唯一试点却近半成摆设,继续试点该如何做？》,齐鲁网, http://news.iqilu.com/shandong/kejiaoshe-hui/20190718/4315089.shtml。

越完善，这为合作社发展创造了良好的外部环境。农民自主自愿参加合作社的权利得到了充分保障，各种制度和政策越来越有利于合作社的发展。供销社系统领办合作社、农业农村系统主抓合作社发展，政府在推动合作社发展方面做了大量工作，投入了大量资金。然而，合作社发展中普遍存在营运人才缺乏、规范运行难、运行效益差等问题，制约着合作社市场竞争能力提升。农民专业合作社发展迅速，数量很大但是质量不高，仍处于发展的初级阶段，存在"三个1/3"的现象：1/3的"空壳社"、1/3"僵尸社"、1/3的能够运转。即使能够运行的农民专业合作社也普遍缺乏市场需求分析、营销策划等能力，在农产品精深加工、物流配送、技术服务等关键环节能力不足，难以分享二三产业农产品价值增值。供销社改革出现一些新突破和新探索，但是改革成效不很显著。供销社主导的"三位一体"综合合作、供销社土地托管服务创新、党支部领办合作社等改革和创新取得了一些成效。供销社"三位一体"改革进展缓慢。"三位一体"中的供销合作不等于现有的供销社，绝对不能混为一谈。现有的供销社已经完全异化，不是合作社组织，而是准国有化的商业组织，没有多少合作的成分。要借助"三位一体"改革改造供销社，而不是表面上用"三位一体"的名义，实质上没有任何改进。另外，农民合作社开展信用合作还在持续发展中，总体还不尽如人意。这就需要重新思考在乡村振兴战略的实施中需不需要合作社，合作社到底能够发挥什么样的作用，如何推动合作社的发展，如何走出一条中国特色的社会主义合作社发展道路，等等。总之，这一时期，合作社发展既取得了一定进展，又存在很多不足，必须直面这些问题并提供答案。

五、合作社发展：未来展望

习近平总书记指出，历史研究是一切社会科学的基础，承担着"究天人之际，通古今之变"的使命。历史上发生的很多事情也可以作为今天的镜鉴。回顾中国共产党百年合作社实践与探索的历程，可以为未来合作社发展提供借鉴、指明方向。

（一）为什么要发展合作社

在中国共产党领导下，以人民为中心，坚定不移走共同富裕道路，这是中国人民的选择和期盼。在全面建设社会主义现代化国家、向第二个百年奋斗目标进军的新发展阶段，用什么样的组织制度才能有效地把农民组织起来？既能够调动农民的积极性、主动性、创造性，又能够让农民更多分享利益，防止两极分化，实现共同富裕。这是必须回答的时代之问。

从国际社会农业发展的情况来看，东亚等地的小农户家庭经营和北美等地的大农户家庭农场经营都在各个国家和地区不同程度地存在着，不管是小农户家庭经营模式还是大农户家庭农场经营模式，都在此基础上利用合作社进行联合与合作。合作社的发展有力地支持了小农户、家庭农场的生产经营活动，确保了这些国家和地区农业的国际竞争力提升和农民的生活水平提高。发达国家的实践证明：在日益激烈的农产品国际化竞争中，走合作社道路是提高农产品国际竞争力、获得比较竞争优势的一条现实之路，合作社可成为现代农业的有效组织形式。从中国共产党对合作社的百年实践与探索来看，只要遵循合作社发展规律和坚持合作社发展原则，合作社都能够将农民组织起来并发挥相应的作用。总之，借鉴国内外合作社发展的成功经验和失败教训，我们认为，合作社是已经被实践证明既能把农民组织起来又能实现共同富裕的最佳组织，是最有效、最成功的方式。

众所周知，农业是有生命的动植物体的生长、发育、成熟过程，农产品生产有一定的时间周期，投入其中的劳动情况难以监督和考核，这就决定了农业生产的家庭经营所特有的监督成本优势，由此为家庭经营提供了经济性，这是其他经营形式所无法替代的。农业的家庭经营可以分为小农户经营和大农户（即家庭农场）经营。只要小农户和大农户的家庭经营持续存在，就有发展合作的需要。

小农户家庭经营将长期存在。据第三次全国农业普查主要数据公报，我国小农户占农业经营主体的98%以上，小农户从业人员占农业从业人员的90%，小农户经营耕地面积占总耕地面积的70%。这说明小农户依然是我国家庭承包经营的主要形式，其基础性地位不可动摇。2017年10月，党的十九大报告提出构建现代农业产业体系、生产体系、经营体系，完善农业支持保护制度，发展多种形式适度规模经营，培育新型农业经营主体，健全农业社会化服务体系，实现小农户和现代农业发展有机衔接。

"小农户"首次出现在中央文件中，充分说明中央对其重视程度，也在一定程度上暗含了"小农户"作为重要的农业生产经营者将长期存在的意味。据统计，我国现有2.1亿家农户，户均耕地面积9.8亩。这就意味着绝大多数农户都是小农户，数以亿计的小农户仍是我国农业生产经营的主要组织形式，[①]其将长期存在。

大农户经营将发展起来。大农户，即家庭农场是指以家庭成员为主要劳动力，从事农业规模化、集约化、商品化生产经营，并以农业收入为家庭主要收入来源的新型农业经营主体。2008年，党的十七届三中全会通过的《中共中央关于推进农村改革发展若干重大问题的决定》，首次提出"家庭农场"作为农业规模经营主体之一。2013年中央一号文件提出鼓励和支持承包土地向专业大户、家庭农场、农民合作社流转，发展多种形式的适度规模经营。此后，家庭农场的发展一直受到重视和支持。截至2019年底，全国有家庭农场超过70万家，比2013年增长5倍多。家庭农场不仅快速发展起来，而且将长期存在。

显然，未来小农户和大农户经营将长期并存发展，尽快实现农户和现代农业发展的有机衔接已成为迫切需要解决的问题。而发展合作社不仅是小农户的需求，同样也是大农户的需求。在常态的市场经济环境中，作为弱者的小农户要想生存和发展，必须依靠有效的合作与联合方式，以作为一个整体有力量与市场中的强者相竞争。这种合作与联合一方面是在横向层面的农户之间的

[①] 按照世界银行的划分标准，通常将拥有耕地面积少于30亩的农户称为小农户。

以及合作社之间的合作与联合，形成跨村乡镇县的不同地域之间的联合，组建大规模的地域中心合作社；另一方面是在纵向层面的自下而上的合作社及其联合社之间的合作与联合，形成多层次、多形式、全方位的基层合作社及跨村乡镇县市省中央的联合社体系。这种合作与联合实现了农户的横向联合与纵向联合，作为一个体系和系统，显示出了强大的生命力和竞争力。同样，大农户也需要这样的联合与合作。

总之，合作社解决了农户从产前到产中再到产后的甚至生活中的一系列服务问题。这些问题由单个农户解决不好、解决不了，需要通过合作的方式由合作社来解决。如在产前的市场需求分析中，农户无力专业性地获得准确的市场需求信息；种苗供应中，农户无力进行新品种的研发，不知购买哪种合适，等等。因此，发展合作社是现实的要求，这是不以人的意志为转移的，是符合客观规律的。

当然，对于城市郊区或具有特殊资源的地区来说，完全能够通过商业化市场运营，发展合作社似乎不是很迫切或很有必要。而对于远离城市、无特殊资源优势的一般农业区而言，发展合作社更为急迫。这就需要坚持因地制宜、多种形式发展的原则，积极探索将农民有效组织起来的更加科学、合理、有效的合作社组织形式。要注重借鉴国内外被实践已经证明的成功经验，从各地自然条件、经济发展、社会环境等出发，大胆开拓创新，开创合作社发展的新路径。

（二）如何发展合作社

1.坚持农民主体地位

习近平总书记强调，要尊重农民意愿和维护农民权益，把选择权交给农民，由农民选择而不是代替农民选择，可以示范和引导。合作社的发展必须坚持农民主体，激发内生动力。没有这一基础，合作社根本不可能将农民"组织起来"，即使短期内依靠行政的力量暂时"组织起来"，也会很快分崩离析，无法实现可持续发展。因此，必须坚持"入社自愿、退社自由"原则，坚持"姓农属农为农"的合作经济组织属性，坚持农民主体地位，由农民做主，尊重农民首创精神，最大限度调动农民的积极性、能动性，充分激发农民内生动力。没有农民的积极参与，合作社的成立和发展是不可能的事情，农民是农业生产经营组织创新的基本动力。合作社的利益分配机制确保参加合作社的农户能够分享农产品生产、加工、经营等环节的增值价值和利润，农户就有加入合作社的动力。事实上，农户是合作社的最大利益主体和最大受益者。当然，也要注意的是，坚持农民主体地位，并不是说什么也不做，而是相反，要有相应的组织如村党支部积极行动起来，充分发挥党支部的教育、宣传、凝聚、服务的职能和作用，鼓励、引导农民加入合作社。

2.坚持强者弱者联合

在合作社发展的早期，主要是弱者的联合，以与市场中的强者进行竞争。随着市场经济的发展和成熟，合作社如果仅仅是弱者的联合，将很难有能力在市场竞争中占有一席之地。国内的实践已经实现了在弱者联合中必须有强者参与，实现强者弱者联合，最终达到强者带动弱者。事实上，单纯由弱者的农户组织起来的合作社是很难走远的。而往往由强者——能人、大户、公司甚至村党支部等领办的合作社才更有生命力。由强者领办的合作社如何保障其他普通农户的利益不受损失，或者不会出现强者获取更多本来应该分给其他农户的利益，这需要在合作社的运行制度方面进行规范设计。山东省烟台市在推行党支部领办合作社中明确集体占股为"金股"，确保集体股保留决策权和否决权，利润分红由党支部领办合作社主导，向普通社员特别是老弱病残倾斜。总之，合作社主要是弱者的小农户的联合与合作，必须通过制度设计限制或约束强者的行为，防止其控制合作社导致小农户的利益无法得到保障和落实，最终实现所有合作社社员利益的合理化。

3.坚持依法规范发展

健全的法律法规和规章制度是合作社规范发展的基石。凡是合作社发展成功的国家和地区，无一例外的是注重合作社立法。现有的《中华人民共和国农民专业合作社法》的法律调整范围过于狭窄，很多合作类型如信用合作、保险合作等没能涵盖进来。要适时制定《合作社法》，扩大法律的调整范围，明确合作社是公法人社会团体。法律法规要明确新型合作社是政府所有涉农政策的履行者，农业财政资金、农产品价格安定基金、政策贷款、化肥等农业生产资料的专营权，通过合作社系统下达。还要明确规定任何个人或集体都无权干预合作社的正常经营，明确理事会、监事会、社员大会等的权力和义务，以便在合作社内部形成良好的权力运行及其制衡关系。与此同时，要建立健全合作社规章制度。这是保障合作社规范发展所必需的，要坚持在规范中发展，在发展中规范。山东烟台市出台了《关于促进村党支部领办合作社高质量发展的实施意见》，建立章程文件统一把关、重大项目统一评估、大额支出统一审核等"六统一"机制，用制度管人、管钱、管事，在合作社注册、经营、分红等各环节建立起科学规范的制度体系。总之，法律法规和规章制度能够有效完善法人治理结构，建立科学的决策、执行和监督机制，这是确保合作社规范发展、高效运转的基础。

4.坚持利用政府扶持

众所周知，在合作社的发展初期，"政治的中立性"是合作社的一项基本原则。后来，随着合作社在世界各国的发展，这一原则逐渐被突破，不仅如此，合作社与政府的关系越来越密切，特别是在很多情况下，合作社成为政府推行其经济社会政策的有力工具，或实现政府经济政策的有效组织载体，一定程度上承担了相应的政府职能，这就需要政府的支持。合作社不仅是社员互助合作的经济组织，更是政府振兴乡村、发展农业农村经济的有效途径。由此也不断产生了对政府的依赖性，出现了合作社与政府谁也离不开谁的局面。政府要为合作社提供税收优惠政策、财政资助和扶持、贷款支持、技术指导、信息服务、人员培训等服务，这是合作社能够实现可持续发展所必需的政府扶持。一是资金扶持。合作社作为实现乡村振兴的重要依托组织，在组织农民、富裕农民过程中，发挥着举足轻重的作用，理应得到政府的资金扶持。特别是土地整理、基础设施建设、技术推广等专项资金要直接打到合作社，由合作社来承担相应的建设项目。二是税收减免。要把合作社、社员作为特殊的纳税主体，规定合作社盈余和社员分红的所得税减免甚至免收的办法。三是教育培训。政府要承担合作社人才的培养培训任务，由专门的部门或委托相关组织来加强对合作社从业人员的教育培训，为合作社健康发展提供人才支撑。当然，在政府与合作社的关系中，政府天然拥有主动权处于主导地位，而合作社往往居于从属地位，具有很强的对政府依赖性，这是不利于合作社发展的，需要建立两者之间的良性互动关系。

5. 坚持提升竞争能力

在市场经济条件下，合作社有着广阔的发展空间，作为一个独立的自负盈亏的市场主体，将农民组织起来、代表农民参与市场竞争，对外追求经济效益最大化。合作社要能够在激烈的市场竞争中生存和发展下来，必须具备强大的市场竞争能力，才能更好实现对农户社员的全方位服务。合作社在坚持合作制原则对内服务好社员的同时，对外要服务好消费者，要按照市场规律的要求，追求更大利润进而增加社员的利益。一是明确目标市场。合作社要在市场调查和研究的基础上，细分市场并确定自己的目标市场。这是合作社生产经营的基础，有需求才有生产，没有明确的市场，往往会出现农产品难卖问题。二是提供农产品。提供适合目标市场客户需求的产品满足消费需求。从农业生产资料的供应到农产品生产加工一直到消费者餐桌的全流程的质量监控、环保检查、动植物检疫检验、包装物流分销等，记录并可追溯详细信息，确保农产品质量、安全，向市场提供满足不同需求层次的高、中、低端产品。三是打造品牌。合作社要充分发挥自身优势和利用当地资源特色，生产优质农产品，打造独特的属性或标识，提升农产品附加值，增强市场竞争力。合作社要注重品牌形象塑造，加大品牌设计力度，推进农产品品牌特色化、精品化、高端化。通过市场竞争能力的不断提升，合作社就能抵御农产品生产经营的自然风险、市场风险、社会风险等，降低交易成本、减少不确定性、获得规模经济，实现可持续发展。

6.坚持实现多功能性

合作社最初是为了抵制中间商、大资本的盘剥而产生的，通过互助合作一定程度上解决了这一问题。在这一单纯功能的基础上，随着合作社的发展，其他功能逐渐形成和发展。一是社会功能。社会功能是合作社的基本功能和初始功能，合作社的价值观和文化重点关注社会公平正义、社员生产生活、社会保障等方面，保障"弱者"权益和提高"弱者"地位，这种功能得到更好的强化。特别是在乡村建设中，合作社作为重要力量参与社会治理，丰富了民主管理形式，表达了农民参与管理的强烈愿望和合理诉求。二是政治功能。在合作社中建立党的基层组织或党支部，发挥党组织在合作社发展中政治引领作用，不仅担负直接教育、管理、监督党员和组织、宣传、凝聚、服务农民社员的职责，而且担负发展合作社和保障社员农民权益的使命。要将党的建设贯穿于合作社生产经营全过程中,充分发挥党组织的战斗堡垒作用和党员的先锋模范作用,最大限度提高合作社发展的经济效益、社会效益、文化效益和生态效益。合作社作为政府与社员农民之间的桥梁,有效表达农民的利益诉求,并将政府的农业政策惠及农民社员。三是经济功能。这是目前合作社发展中最重要的功能,成为其他功能的经济基础。

(三)如何走出一条中国特色社会主义合作社发展道路

在中国共产党领导下,通过合作社等组织制度安排,把农户组织起来,充分发挥看不见的手即市场的作用和更好发挥看得见的手即各级政府相关部门的作用,壮大村社集体经济,走共同富裕道路!

1. 坚持科学理论武装

发展合作社必须以科学的马克思主义合作理论为指导。要注重传承和创新马克思、恩格斯、列宁以及毛泽东、刘少奇等的合作社思想,更要注重学习和贯彻习近平总书记关于合作社的重要论述。党的十八大以来,习近平总书记高度重视供销社、合作社、合作化的发展。2013年全国"两会"期间,习近平总书记曾指出,农村合作社就是新时期推动现代农业发展、适应市场经济和规模经济的一种组织形式。同年的中央农村工作会议上,习近平强调,要把农民组织起来,通过供销合作社、农民专业合作社、龙头企业等新的经营组织形式和农业社会化服务,再加上政策引导,把一家一户的生产纳入标准化轨道。2016年4月25

日，在安徽小岗村农村改革座谈会上，习近平指出，推进供销合作社综合改革，按照为农服务宗旨和政事分开、社企分开方向，把供销合作社打造成为同农民利益联结更紧密、为农服务功能更完备、市场运作更有效的合作经营组织体系。2020年7月，习近平总书记在考察调研吉林四平市梨树县卢伟农机农民专业合作社时提出，"走好农业合作化的道路"，"在全国不同的地区实施不同的农业合作化道路"。2020年9月，习近平强调，供销合作社加快成为服务农民生产生活的综合平台，成为党和政府密切联系农民群众的桥梁纽带。习近平关于农业合作化、供销社的重要论述不仅继承了马克思主义合作化思想的合理内核，而且结合新时代中国"三农"现状实现了中国特色合作化思想的理论创新，是马克思主义合作化思想中国化的最新理论成果。这不仅为走农业合作化道路指明了前进方向，而且也为合作社、供销社改革提供了行动指南。

2.坚持党领导合作社

中国共产党的领导是中国特色社会主义最本质的特征。在乡村振兴中要通过加强和改进党的领导，把农民组织起来走合作化特色的乡村共同富裕道路。要贯彻落实《中国共产党农村工作条例》，将党的领导的政治优势转化为抓合作社发展的行动优势。要将抓党建和抓合作社发展有机融合起来，抓好党建是为了更好抓合作社发展，抓好合作社发展是为了更好抓党建。通过党对合作社的领导，将党的政策惠及每一个农户，让农民得到实实在在的实惠和利益。特别是党和政府对合作社的扶持资金，要通过股份分配等形式惠及所有人，让农民分享更多的分红和利润。要落实县、乡（镇）、村三级书记抓合作社发展责任，形成从上到下层层抓落实的推动机制，把发展合作社真正变成"一把手工程"。充分发挥农村基层党组织的战斗堡垒作用，将"支部建在合作社上"，真正落实党的基本路线中以经济建设为中心的"一个中心"。通过加强党对合作社的领导，不仅能实现农村经济发展，而且能巩固党在农村社会的执政基础。

3.坚持发展集体经济

集体经济是我国经济的独有形态，是公有制经济的重要组成部分。农村集体经济实行乡镇、行政村、村民小组的三级所有，土地、林木、山岭、草原、荒地、滩涂、宅基地、自留地、自留山、水利设施等为集体所有。我国《宪法》第八条规定：农村集体经济组织实行家庭承包经营为基础、统分结合的双层经营体制。农村中的生产、供销、信用、消费等各种形式的合作经济，是社会主义劳动群众集体所有制经济。发展合作社就是发展集体经济，这是实现共同富裕的经济基础。在2017年底的中央农村工作会议上，习近平强调，要坚持农村土地集体所有，坚持家庭经营基础性地位，坚持稳定土地承包关系，壮大集体经济，建立符合市场经济要求的集体经济运行机制，确保集体资产保值增值，确保农民受益。在农村产权制度改革等的基础上，村集体以全体村民的名义将集体资金、资源等和农户以资金、土地、劳动力等入股共同组建合作社，将分散的资源整合起来、涣散的农户组织起来，提高各种生产要素的使用效率，实现规模化、集约化经营与服务。主动增强市场经济理念和意识,在激烈的市场竞争中赢得优势,有效实现村集体资产保值增值和农户收入水平提升。利用乡镇、村集体经济的积累,可以发展公共事业,不断提高农民的幸福感、获得感。

4. 坚持实现共同富裕

党的十九届五中全会向着更远的目标谋划共同富裕,提出了"全体人民共同富裕取得更为明显的实质性进展"的目标。共同富裕是相对的,而不是绝对的。也就是说,共同富裕允许存在一定的、合理限度内的差距,尽管有差距,但是足以保障所有人过上富足的生活、幸福的生活。差距存在是客观的,在可以接受的范围之内,不存在本质性的差距,也不会因为差距的存在成为一个社会问题。正如提倡缩小贫富差距,而不是消除贫富差距。农户在农业生产经营中所表现出的差异是明显的,任其自然发展,贫富分化是很自然的事情。如何带动弱者、贫者致富是一个世界性的难题。因此,即使在美国、日本等这些发达的资本主义国家,也没有能够解决这一突出的社会问题。而中国作为社会主义国家,追求共同富裕是共产党的奋斗目标。那么,在农村如何让少数先富起来的"先富带动后富"、消除两极分化实现共同富裕成为时代的必答题。我们认为,发展合作社可能是最佳选择:一方面,强者带动弱者的合作社在一定程度上构建了"先富带后富"运行机制,解决了弱者农户无法进入市场的问题;另一方面,合作社能够在"做大蛋糕"的基础上"分好蛋糕",缩小了收入差距,提高了收入分配合理性。通过合作社把分散化的、原子化的、单打独斗的农民组织起来走中国特色的合作化道路，激发农民的内生动力，将其积极性调动起来，把农民与集体联系起来，最终实现农民利益与集体利益相统一，尤其是两者共同放于合作社这个篮子里。尤其需要指出的是，合作社不仅为农户追求物质利益，而且也为农户追求精神财富，实现物质富裕与精神富有相结合、有机统一。

5.坚持重构合作社体系

习近平总书记强调，改革是乡村振兴的重要法宝。合作社体系的构建要按照政府主导的自上而下与农户自愿的自下而上相结合，整合资源组建中央、省、市、县、乡镇五级合作社联合社体系。按照"政府的归政府，合作社的归合作社"的思路，将农业农村部、商务部、国家发展和改革委员会、科技部等部门承担的关于农业生产、农产品流通与贸易、农村经济、农业科技等方面职能剥离出来，而保留制定农业政策、监管农产品生产等方面的职能。将银保监会、中国人民银行等部门监管农村非正规金融、资金互助社职能剥离出来。特别是将中华全国供销合作总社改造成中央农村合作社总社，并将上述部门剥离出来的业务承担起来。其他层面也要按照上述思路和原则，构建相应层级的合作社联合社。县级、乡镇级层面的合作社联合社将是建设的重点，其最接近农户和基层合作社。随着合作社联合社的发展，要打破行政区划、减少层次。引导有条件的农民专业合作社向基层新型合作社方向发展，重新认识和定位村党支部和村委会的职能，鼓励村党支部直接领办和筹建合作社、发展壮大集体经济。支持合作社突破村、乡镇界限跨区域发展，充分发挥党组织在合作社的领导作用。新型合作社体系的构建实现了农民的横向与纵向联合与合作，彰显了组织起来的力量。

6. 坚持创新合作社模式

针对现有的农民专业合作社规模过小、服务单一、功能不全等问题，以及供销社和信用社改革的现状，要创新合作社模式，主动深化改革。目前，主要有发展"三位一体"综合合作、村党支部领办合作社等。在"三位一体"的新型农民合作社体系中，将供销合作的流通优势、生产合作的产品优势和信用合作的资金优势进行一体化整合，获得"1+1+1>3"的增值效益。生产、供销（购买、销售）、金融保险等的交易活动，主要是在新型合作社内部进行的，可以将这些生产经营环节及其服务环节产生的利润留在合作社内部，农户社员可以分享更多的利益或价值增值。因此，发展生产、供销、信用"三位一体"综合合作，构建以供销为主导、生产为基础、金融为支撑的业务融合、协同服务、利益联结的新机制成为必然选择。党支部领办合作社是新时代党建工作与经济工作相融合、防止"两张皮"的可行探索，实质是把"支部建在合作社上"，与革命战争年代"把支部建在连上"的军队建设具有异曲同工之妙。党支部领办合作社最大的难题是要有合适的党支部书记、合作社理事长。正如毛泽东同志1938年在党的六届六中全会上明确指出，"政治路线确定之后，干部就是决定的因素"，"支部强不强，关键在书记；合作社行不行，关键在带头人"。这就要求选择"德才兼备"的人来担任村党支部书记和合作社理事长，这些人既要能胜任优秀党支部书记，又要能够承担发展合作社的重任。一般来说，这些人主要是正在经营企业或做生意积累了相应财富的、经济实力雄厚的企业家或生意人或种养殖大户，早已实现了财务自由。或者在农村中具有较好的市场经济理念和意识，具有较强经济实力的能人。除此之外，各地还有一些合作社的创新模式。对于各种创新性的做法要采取包容支持、积极鼓励为主，让各种合作社模式能够充分发展起来。

"党支部领办合作社"与社会主义初级阶段的政治经济制度

——以"烟台经验"为参照

孟 捷

一、引 言

党的十八大以来,习近平总书记就乡村振兴和农村集体化提出了一系列重要指示,2013年3月,在十二届全国人大一次会议的江苏团会议上,总书记指出:"改革开放从农村破题,大包干是改革开放的先声。当时中央文件提出要建立统分结合的家庭承包责任制,但实践的结果是,'分'的积极性充分体现了,但'统'怎么适应市场经济、规模经济,始终没有得到很好的解决。"[①]2020年7月,总书记在吉林进一步指出:"走好农业合作化的道路,我们要总结经验,在全国不同的地区实施不同的农业合作化道路。"[②]

近年来,在当地党委和政府的积极推动下,一种新型集体经

[①] 陈林:《习近平的"三农"情怀》,《人民论坛》2013年第13期。
[②] 习近平:《因地制宜 走好农业合作化道路》,央视新闻客户端,2020年7月23日。

济组织形态——党支部领办合作社在山东烟台等地得到了迅速发展，成效显著，收获了良好的社会反响。从2017年4月开始，烟台市委和政府开始探索党支部领办合作社，将党支部的政治优势、合作社的经济优势以及群众的能动性相结合，通过股份合作的形式，把分散的农户组织起来，整合资源、规模经营，走出了一条发展集体经济实现乡村振兴和共同富裕的新路径。[1]2021年7月，烟台市有3245个村党支部领办了合作社，带动集体增收3.9亿元，群众增收5亿元。[2]

改革开放以来，在社会主义市场经济条件下探索发展农村集体经济，各地一直有零星的探索，河北的周家庄、江苏的华西村、河南的南街村、浙江的航民和滕头村、贵州的塘约村等等都是典型的例子。在党支部领办合作社普遍推开的烟台，此前也有一些自发的实践，如栖霞市蛇窝泊镇东院头村、莱州市城港路街道朱旺村、招远市蚕庄镇西沟村等。[3]2017年以来党支部领办合作社的兴起，是这些先期实践的延续、深化和发展。正如有的作者指出的：在烟台经验之前，"还没有一个地方以党委政府的名义全面推动农村走合作化道路。……烟台经验的出现，填补了这个空白"[4]。此外，烟台等地的党支部领办合作社，是在一个地

---

[1] 贵州毕节继烟台之后，从2019年开始全境推行了党支部领办合作社。参见毕节市委研究室：《党组织领办集体合作社的毕节实践与启示》，《毕节日报》2021年7月23日。

[2] 中共烟台市委组织部：《烟台市农村基层党建工作情况汇报》，2021年7月。

[3] 关于西沟村的案例分析，参见刘燕舞：《党支部领办合作社发展研究——以山东省招远市西沟村为例》，《西北农林科技大学学报》2020年第3期。

[4] 江宇：《烟台纪事》，人民日报出版社2021年版，第324页。

级市的范围内兴起的，这一点也赋予了两地经验格外重要的意义。

烟台等地的实践，是一次具有"理性建构"色彩的制度变迁过程。①党支部领办合作社，一方面在农村基层成功地再生产出社会主义初级阶段的政治-经济制度，另一方面契合了规模化种植和社会化生产的需要，促进了生产力的解放和发展。烟台等地的变革体现了变革生产关系以解放和发展生产力这一当代中国制度变迁的一般规律，同时也揭示了这一规律在社会主义初级阶段的政治-经济制度环境下的具体实现形式。作为一种新型农村集体经济形式，党支部领办合作社在"三权分置"、尊重农民土地承包权的基础上，巩固了土地的集体所有制，为在社会主义市场经济条件下发展农村集体经济，实现邓小平同志所说的农业的"第二个飞跃"开辟了一条重要路径。②

二、党的领导与党支部领办合作社的兴起

中国共产党是肩负特殊历史使命的政党，始终把以人民为中心奉为自己的价值理念，始终将变革生产关系和上层建筑以解放

---

① 关于制度理性建构论和自发演进论的区别和联系，可参看黄凯南：《制度理性建构论与制度自发演进论的比较及其融合》，《文史哲》2021年第10期。

② 1990年，邓小平同志在同几位中央领导谈话时提出："中国社会主义农业的改革和发展，从长远的观点看，要有两个飞跃。第一个飞跃，是废除人民公社，实现家庭联产承包责任制。这是一个很大的前进，要长期坚持不变。第二个飞跃，是适应科学种田和生产社会化的需要，发展适度规模经营，发展集体经济。"《邓小平文选》第三卷，人民出版社1993年版，第355页。

发展生产力作为根本目的。早在新民主主义革命时期，毛泽东就指出："最根本的问题是生产力向上发展的问题"，"政治、军事的力量，是为着推翻妨碍生产力发展的力量；推翻妨碍生产力发展的力量，目的是为着解放生产力，发展经济"。他还写道："中国一切政党的政策及其实践在中国人民中所表现的作用的好坏、大小，归根结底，看它对中国人民的生产力的发展是否有帮助及其帮助之大小，看它是束缚生产力的，还是解放生产力的。"[①]

在这里，毛泽东界定了中国共产党作为特殊的使命型政党的属性。党的这一根本属性，是和中国革命所开辟的制度变迁道路联系在一起的。这一道路的开辟，意味着不间断地变革上层建筑和生产关系，以解放和发展生产力，是当代中国制度变迁的核心特征。改革开放以来，从邓小平的"改革是中国的第二次革命"[②]，到习近平提出的"改革开放只有进行时没有完成时"[③]，相当于宣布在整个社会主义初级阶段，中国共产党的使命都在于破除一切妨碍生产力解放和发展的力量；中国共产党是自觉承担了这一根本使命的政治领导力量。党所肩负的上述根本使命，进一步表现为党在不同发展阶段的具体历史使命，如推动当代中国的国家形成、通过中国特色社会主义道路实现中华民族伟大复兴，以及引领世界最终实现共产主义。在此基础上，又派生出党

---

① 《毛泽东文集》第三卷，人民出版社1996年版，第109页；《毛泽东选集》第三卷，人民出版社1991年版，第1079页。
② 《邓小平文选》第三卷，人民出版社1993年版，第113—114页。
③ 《习近平谈治国理政》，外文出版社2014年版，第67—69页。

的各种具体作用，尤其是党在国家经济治理中的领导作用。[①]

从烟台等地的经验可以看到，党的上述使命性特质，在基层党组织和干部的行为和目标模式中得到了具体体现。党的崇高使命和作用最终"人格化"为基层组织与干部所承担的政治-经济双重角色。烟台经验的一个特点，是始终坚持了党的领导这一中国特色社会主义的最本质特征，这表现在，市委和政府（尤其是党委组织部）在区域性制度变迁中承担了顶层设计和领导者的作用；党的领导在党支部领办合作社的治理结构中也得到了充分体现。烟台市委组织部规定：一、由股份经济合作社或村党支部书记代表村集体，注册成立农民专业合作社，村集体和群众以土地、资金、劳力等入股，也可吸纳外来社会资本入股，表1给出了烟台党支部领办合作社中集体股所占的比例；二、合作社理事长由村党支部书记担任，负责合作社的全面工作，村党支部书记担任理事长是职务行为，一旦支部书记在村"两委"选举中落选，同时要辞去理事长之职；三、党支部作为集体股的代表拥有经营权和分配权，在收入分配上，除合作社自定比例提取公积金和公益金外，剩余收入由集体和群众按股分红。这三条规定，在合作社治理结构的层面确立了村党支部的领导权，也解释了合作社由党支部领办的具体含义。

[①] 关于中国共产党作为使命型政党的研究，可参看孟捷：《中国共产党与当代中国经济制度的变迁》，《东方学刊》2019年第1期。

表1　烟台村党支部领办合作社中集体股所占的比例（截至2021年7月）

集体占股比例	10%以下	10%—30%（不含30%）	30%—50%（不含50%）	50%及以上
村庄数量(个)	0	1291	876	1098

来源：烟台市委组织部

党支部领办合作社的兴起，不仅在生产力层面契合了社会化大生产的要求，而且反映了基层党建的迫切需要。包干到户改革以来，许多地方农村集体经济的发展遭到削弱。集体经济的衰败，导致基层党组织领导力的软弱和涣散，加剧了农村基层治理的难度。习近平同志在福建担任宁德地委书记的时候，曾就宁德集体经济开展过调研，他发现，虽然农民在包干到户后开始脱贫致富，但"乡村两级集体经济实力出现了弱化的现象"；一些地方没有把壮大集体经济放在应有的位置，丢弃了"统分结合"中统的一面，造成从"原有的'大一统'变成了'分光吃光'，从一个极端走向另一个极端"。他敏锐而深刻地指出："有的同志说，只要农民脱贫了，集体穷一些没有关系。我们说，不对！不是没有关系，而是关系重大。……加强集体经济实力是坚持社会主义方向，实现共同致富的重要保证……是振兴贫困地区农业的必由之路……是促进农村商品经济发展的推动力。"[①]

2016年至2020年间曾任烟台市委组织部长的于涛，在回顾烟台实践的时候写道："村级集体经济'空壳'，政治就会'空

---

① 习近平：《摆脱贫困》，福建人民出版社1992年版，第193—194页。

壳'，党在农村的执政就会'空壳'。所以发展壮大集体经济，不是单纯的经济问题，而是重大的政治问题。"[1]烟台等地的经验表明，党支部领办合作社，不仅服从社会化生产的经济逻辑，还服从政治逻辑，即担负着在农村基层将社会主义初级阶段的政治-经济制度再生产出来的功能。社会主义初级阶段的各种制度构成了一个体系，涵盖了作为根本领导制度的党的领导、基本经济制度及其他重要制度。党支部领办合作社的兴起，一方面有利于解放和发展生产力，另一方面有利于再生产社会主义初级阶段的政治-经济制度，是这两重维度耦合的产物。

曾担任中共中央组织部长的张全景同志指出，党支部领办合作社具有"法理"的基础。他指的是，党的章程、相关条例和法规，都明确支持党领导的集体经济的发展。《村民委员会组织法》就规定，党支部"要发挥领导核心作用"；中共中央于2019年1月新修订的《中国共产党农村基层组织工作条例》规定："村党组织书记应当通过法定程序担任村民委员会主任和村级集体经济组织、合作经济组织负责人。"2019年8月新颁布实施的《中国共产党农村工作条例》又进一步强调："坚持农村基层党组织领导地位不动摇，乡镇党委和村党组织全面领导乡镇、村的各类组织和各项工作。村党组织书记应当通过法定程序担任村民委员会主任和村级集体经济组织、合作经济组织负责人，推行村'两委'班子成员交叉任职。"

---

[1] 于涛：《组织起来，发展壮大集体经济——烟台市推行村党支部领办合作社、全面推动乡村振兴》，《经济导刊》2019年第12期。

于涛在回答党支部领办合作社的法理基础时，提出了如下看法："党支部作为一个政治组织，有没有资格领办合作社？答案也是肯定的。我们讲的是领办，而不是创办。村党支部本身不是法人，确实不能直接成为农民专业合作社成员。但是根据《民法典》，集体经济组织是特别法人，可以做农民专业合作社成员。村集体经济组织代表村集体注册成立农民专业合作社，然后组织群众和外来资本入股，就类似于混改了的国企。国企即使混改了，是不是也是党委会决策前置呢？是不是也是由党委书记兼董事长呢？党支部领办合作社同样是这样，支部书记兼理事长，'两委'成员与合作社理事会、监事会成员双向进入、交叉任职，全部参与合作社事务，各领其责、各司其职，从法理上完全讲得通。"①

在这里，于涛不仅涉及了党支部领办合作社的法理基础，而且谈到了这种合作社与国有企业在制度上的某种同构性，这种同构反映了一个事实，即作为社会主义初级阶段的公有制企业，党支部领办合作社与国有企业类似，都应在治理结构上体现党的领导这一中国特色社会主义的最本质特征。

党支部领办合作社虽然具有制度的、法理的基础，但在集体经济相对衰落的基层农村，党支部领办合作社却意味着改变自土地承包以来在农村流行了四十余年的生产关系。实行家庭联产承包责任制以后，农业生产经营权、劳动产品分配权回到农户手

---

① 于涛：《烟台市"党支部领办合作社"的历程和经验》，《政治经济学报》第21卷，格致出版社、上海人民出版社2021年版。

里，村集体相应地失去了影响力和权威。农村基本经营制度虽然强调土地集体所有，但在不少地方，剩余劳动力外出打工，土地撂荒严重，有的农民还将土地视为己有，私下转让或买卖；还有的工商企业违规圈地进行非农化利用，破坏了基本经营制度的权威性和稳定性等等。[①]党支部领办合作社有利于扭转农村基本经营制度被削弱的现状。正如有的作者提出的，"党支部领办合作社，就是通过党的领导优化生产关系，形成新的生产力"[②]。然而，党支部领办合作社并不是要回到从前的"一大二公"，吃"大锅饭"，而是充分尊重了农民的个人利益和积极性，这体现在，在"三权分置"的基础上，农民依然拥有土地的承包权，只是将土地经营权流转或租赁到合作社，同时还拥有退社的自由。农户土地入股合作社后，土地就能切实地服务于集体经营，土地的集体所有制——而不只是作为其法权关系表现的集体所有权——得到了落实，这是集体经济形态的新发展。

在烟台，党支部领办合作社最初是作为党建工作来推动的。这一点解释了，为什么是组织部，而不是农业局等农业管理部门，成为党支部领办合作社的推动者。正如烟台市委组织部在汇报文件里总结的，在合作社兴办前，农村基层党建和社会治理面临"集体穷""支部弱""群众散""产业衰"等特点。"2018年，

[①] 徐祥临结合土地确权，对农村土地集体所有制的衰落现象作了较深入的理论分析，参见徐祥临：《再论巩固和完善农村基本经营制度》，《毛泽东邓小平理论研究》2021年第4期。另见毕节市委研究室：《党组织领办集体合作社的毕节实践与启示》，《毕节日报》2021年7月23日。

[②] 江宇：《烟台纪事》，人民日报出版社2021年版，第336页。

烟台市6441个村当中集体经济收入5万元以下的村占22.7%，有的村得过且过，有的村集体经济靠资源吃饭，简单发包租赁，增收渠道单一。"在集体经济薄弱的村，基层党组织容易失去影响力和权威性。村党支部不会做群众工作，说话没人听，干活没人跟。群众集体意识淡薄，对公共事务疏于过问，存在"干部干、群众看""靠着墙根晒太阳，等着上级送小康"的现象。

在此背景下，2017年，烟台开始推行党支部领办合作社，虽然其初衷是服务于党建工作和乡村振兴，但从其手段和效果看，却相当于在农村基层实施了一次成功的产业政策。党支部领办合作社是党建工作和产业政策结合的产物。于涛就此写道，党支部领办合作社，不是简单地将党支部建在合作社，即所谓合作社+党支部，而是"让党支部走上经济发展前台，通过经济手段和利益联结，重建集体与群众的经济利益共同体。党支部统领合作社的一切工作，既管党建又管发展，党建全面融入到产业发展、集体增收和农民共富之中，党支部靠经济纽带把群众紧紧凝聚在一起。所以，同党支部+合作社相比，党支部领办合作社更能体现党管一切的原则，可以更有效地加强基层党建，把群众组织起来，实现强村与富民的双赢"。

为了推进党支部领办合作社，烟台将组织部门、农业农村部门、财政部门的资源加以整合，出台了30余条扶持政策、22条指导意见，市县两级列支了2亿元专项扶持资金，与山东省面向农村的"强村贷"政策结合，向63个党支部领办合作社贷款4800余万元。在具体工作部署中，烟台采取了先试点探索，树立样板，再重点示范，然后全域推广的策略。2017年，筛选了11个村作试点；2018年，挑选了100个村开展百村示范行动；2019年，实施千村覆盖工程；2020年全面推开到全市。①

作为在本地区农业部门推行的一种产业政策，烟台经验分享了中国特色产业政策体制所共有的特点。正如一些学者概括的，中国的产业政策体制，是一种多层级体制，从中央到地方，不同行政层级、不同部门都可以推行某种自主产业政策。②烟台是全国第一个在全境推行党支部领办合作社的地级市，其特色在于，党委组织部这个初看起来与产业政策不搭界的部门，将党建工作成功地融合于产业政策的实施当中。

党支部领办合作社作为一种组织或制度创新，契合了发展社会化生产的需要。然而，要最终实现这一点，还取决于村党支部书记能否在具备政治素质的同时，兼有"熊彼特意义"的企业家的品格。村干部的选拔是党建工作的重要内容，这一点决定了组织部必须承担"红色"商学院的职能，创造条件，以造就一批有能力领办合作社的企业家型村干部。2017年4月，烟台市委组织部下发文件，要求全市党组织把学习借鉴《塘约道路》，作为"两学一做"的内容；并以半年的时间，与市委市政府各部门协调会商，共同出台了党支部领办合作社"百村示范"文件，实现了政策统筹、政府支持资金统一使用的目标。为了培养发现村干

---

① 中共烟台市委组织部：《烟台市农村基层党建工作情况汇报》，2021年7月。
② 参见瞿宛文：《多层级模式：中国特色产业政策体制》，《文化纵横》2018年第12期。

部，烟台实施了"村党组织带头人队伍优化提升行动"，包括：一、改革村民选举程序，提高当选村干部的门槛，把政治上不可靠、不能为群众服务的人杜绝在外。二、加强对村干部的培训教育。打造农村干部教育培训基地，建设烟台市乡村振兴学院，先后对90多批次8000多镇村干部进行了专题培训。开展"全员进党校、千名进高校"活动。从2018年以来，每年至少组织100名支部书记在浙江大学进行专题研修，开展农村干部学历教育等。三、加强对村"两委"和村干部的管理，建立健全财务收支每月逐项逐笔公开制度、村级重大事务决策镇级预审制度、村干部常态化退出机制等等。四、构建激励机制，加大从优秀村干部中选拔乡镇机关事业单位工作人员的力度，提升村干部待遇和保障水平等。[1]

演化经济学家发现，在经济史上，技术创新往往是集中在某个时期成批出现的，企业家也是如此。这一现象意味着，企业家才能主要地不是由个人天赋决定的，而是受到技术革命生命周期中特定的技术、政策和制度环境的影响。自2017年以来，烟台涌现了许多领办合作社的优秀村干部，这得力于市委组织部的各项政策和制度的引导。市委组织部为村党支部提供了创业的平台，让他们站到发展集体经济的第一线，把党建和经济发展统一了起来。正如于涛生动地描述的："很多过去默默无闻的村支书，在上级引导指导下，找到了强村富民之路；在带领党员群众战天斗

---

[1] 引自烟台市委组织部：《烟台市农村基层党建工作情况汇报》，2021年7月。

地、干事创业的过程中,他们得到了历练,得到了群众的认可。就像战争年代很多目不识丁的普通农民加入了革命队伍,最终成长为师长军长一样,任何一个好的带头人都不是从天上掉下来的,而是靠党组织发现、培养、教育、锻炼造就的,是在游泳中学会游泳、在斗争中学会斗争的。这些事实告诉我们,不是有了一个好书记才能办起一个合作社,而是在办合作社的过程中,可以锤炼出一批好书记!"[1]在烟台市委组织部编纂的《组织起来的力量》一书里,可以读到大量生动的故事,描绘了许多当代"梁生宝",他们不仅有政治觉悟,也有市场眼光和学习态度,为合作社的发展搞基建、选产业、选品种、选技术、抓管理、抓生产、抓营销、闯市场,将生产苹果、樱桃、小米、花生、地瓜、蜜薯、海参等以及从事二产三产的合作社办得红红火火,成了名副其实的乡村企业家。

三、党支部领办合作社的经济性质和治理结构

党支部领办合作社,在所有制形态上属于混合所有制的进一步发展。土地承包以后,农户的土地归集体所有,但农户使用的工具等生产资料是属于自己的,这就形成了改革初期的混合所有

---

[1] 于涛:《烟台市"党支部领办合作社"的历程和经验》,《政治经济学报》第21卷,格致出版社、上海人民出版社2021年版。

制。①党支部领办合作社采取了集体和村民以土地、资金、劳力"入股"的方式，是混合所有制的进一步发展（参见表1给出的集体股所占的比例）。从合作社股权安排来看，在只有村集体和村民入股时，是集体产权和个体农户产权的结合；在有外来企业入股时，又兼容了其他产权形态。从经营权安排来看，一般而言村党支部拥有合作社经营权，但在某些案例中，合作社的经营权也可以和农户或其他租赁者的经营权并存（如田家村和大户陈家村），形成了合理分工的局面。

村民以承包土地入股，是成立合作社的基本方法之一。但如何将土地折价入股，各村的具体做法不尽相同，经过笔者的梳理，大体有三类做法。②第一类是参照土地经营收入作价入股，如栖霞市蛇窝泊镇东院头村，以每亩地年平均毛收入8000元作价，一元一股，一亩地8000股。在栖霞市松山街道汉桥村，每亩"光板地"按600斤小麦的市场价格、每亩苹果地按800斤小麦的市场价格作价，连续发30年。还有的村，既将土地折算为股，又发给农民土地保障金。如龙口市新嘉街道诸河高家村，每亩地折合入股4000元，还参照土地年租金100—300元的水平发给农民每年400元土地保底收益。

第二类是参照土地租金作价，并转化为现金入股。在莱州市

---

① 陈锡文：《从农村改革四十年看乡村振兴战略的提出》，《行政管理改革》2018年第4期。
② 以下案例均来自中共烟台市委组织部：《组织起来的力量——烟台市村党支部领办合作社强村富民50例》，党建读物出版社2020年版。

城港路街道朱家村，采取了所谓"土地租金扣除入股"的办法。合作社以年租金600元流转农民土地，合同一签五年，入股后社员每年领取500元，另100元由合作社扣除作为股金，满500元为一股，社员从第一年起就可以享受分红。

上述两类做法虽有差别，但都是以纯粹的经济原则即土地经营的机会成本来折算流转土地的价格。除此以外，还有第三类做法，不仅考虑到经济原则，而且顾及了公平。比如，招远市蚕庄镇西沟村，开始想以土地等级折算入股，后来放弃了这一方案，转而采取了当地称作"确权确股不确地"的办法，将全村人均持有土地量作为一股，一家有几口人，就有几股。这种办法突出了土地所有权归于集体且不可分割的属性，确保了集体成员之间利益分配的公正。另一个例子是海阳市二十里店镇邵伯村，在成立合作社时，让全体村民持有干股，在总股额中占比34%，村民以户为单位参与分红。

党支部领办合作社的组建方式和治理结构，产生了一些值得进一步思考的理论问题。与农村集体经济组织创办的其他类型合作社类似，党支部领办合作社也被视作股份合作制。[1]陈锡文在一篇文章里对农户土地入股中的"股份"观念提出了疑问。他提

---

[1] 20世纪90年代，股份合作制企业流行于广东农村。这些合作社与烟台等地经验有相同之处，也有一些明显的差异。烟台等地经验的根本之处，在于系统化地、有意识地贯彻了党的领导，此外，这些合作社普遍从事生产性价值创造活动，而广东等地当年流行的合作社，许多只是将集体土地出租给外来企业，以实现土地在工业化背景下增殖的收益。与烟台合作社的差异还体现在，广东的这类合作社一般都不允许农民退股。参见蒋省三、刘守英：《土地资本化与农村工业化——广东省佛山市南海经济发展调查》，《管理世界》2003年第11期。

出:"在集体产权制度改革中,由于提倡实行'股份合作制',于是就频频使用'股份'这个概念。……因此关于'股'的概念就要讨论清楚。一般意义上的'股',代表的是资产,持有者有权依法对自己持有的'股'进行处置。但集体产权制度改革中出现的所谓'股',其实只是指每个成员在集体资产收益中的具体分配份额,因为集体的资产是不可分割给个人的。对于'股',农村基层作为约定俗成的口头表达,问题不大。但在制定政策和法律时应当对此有清晰、规范的表述,否则容易混淆农村集体经济组织的性质。"[1]从土地折价入股的方式看,陈锡文的观点是正确的。因为入社时的土地折价,并不是将土地租金资本化得到的土地价格,而是依据土地经营的机会成本折算的,这在所谓土地保底收入的观念中清晰地表达了出来。土地折价事实上相当于为取得土地经营权而支付的租金,它是土地承包权的一种经济实现形式,又是农民作为社区共同体成员权利——对集体资产的分配权利的体现。

在收入分配上,党支部领办合作社自定比例提取用于自身积累的公积金和用于公共服务的公益金,在烟台的多数案例里,两者在纯收入中的比例分别为5%,相加为10%,剩余收入由集体和群众按股分红。为了贯彻共同富裕的原则,合作社还尽可能地在治理结构中体现自己的社会责任。于涛就此写道:"为了保障群众利益,我们在股权设置上明确规定,村集体持股比例不低于

---

[1] 陈锡文:《从农村改革四十年看乡村振兴战略的提出》,《行政管理改革》2018年第4期。

10%，单个成员持股比例不超过20%。同时，通过土地置换、集体赠股、设置公益岗等方式，把老弱病残、贫困户吸收到合作社，改变贫困户'等人送小康'的脱贫心态，变'输血式'扶贫为'造血式'致富，实现'长久脱贫'。比如牟平区的埠西头村，党支部领办合作社为每户贫困户赠送1股，每年从公益金中提取部分资金定向扶贫。同时，设立扶贫工作岗，男工120元/天，女工100元/天的标准发放工资，贫困户每年务工收入人均1万元以上。"[1]

在实践中，同为党支部领办合作社，有的在所有制性质上更偏向集体所有制，有的更注重与其他所有制的兼容，类似于一个变化多端的光谱，在实践中诠释了社会主义初级阶段基本经济制度的丰富含义。栖霞市亭口镇衣家村，是弘扬集体所有制的典型例子。在笔者参与调查时，也是当地组织部门最乐意介绍的案例之一。衣家村位于山区，土地和劳力都短缺。成立合作社时，集体以土地入股，占股30%，群众以劳动力入股，占股70%，每位户口在村里的村民，都有一股"原始股"。同时还实施近似于记工分的"工票"制，依照社员参加集体劳动的时间发放工票，男劳力每天120元，女劳力每天80元，白天干活，晚上发工票。工票满2000元折合一股"创业股"，可以按股分红。社员还可以用工票在合作社购买灌溉用水、管线、果树苗木等生产资料。实施工票制，最初是为了修路，衣家村是个山地多的穷村，不修路，

---

[1] 于涛：《烟台市"党支部领办合作社"的历程和经验》，《政治经济学报》第21卷，格致出版社、上海人民出版社2021年版。

就无法组织集体生产。合作社并不能将这种工票立即兑现为货币，即便如此，社员却毫无计较，他们依靠人力，用7个月时间，出了8000多个工，开辟了长5.5公里、宽5.5米的环山路。①衣家村的工票制，类似于一种股权激励，是以群众对集体的信任为前提的。这种制度安排，与华为公司的员工所有制不无近似之处。

弘扬集体所有制的另一个例子，是牟平区龙泉镇小芦子村。2018年最初成立合作社的时候，入股资金较少，为此从外部引入了270万元。在发展过程中，党支部书记认识到"党支部领办合作社'姓公不姓私'，一定要保证村集体和村民的收益"，为此提出了解决外来资金过高的问题。合作社的办法是，以三升促一降。其中三升是指：一、不断动员村民入社，提升村民占股的比例；二、村集体每年拿出部分盈余入股，提升村集体的占股比例；三、从上级部门争取项目补助资金，合理量化到集体和村民的股份中。通过以上三个途径，逐步降低外来资金的股比，使之从原先的70%，下降到后来的30%。②

如何为党支部领办合作社的理事长（村党组织书记）等经营管理者提供激励，是完善合作社治理结构的重要问题。在现有制度下，村两委属于乡镇政府的派出机构，包括支部书记在内的"两委"干部领取政府发放的工资。2017年3月，烟台市委组织

---

① 中共烟台市委组织部：《组织起来的力量——烟台市村党支部领办合作社强村富民50例》，党建读物出版社2020年版，第5页；江宇：《烟台纪事》，人民日报出版社2021年版，第36—48页。
② 中共烟台市委组织部：《组织起来的力量——烟台市村党支部领办合作社强村富民50例》，党建读物出版社2020年版，第214—215页。

部和市财政局的文件规定,村党组织书记的报酬包括基本报酬和业绩考核奖励两部分,总和不低于所在县市农村居民人均可支配收入的两倍,基本报酬原则上不低于每月800元。①为了推动合作社的发展,2019年1月,烟台市委市政府九个部门出台了《关于促成村党支部领办合作社高质量发展的实施意见》,提出设立村党支部领办合作社发展增量奖,经成员(代表)大会同意,可从当年度集体占股收益中列支不超过20%的资金,奖励参与生产经营的村两委成员,最高不超过10万元。②

在党支部领办的合作社中,由于村党支部在合作社治理结构中居于主导地位,合作社的目标和行为模式,就不同于市场经济中单纯以利润为目标的企业。村党支部像一个司令部一样担负着本村经济发展的责任,同时承担着党建和公共治理的复杂任务,履行着类似于地方政府和国有企业的多重职能。

党支部领办合作社一经成立,通常会把投资于乡村基础设施作为首要目标。"我们要对流转的270亩土地进行改造,把路修进来,把水引进来,把设备运进来,下一步才能发展规模化、机械

---

① 烟台市委组织部、烟台市财政局:《关于加强村级组织运转经费保障工作的实施办法》,2017年3月1日,烟组发〔2017〕11号。

② 烟台市委组织部、市科技局、市财政局、市农业农村局、市商务局、市文化和旅游局、市市场监督管理局、市地方金融监督管理局、市供销合作社联社:《关于促成村党支部领办合作社高质量发展的实施意见》,2019年1月24日,烟组发〔2019〕36号。在贵州毕节,合作社的纯收入中有10%可用于合作社管理人员的奖金。见毕节市委组织部:《党组织领办集体合作社的毕节实践与启示》,《毕节日报》2021年7月23日。

化的果树农业。"①这句平实的语言，讲出了一个具有普遍性的道理。在中国经济中，一个常见的现象，是县以上地方政府大力投资于附着于土地的基础设施，这种战略投资是各地招商引资、发展经济的前提。在农村基层，党支部领办合作社承担了类似功能。在举办合作社之前，分散经营的农户没有能力和意愿从事这类投资，只有在合作社成立后，这类投资才有可能。合作社从事基础设施改造所需的资金有如下来源：其一是村集体、干部、村民入股的资金；其二是政府为合作社提供的扶助基金；其三是银行贷款。此外，外来企业入股合作社，也是解决投资资金的一个重要来源。

在烟台市委组织部编写的《组织起来的力量》一书里，有许多生动的例子，说明了投资于农村基础设施的重要性。在招远市金岭镇大户陈家村、牟平区龙泉镇小荠子村，合作社对流转来的土地进行了改良。他们采用以色列技术，对土地进行水肥一体化滴管改造，在地里埋设的滴管带，自带压力补偿功能，能做到均匀滴管，每年节约灌溉用水30%。②改良后的土地极大地提高了土地的产出。

在生产地瓜的招远市蚕庄镇西沟村，以前没有保鲜库，影响了地瓜的销售。合作社成立后，筹措资金建了保鲜库，将储存的

---

① 中共烟台市委组织部：《组织起来的力量——烟台市村党支部领办合作社强村富民50例》，党建读物出版社2020年版，第215页。
② 中共烟台市委组织部：《组织起来的力量——烟台市村党支部领办合作社强村富民50例》，党建读物出版社2020年版，第208页、第216—217页。

地瓜反季节销售，一亩地瓜的盈利比以前翻了近四倍。在生产葡萄的福山区回里镇解村，为了解决葡萄保鲜期短、商贩借机压价的难题，合作社投资150万元，建设了冷风库，提高了市场议价能力，保护了社员利益。

值得一提的是，土地流转到合作社，往往需要对土地连片平整。因为破除了单干时修建的田间道路、沟渠、畔界等等，土地面积往往会有大幅增加。栖霞市观里镇蒋家庄村，在对群众流转到合作社的400亩土地进行平整后，发现通过土地连片，平整后居然多出了120亩土地。这些新增土地全部成为集体资产。从制度经济学的角度看，这属于通过建立企业降低交易成本的例子。

党支部领办合作社符合规模化种植和社会化大生产的趋势。由孤立的农户到合作社，以及合作社联社的发展，生动地再现了以企业协调代替市场协调的过程。在市场经济中，企业和市场是两种不同的协调分工的方式，前者依靠企业内部的命令和计划协调，后者依靠自发的价格机制来协调。土地承包以来，农户成为市场经济中的生产和交易主体，然而，由于规模小、资金少、风险和不确定性的承担能力薄弱，分散的农户经济往往难以利用市场竞争机制的优势，反而在朝夕变动的市场价格机制和大资本的市场势力面前，陷入被动吃亏的境地。党支部领办合作社，有利于解决这种矛盾。

通过党支部领办合作社以企业协调替代市场协调，并没有服从单一的模式，而是形成了各具特色的企业制度。烟台莱州市田家村、招远市金岭镇大户陈家村、招远市齐山镇朱疃村是几个典型例子，他们之间的差别彰显了企业形成的多样性。

田家村在成立合作社时，选择了种植小米。该村处在山地丘陵地带，不适合大机械生产，为此，合作社成立时没有将土地流转，而是以资金入股。合作社成立后，也不组织集体生产，而是为农户的生产提供服务，统一购买农用生产资料，统一销售，统一研发，发挥了集体经营的长处。合作社对标一二三产业分设了三个部门：一是农机农资服务部，负责为社员生产提供从收割到播种的各种机器；二是农副产品研产部，负责研发，如研发小米的软硬包礼盒、小米挂面、面片、刀削面、火锅面等等，还有自主研发的速食米粥和小米粥油精华等；三是生态旅游开发部，负责旅游开发，兴办节日产业。

田家村的例子可以和近代经济史上常见的包买商对家庭生产的控制相类比。包买商的这种控制发生在现代市场经济形成之初，一方面，包买商为拥有自己生产资料的生产者提供原材料，另一方面收购其产品在市场销售。这种包买商制度是现代企业最早的雏形。田家村的合作社从某个角度看与此有类似之处，但实质上有根本的不同，这体现在，与生产者交易的主体，不是私人资本，而是生产者即农户自愿组建的集体经济组织。在田家村，合作社鼓励社员将自己作为商品生产者的权利——生产资料和产品的交易权限定在合作社内部，使之成为企业内部的交易活动，这种交易越频繁，数量越大，合作社的集体经济性质就越显著。①

　　另一个例子是大户陈家村。这个村2013年就成立了农业专业合作社，种植葡萄和苹果。在发展过程中，不仅流转了本村土地，而且逐步流转了周边村的土地，总量多达1.2万亩。大户陈家村也不组织集体生产，而是将流转到合作社的土地，经投资改良后以每亩1500—2000元的价格成片分包给100多位租户耕种，这一点不同于田家村。另一方面，与田家村近似的是，合作社虽然不直接负责生产，但从事各种生产性服务，包括引进以色列技术改造土地，实现水肥滴管一体化；投资于仓储和粮食加工生产；整合电商、采摘、订单等多种销售渠道。2019年，合作社销售收入高达6500万元；每亩土地收入5000—10000元；周边村群众土地流转金300多万元；同时为周边70%以上农户提供了就业岗位。②

　　和田家村、大户陈家村不同，齐山镇合作联社代表了企业形成的另一极，即通过遍及全产业链的纵向一体化，以企业内部有计划协调的分工更为彻底地代替市场。齐山镇的朱疃村2018年成

---

① 在访谈里，田家村的干部说，我们鼓励社员向合作社交小米，买种子、肥料，利用机械还有田间管理上频繁交易。交易得越多，分红就越多。用交易量分红刺激社员，社员就乐于和合作社互动和沟通。通过沟通就能多倾听村民的声音，以调整集体和合作社的发展方向。大家伙都积极了，合作社就发展了。合作社发展了，集体经济就壮大了。

② 中共烟台市委组织部：《组织起来的力量——烟台市村党支部领办合作社强村富民50例》，党建读物出版社2020年版，第208—209页。早在20世纪90年代，广东就出现了一些与大户陈家村类似的将集体土地转包给种田大户的合作社组织，参见房慧琳：《广东农村土地股份合作社研究》，《中国农村经济》1999年第3期。

立党支部领办合作社，发展蜜薯规模化种植，此举引发了周边村相继仿效。但一村一社的发展毕竟有诸多限制，齐山镇党委研议后，决定立足本镇适宜种植蜜薯的比较优势，发动朱疃村和周边14个党支部领办合作社共同成立齐山蜜薯种植合作社联社。为了克服蜜薯种植增收渠道单一、风险较大的缺点，他们提出建立自己的育苗基地，不仅能规避风险，节省开支，而且可以提高种苗品质。从此，他们走上了依靠纵向一体化扩张企业的道路。在培育出自己的种苗后，他们又筹措资金，建设了多处储存蜜薯的低温储藏库；与外部企业合作，发展蜜薯加工，开发了蜜薯条、脆片、即食蜜薯等一系列附加值更高的产品，最终形成了涵盖育苗、种植、储藏、加工、销售在内的全产业链发展模式，实现了小蜜薯、大产业的目标。

在党支部领办合作社的发展过程中，还有一个值得关注的现象：合作社的兴起，推动了以合作社为轴心的"微型"创新体系的形成和发展。在不存在合作社的情况下，也可以形成以农户为前提的创新体系，但相较于农户，合作社更倾向于规模化生产，更有能力承担技术进步的风险和不确定性，更有能力解决融资的问题，同时也具有单个农户不具备的社会资本，因而更具有推动技术进步的条件和内生动力。以牟平区水道镇为例，这里的自然条件非常适合花生的生长。2018年，通海村成立党支部领办合作社，镇党委主动联系山东省花生研究所，为合作社提供在日本承认度最高的第三代花生品种"花育955"。此后，为了克服持续耕作造成的减产，镇党委又主动求助于山东省农科院，在他们的帮助下，采用油菜错时轮耕技术，彻底解决了这一难题。发展规模化种植，需要使用农机。合作社从镇党委得到扶持资金，购买了花生播种覆膜机、花生收获机等，还从区农业部门得到无人机喷药技术的指导，实现了从播种、覆膜、喷药到收获的各环节机械化生产。2019年5月，国家花生工程技术研究中心在水道镇建立了牟平区科技成果转化基地。8月，山东省农科院枫林花生博士科研工作站也在当地挂牌。[1]

以合作社为核心而形成的微型创新体系，涉及许多不同的主体，如省农科院、当地科研机构（市、区农研所乃至镇一级的农技站）、地方高校（如青岛农业大学、鲁东大学）、企业，甚至中国科学院。与此同时，市、区、乡镇各级地方政府在这一创新体系中也发挥了重要作用。[2]

四、结论

党支部领办合作社作为一种新型农村集体经济形态，一方面促进了农业生产的社会化和农村地区的工业化，另一方面在农村

---

[1] 中共烟台市委组织部：《组织起来的力量——烟台市村党支部领办合作社强村富民50例》，党建读物出版社2020年版，第192—195页。

[2] 在烟台的案例里，政府可以为技术进步提供融资上的帮助，甚至直接提供资金购买农机设备。政府还为村干部提供培训，教授现代化农业知识和国外合作社的先进经验。2016年，福山区曾组织村支部书记学习农业技术知识，对于培养合作社带头人，提升其人力资本产生了良好效果。中共烟台市委组织部：《组织起来的力量——烟台市村党支部领办合作社强村富民50例》，党建读物出版社2020年版，第214—215页、第220页。

基层创造性地贯彻和落实了社会主义初级阶段的政治-经济制度，使其焕发出巨大的活力和生机。

党支部领办合作社的兴起，蕴含着若干极为重要的经验。

第一，党支部领办合作社坚持党的领导。正如烟台市委组织部在总结文件里概括的，党支部领办合作社保证了"合作社姓党""理事长在党"和"决策权归党"。[①]在党的领导下，合作社以尊重农民土地承包权和集体资产分配权为前提，重新构筑了集体利益，凝聚了集体意志，树立了集体目标，使集中力量办大事这一中国特色社会主义的制度优势，在农村基层工作中得以落实，为发展集体经济、实现共同富裕开辟了一条新路。

第二，党支部领办合作社作为一种发展了的混合所有制形态，有利于在基层农村巩固和发展社会主义初级阶段的基本经济制度。改革以来，土地集体所有一直是农村基本经营制度的核心。然而，在合作社成立之前，由于土地经营权不再归于集体，集体所有制事实上被"架空"了，土地的集体所有权日渐成为空洞化的权利。从历史唯物主义角度看，一种生产关系（所有制）总是对应于相应的法权关系，两者的区别在于，生产关系是一种权力关系，法权关系只是这种权力关系的表现，若无后者作为基础，单纯的权利关系会逐渐失去其经济意义。成立合作社，土地经营权流转到集体，土地由集体使用，集体所有制——而非单纯

[①] 中共烟台市委组织部：《烟台市农村基层党建工作情况汇报》，2021年7月；另见于涛：《烟台市"党支部领办合作社"的历程和经验》，《政治经济学报》第21卷，格致出版社、上海人民出版社2021年版。

的所有权——便得到了落实。另一方面，农民虽然让渡了土地经营权，但取得了集体资产的分配权，其土地承包的权利获得了经济实现形式。

第三，党支部领办合作社有利于促进农村的共同富裕。正如于涛总结的："从以往的实践来看，在一些社会资本领办的合作社中，农民只能获得土地流转基本金，好一点的有些务工收入，但不能参与项目发展'分红'，不能得到最大实惠，村集体收入也难以得到有效保障。习总书记强调'关键是完善利益联结机制，不能富了老板、丢了老乡，……要让农民合理分享全产业链增值收益'这个要求，党支部领办才能实现。"[①]

第四，党支部领办合作社，在一个更高层次上促进了有效市场和有为政府在基层农村的结合。村两委或村党支部，担负着行政村的公共管理职能，是基层政府的代理人。由于合作社经营权归党支部，党支部领办合作社不仅是"政企不分"，而且"党政不分"，但正是这样一种将政治-经济融于一体的组织，有利于克服分散的个体农户经营所固有的制度限制，改变农民在市场中的弱势地位，推动规模化生产和技术进步，提高农产品的附加值，让市场更好地为农民服务。在烟台等地的实践中，党支部领办合作社作为一种制度嵌入市场，是使得市场在更高层次上转化为"有效市场"的先决条件。

党支部领办合作社作为新型集体企业的兴起，还有助于我们

[①] 于涛：《烟台市"党支部领办合作社"的历程和经验》，《政治经济学报》第21卷，格致出版社、上海人民出版社2021年版。

批判地反思过往二十余年来经济学界对乡镇集体企业的认识，从中得出新的结论。20世纪90年代晚期，乡镇集体企业一度普遍改制为民营企业，从此以后，在决策界和理论界，形成了一种根深蒂固的见解，认为集体经济组织已经不会再办企业了，那些鼓励集体经济组织创办乡镇企业的法律政策规定已形同虚设。在一些发达地区，即便成立了股份合作制合作社，也基本上是将土地出租给外来企业，不再从事生产性价值创造活动。[①]烟台一位村支部书记这样反思了乡镇企业改制流行的20世纪90年代晚期和今天的差别。他说："习近平总书记上任之后，党风和以前不一样了。以前集体经济改制，问题很大。改来改去，改到私人口袋里了。要是好好经营，怎么会垮呢？1997年，我也有机会把村里的企业改制，可是我在山上躺了一天，思考了一天，觉得还是要搞集体经济，现在不是搞好了？"[②]要搞好乡镇企业，就要坚持党的领导，这种领导不仅意味着，在企业微观治理中，党支部要取得经营的领导权，党还要通过营造外部制度环境对企业的内部治理结构发挥影响。例如，烟台市委组织部在推进党支部领办合作社之前，首先实施了村"两委"选举工作的改革，在"两委"干部选举中引入政治标准，提出"好人+能人，才是当家人"，建立

[①] 参见蒋省三、刘守英:《土地资本化与农村工业化——广东省佛山市南海经济发展调查》,《管理世界》2003年第11期。

[②] 江宇:《烟台纪事》, 人民日报出版社2021年版, 第340页。

了上级党委和政府在合作社干部人事制度上的领导权。[①]在党支部领办合作社,作为理事长的党支部书记一方面接受群众的监督,另一方面接受上级党组织和政府的监督,从而使合作社有可能避免单纯由内部人控制的局面。值得深思的是,党支部领办合作社作为集体企业,其治理结构不仅涉及微观层次,而且涉及社会主义初级阶段更为广泛的政治、经济、法律和意识形态因素,这一特点和国有企业近似,代表了社会主义初级阶段公有制企业的共性。要搞好公有企业,不仅要重视企业内部的微观治理结构,而且要重视从外部"嵌入"公有企业治理结构的国家经济治理,后者是一个制度体系,其核心是党的领导。事实上,某种意义的"党政不分""政企不分",并不是公有企业的弱势,而恰好

[①] 在制度安排上,烟台市委组织部创设了自荐参选的办法,设置"两委"成员候选人正面清单和"十五个不得""十五个不宜"的负面清单,提前取消了770名有黑恶霸痞等不良记录的自荐人资格,实现了所有村党组织、村委会全部换届,以及所有村都配备党组织书记的历史性突破,同时还储备了一批懂政治有能力的党支部书记。见中共烟台市委组织部:《烟台市农村基层党建工作情况汇报》,2021年7月;另见于涛:《烟台市"党支部领办合作社"的历程和经验》,《政治经济学报》第21卷,格致出版社、上海人民出版社2021年版。

是公有企业治理结构所固有的特点和优势。[①]在烟台的实践中，省委组织部通过各种制度建设和自身的作为，事实上内化为合作社治理结构的组成部分。在企业治理中更为自觉、更加制度化地体现党的领导作用，是党支部领办合作社与其他类型集体合作社的一个关键差别，也是其成功的主要原因之一。

党支部领办合作社作为一种制度变迁过程，体现了变革生产关系、解放和发展生产力这一当代中国制度变迁的一般规律。在此过程中，生产力和生产关系的矛盾，转化为下述两类生产关系的矛盾：即一方面是无力表现和适应社会化生产和分工的农户分散经营，另一方面是符合社会化生产需要、有助于实现共同富裕的新型集体经济组织。以党支部领办合作社的形式化解这种矛盾，促成了一次在中国改革中常见的制度的"递进"演化，此处"递进"一词的含义是，党支部领办合作社没有否定改革以来流行的土地承包制度，而是以这一制度为前提的；另一方面，新的制度一旦出现，既有制度便会受其影响而有所改变。若从更长的

[①] 在20世纪90年代中晚期乡镇集体企业改制的大潮中，就有作者敏锐地察觉到，外部制度环境的改变是导致改制的主要因素："乡镇政府通常被认为是乡镇企业所有者的实际代表，在这一改制中究竟扮演了什么角色呢？应该说乡镇领导人与企业的厂长经理们共同推动这场产权变革。很明显没有他们参与是不可能实现企业改制的，甚至可以说他们是改制的启动者。不过仅在两三年前，对苏南乡镇的领导人来说，将集体资产从较大规模的企业中撤退出来，还是令人无法接受的念头。乡镇政府对改制的'积极'态度可以说是形势逼迫下的积极，他们是在探索与比较之后才接受了这种改制方式。……应该说20世纪90年代中期中国政治经济新的变化更加速了苏南乡镇领导人和他们的上级的态度转变。首先是中央的政策已大大拓展了产权改革的探索空间，形成了对改制有利的舆论环境。"邹宜民、戴澜、孙建设：《苏南乡镇企业改制的思考》，《经济研究》1999年第3期。

历史跨度来看，党支部领办合作社的兴起，属于一种螺旋式上升的否定之否定过程，即从改革前的集体经济出发，经过土地承包制度，再前进到植根于市场经济和承认农民承包权的新型集体经济。烟台等地的经验表明，这一制度变迁道路，是实现乡村振兴和农村共同富裕的重要路径。

乡村振兴
必须坚持正确的政治方向

于 涛

为了落实习近平总书记"打造乡村振兴齐鲁样板"的重要指示和山东省委、烟台市委有关要求，烟台市委组织部于2017年4月开始，在全国率先提出"党支部领办合作社"，通过做实党支部对农村经济的领导，把党的领导全面融入农村集体经济治理，在社会主义市场经济条件下重新把农民组织起来，发展壮大新型集体经济，为打造乡村振兴齐鲁样板进行了卓有成效的探索。经过持续努力，不仅实现了集体增收、群众致富，更重要的是提升了基层党组织的组织力，巩固了党的执政基础，加强了农村基层治理，闯出了一条把党的领导和发展壮大集体经济有机融合的乡村振兴路子。

到目前，已经有来自22个省份有关部门和地方的同志到烟台调研学习，有的省已经在全省推广，山东省委、吉林省委都在省第十二次党代会决议中明确写到要"推行党组织领办合作社"。《党的十九大以来党的基层组织建设工作综述》专门讲到"不少地方开展党支部领办合作社发展集体经济示范行动，带动增收致富"。芜湖虽然我没有去过，但是看过很多资料，了解到这里的党支部领办合作社也搞得有声有色，令人喜悦。

一、党支部领办合作社的主要创新

党支部领办合作社是烟台的创新。不同于党支部书记领办合作社，也不同于"先有合作社、再把党支部设在合作社上"，而是一套完整的制度体系。实质是党的领导全面融入农村经济发展和治理，以党的组织力带动农民组织起来。其创新主要表现在四个方面。

第一，让党支部成为农业合作化的引领力量。

在中国，几乎每个村都有党支部、村委会、合作社，但党的十八大之前的一个时期，受"党政分开""公民社会"等思路影响，不少村的党支部处于边缘化、配角的地位，这是农村许多问题的根源。党支部领办合作社，正是扭转了这个关系，让党的领导全面融入乡村治理。主要体现在：一是坚持合作社姓党。已经进行农村集体土地确权登记的村，由股份经济合作社代表村集体注册成立农民专业合作社，并在党支部全面领导下开展工作。尚未进行农村集体土地确权登记的村，由村党支部书记代表村集体注册成立农民专业合作社，并明确这是职务行为，不是个人行为。二是坚持理事长在党。把"村党支部书记担任合作社理事长"写入合作社章程，保障合作社"姓公不姓私"。三是坚持决策权归党。明确合作社中集体占股为"金股"，确保集体股保留决策权和否决权，利润分红由党支部和集体股主导，向普通社员特别是老弱病残倾斜。

第二，发挥党的影响力把群众组织起来。

历史表明，能否充分发动群众入社，并积极参与合作社的运营和管理，关系到合作社的成败。许多大户领办合作社是"强强联合"，并没有把广大群众组织起来。只有党支部才有号召力和公信力，把群众充分发动起来。2017年起，面对上上下下的不同看法，烟台各级组织部门的同志通过深入细致的思想工作，充分说清楚为什么要发展集体经济、发展集体经济不是走回头路，先在干部中统一思想，然后按照"入社自愿、退社自由"的原则，充分宣传、动员群众，强力推进而不强迫推进，坚决不设置100%入社的数量指标，坚决不搞"一刀切""大呼隆"，通过党支部成员示范带动以及入户动员、外出观摩、集中培训等方式，帮助群众算清入社前后的对比账，讲清一家一户单打独斗的瓶颈弊端，以看得见的利益提高群众入社率。

这其中有许多感人的故事，有的党支部书记为了吸引群众入社，无偿贡献了自己的资产，有的为了动员一户入社，到外地"三顾茅庐"做工作。从2017年试点到2020年在烟台全域推进，可以非常自信地说，每一名入社的群众，都是自觉自愿的。莱阳市西石河头村90%的群众都加入了合作社，从以前干旱时抢水浇地、大打出手，到现在发扬集体主义风格，先浇集体的地，再浇自家的地。有其他投资者给出更高的报价想流转群众的土地，但是没有群众参与。因为他们从党支部的行动中看到了为民干事的决心，坚定了跟党走的信心。在管理上，合作社的设立、章程的制定、分配方法的选择，都由入社群众讨论决定，这是全过程人民民主在农村的体现，也是私人领办的合作社做不到的。

第三，以生产关系变革解放生产力，发展现代农业和农村产业。

习近平总书记指出："农业强国是社会主义现代化强国的根基，满足人民美好生活需要、实现高质量发展、夯实国家安全基础，都离不开农业发展。"[1]在新时代，随着人民群众美好生活需要日益丰富，农村一二三产业都有很大升级空间，但当前很多地方"统"的问题没解决好，导致交易成本过高，压抑了生产力。党支部领办合作社，实现了生产关系的变革，巩固和加强了集体所有制，有利于在更大范围优化配置资源。党支部把群众组织起来后，在群众推动下主动找项目、上项目，撬动了农村大量沉睡的资源，为经济发展注入了"流动性"。党支部领办合作社有利于实现整村甚至数个村、乡镇范围内的合作，扩大农村内循环和城乡之间的经济循环，有利于吸引和容纳城市和工商业部门的优秀人才和优质资源、资产、资金下乡，同农村生产要素更好地结合。烟台苹果主要是三十多年前引种的第一茬果树，已到更新换代的瓶颈期，但一家一户资金有限。党支部领办合作社后，可以在较大范围内轮流土地、分批更新，到2020年底已改造老劣果园47.2万亩，3年内将梯次改造120万亩，首批领办合作社的栖霞市东院头村，2019年亩均分红5050元，村集体收入92万元，社员

---

[1]《习近平在中央农村工作会议上强调锚定建设农业强国目标切实抓好农业农村工作》，《人民日报》2022年12月25日，第1版。

长期务工年均收入4万元，远高于简单依靠土地流转的收入。

第四，是把党的制度建设延伸到合作社，确保规范运行。

我国历史上农业合作化走过的一些弯路，以及当前专业合作社存在的一些问题，一个重要原因是管理粗放、运行不规范，容易产生经营风险甚至化公为私。合作社规范运行要靠制度保障，这个制度就来自党组织的领导，来自党的制度建设延伸到合作社等农村集体经济组织。烟台市委组织部牵头出台《关于促进党支部领办合作社高质量发展实施意见》，在合作社注册、经营、分红等各环节，形成科学规范、闭环监管的内部治理体系。县级组织部门、农业农村部门和镇街党委对合作社逐个审核把关，对项目逐个科学论证，合作社所有重大事项最后都由党员和村民代表会议表决通过。同时，借鉴党政领导干部的选拔、培养、管理办法，加强村党支部书记队伍建设，培养出一大批优秀的集体经济带头人。这些都大大提升和规范了合作社的管理能力。

二、对中国特色社会主义乡村振兴道路的思考

习近平总书记指出，要"走中国特色社会主义乡村振兴道路"[1]"走自己的路，不简单照搬国外现代化农业强国模式"。[2]这条路一定是区别于西方资本主义农村发展方式的一种新的道

---

[1] 习近平：《论"三农"工作》，中央文献出版社2022年版，第241页。
[2] 《习近平在中央农村工作会议上强调锚定建设农业强国目标切实抓好农业农村工作》，《人民日报》2022年12月25日，第1版。

路。我们既要学习美国、欧洲发达国家在规模化经营、农业技术进步、环境保护等方面的经验,也要吸取一些发展中国家实施土地私有化带来城乡差距、土地兼并、农业衰落的教训。在烟台探索的基础上,我们感到,中国特色社会主义的乡村振兴道路,应当有五个基本特征。

一是必须突出党的领导这个核心。正如习近平总书记指出的"中国特色现代国有企业制度,'特'就特在把党的领导融入公司治理各环节,把企业党组织内嵌到公司治理结构之中"[1]一样,乡村振兴中也必须全面加强党的领导。

党支部领办合作社正是抓住党的领导这个中国特色社会主义最本质的特征,发挥党的政治优势和组织优势,带动合作社发挥经济优势、群众发挥能动性,把党的领导融入集体经济组织各环节,把党组织嵌入合作社治理结构之中,用党支部这个"凝结核"把城乡各种资源整合起来,实现党建引领、抱团发展、规模经营、共同富裕。

我们提出一个公式:"党的有组织>资本的有组织>小农的无组织。"乡村振兴必须把农民组织起来,更好地参与市场竞争和实施乡村治理,维护农民利益。这就要求党组织必须站出来承担这个责任,充分动员群众走合作化和共同富裕道路,才能确保合作社姓公不姓私,真正为最广大农民利益服务,才能赋予农民和农村强有力的组织、规范的制度,确保合作社发展行稳致远。

---

[1] 习近平:《论坚持党对一切工作的领导》,中央文献出版社2019年版,第148页。

在党支部领办的合作社，通过经济纽带把集体和群众紧紧连在一起，群众增强了对集体的信赖感，积极参加支部会和村民代表会议，广大基层干部也获得了多年没有的信任感、成就感。党建和业务、政治和经济真正实现了融合发展。

"党支部领办合作社"，本质是通过生产关系的调整优化促进生产力发展。把"组织振兴"作为乡村振兴的主要抓手（而不仅仅是政治保障），通过党组织的凝聚力建立新的生产关系，改变农村各类生产要素过于碎片化的问题，把分散的农民凝聚起来，把分散的资源凝聚起来。协作的过程本身就产生了新的生产力。生产关系的基础是生产资料所有制，在法律上，农村土地一直是集体所有的，但实行家庭联产承包责任制之后，集体对土地的所有权实际上虚化、淡化、边缘化、碎片化了，大部分村集体不再有力量去完整地行使集体产权的权利，党支部领办合作社的实质是把集体经济做实了，集体有能力集中力量办大事，也就容易得到村民的拥护。集体有了力量之后，就可以在整个集体范围内调配资源、进行分工、各尽所能、各得其所，通过优化生产过程中人与人的关系，提升了生产力。乡村振兴的五条要求，"组织振兴"虽然放在最后，但却是最重要的，是建立先进生产关系促进生产力的关键。一旦农村有了强大的集体经济，就有了自我循环发展的能力，那么再去从生产力的角度给予支持，无论是资金、技术、人才，农村自己就能留住、用好，这就实现了先进生产力和生产关系的统一。

二是必须突出公有制这个基础。习近平总书记强调："不管怎么改，都不能把农村土地集体所有制改垮了。"①公有制为主体是中国特色社会主义的重要特征，是实现广大人民共同富裕的根本保障。如果实行土地私有制，不仅违反党的初心、愧对牺牲的革命烈士，同时也会导致农村两极分化、大量人口失去土地、市场范围受限，造成巨大的经济和社会风险。因此，不论农村合作化道路怎么走，坚持社会主义公有制这个原则不能变。

我们针对农村集体产权制度这一关键问题，没有把确权登记当成改革的终点，而是把明晰产权作为合作化的起点。既发挥了集中力量办大事的制度优势，也通过明确的股权设置激发了群众的内生动力。

有的同志可能会觉得，农村集体产权制度改革之后，各村都有了集体经济组织，即股份经济合作社，这就是走上了合作化道路。这种看法并不全面。我们应该充分肯定农村集体经济产权改革的重要意义，因为这摸清了集体经济的存量，量化到每个村民头上。对集体而言，资产的底子摸清了，账面上资产增加了，这是十分必要的，也为发展壮大集体经济奠定了坚实基础。但是，确权登记并不是改革的终点，我们最终的目标是按照习近平总书记要求的"发展新型集体经济，走共同富裕道路"。确权登记并不能自动带来集体资产盘活、发挥作用、发展壮大，也不能自动加强村民对集体的归属感。而党支部领办合作社，在农村集体产权制度改革的基础上，激活了这个存量，撬动了农村大量沉

---

① 习近平：《论"三农"工作》，中央文献出版社2022年版，第201页。

睡的资源，为经济发展注入了"流动性"。让村民名义上的股份变成了实实在在的收益，这才和集体产生了利益联结机制。

这符合邓小平同志"两个飞跃"理论，符合习近平同志"必须使分散的农民联合成为一个有机的整体""要走组织化的农村市场化发展路子"[1]的思想，与人民公社相比，是一种螺旋式上升，而不是简单回归，更不是走回头路。

三是必须突出人民群众这个主体。乡村振兴的主体是村集体和农民，在发展过程中，农民不能成为配角。当前，在乡村振兴总体部署中，有些地方的发力点全部用在农业产业化上，尽管短期内取得了巨大的经济效益，但群众没有组织起来，政治效益没有体现，党组织的政治功能和组织力没有得到提升，这种"物本主义"思想同"以人民为中心"的发展思想是不相符合的。产业振兴是基础，因为没有产业振兴就不可能有承载农民就业的平台，就没有发展的基础。但是，并不是有了产业振兴就万事大吉了。这就好像我们强调发展是硬道理，但是发展也有一个为了谁、依靠谁的问题，也有一个发展质量的问题，并不是有了发展就有了一切。因此，乡村振兴不能只专注于产业，更重要的是要通过人的合作化，通过共同劳动解放生产力，共同分享发展的成果。

同其他合作社相比，党支部领办合作社更加强调以劳动联合为主、资本联合为辅，鼓励吸收群众以劳动力入股，发挥群众在

---

[1] 习近平：《中国农村市场化研究》，清华大学博士论文，2001年。

管理和分配中的主体作用。在社会主义条件下，通过党的领导，以劳动为纽带把农民组织起来，更有利于盘活农村各种资源，把潜在的经济发展动力变成现实，避免出现一些其他发展中国家那种城市掏空农村、导致巨大社会问题的道路。

2020年第17期《求是》杂志刊登了烟台栖霞市衣家村的事迹。2017年以前这是一个集体收入为零的省定贫困村，自然条件恶劣，"缺水、缺路、缺人"，党支部通过给入社群众发放"工票"、以劳动入股，把全村50余户群众组织起来战天斗地，男女老少齐上阵，仅7个月就在大山深处开辟了上山路、建起了蓄水池，改善了基础设施，引入种养殖等产业，2019年村集体收入就达到25万元，户均增收6000元，整个村庄面貌焕然一新。

正因为坚持了"以人民为中心"的发展思想和"从群众中来，到群众中去"的工作方法，所以党支部才能充分调动群众积极性，增强群众凝聚力，激发群众战斗力，进而提高群众对党组织的信赖和依靠。这有利于巩固党的执政地位、推动乡风文明、改进社会治理，党组织自身的威信和组织力得到明显提升，取得了综合的政治、经济和社会效益。

四是必须突出共同富裕这个目标。这是我们和西方乡村发展的重要区别。资本主义国家农村也可以实现繁荣，但无法解决贫富差距问题。少数西方发达国家可以实现乡村繁荣，主要是由于人口基数小，加上其在全球分工中处于优势地位，可以反哺农村，但大多数发展中国家无法走这条路。我们的乡村振兴，不管能人还是老弱病残，都要过上幸福生活、全面发展，一个也不能掉队。

党支部领办合作社在入社资格、股权设置、分配办法以及与社会资本合作等方面，都充分体现共同富裕原则。我们鼓励和欢迎城市工商资本和专业大户参与乡村振兴，但也强调要在坚守共同富裕原则的前提下实现双赢、多赢，提出单个社员出资比例不得超过20%，防止"大户垄断"形成"精英社"；改变贫困户"等人送小康"的脱贫心态，优先发展贫困户入社，变"输血式"扶贫为"造血式"致富，实现"以地养老、稳定脱贫"。

这些办法不仅受到群众欢迎，也受到社会资本的欢迎。因为我国农村有广阔的产业升级和资产升值空间，但如果农村一盘散沙、治理薄弱，社会资本投资也很难进入并稳定盈利。党支部领办合作社，把群众组织起来整合各种生产要素，也给各类社会资本发挥作用提供了更广阔空间。

五是必须突出城乡融合发展这个思路。习近平总书记多次指出，并在二十大报告中再次强调，要"坚持城乡融合发展"。这指明了乡村振兴的未来。

马克思主义在分析农村问题时，从来没有就农村谈农村，一向是把农村放在城乡关系、工农关系的框架中认识。马克思恩格斯指出，使工业生产和农业生产有机地联系起来，是实现城乡融合的经济基础和重要条件，"大工业在全国的尽可能平衡的分布，是消灭城市和乡村的分离的条件"[1]"只有通过城市和乡村的融

---

[1]《马克思恩格斯文集》(第9卷)，人民出版社2009年版，第314页。

合，现在的空气、水和土地的污毒才能排除"。①

毛泽东同志1960年在读《苏联政治经济学教科书》时，针对"大跃进"期间大量农村人口涌入城市的情况就提出："如果让减少下来的农业人口，都拥到城市里来，使城市人口过分膨胀，那就不好。"②他还说："每个公社将来都要有经济中心，要按照统一计划，大办工业，使农民就地成为工人。公社要有自己的高等学校，培养自己所需要的高级知识分子。做到了这一些，农村的人口就不会再向城市盲目流动。"

我们认为，党支部领办合作社，是乡村振兴的基础和细胞，但不是终点。在村内联合的基础上，要在乡镇推动联合社的建设，解决村级合作社办不了、办不好的事。再往上一级，县域要统筹规划布局、产业发展、政策资金、土地利用，尤其是公共服务，建设很多小的经济中心、生活中心，让农民就地成为职工，通过"在地工业化""在地服务业化"，实现"在地城镇化"，进而实现城市与农村同步发展，而不是盲目鼓励农民进城、让他们被迫挤进城市谋生。芜湖市湾沚区等同步在县、乡、村三级实施党组织领办合作社或助农平台、企业，这就进一步扩大了党组织领办合作社的作用。

农村有巨大的自然资源、广阔的绿水青山、大量的潜在人口，如果我们能够在党组织领导下，走新型集体化道路，把各种

---

① 《马克思恩格斯文集》（第9卷），人民出版社2009年版，第313页。
② 《毛泽东读社会主义政治经济学教科书批注与谈话》（上），中华人民共和国国史学会1997年版，第197页。

资源充分整合起来，吸引城市过剩的资金、产能、人口下乡，就能再造一个和城市一样繁荣美丽的新农村。这是乡村振兴未来发展的方向。

党委领导乡村振兴的首要责任：把好政治方向

徐祥临

2017年10月，党的十九大部署实施乡村振兴战略，全国各地区都把实施乡村振兴战略作为推动"三农"工作的总抓手，取得了显著成绩，突出表现为全面打赢了脱贫攻坚战。2022年10月，党的二十大进一步要求，全面推进乡村振兴，建设农业强国。紧接着，2022年11月28日，经中共中央批准，中共中央办公厅、国务院办公厅发布了《乡村振兴责任制实施办法》。该办法第三条规定："坚持党对农村工作的全面领导，健全党委统一领导、政府负责、党委农村工作部门统筹协调的农村工作领导体制，省市县乡村五级书记抓乡村振兴。"[1]围绕实施乡村振兴战略，笔者在全国各地从事相关调研、讲学活动，在一些地方也参与了推动乡村振兴的具体工作，深感在五级党委政府领导干部中，对于如何担负好乡村振兴的领导责任，还存在模糊认识。针对这一问题，笔者每次授课都要强调习近平总书记在主持中共十九届中央政治局第八次集体学习时讲话提出的一个关键性要求：

---

[1]《中办国办印发〈乡村振兴责任制实施办法〉》，《人民日报》2022年12月14日，第1版。

各级党委尤其是党组织书记领导乡村振兴,"要把好乡村振兴战略的政治方向"①。本文把落实这一要求的相关问题整理出来,以飨读者。

一、把好乡村振兴战略政治方向的落脚点

把好乡村振兴的政治方向,意味着在解决"三农"问题的过程中要讲政治。讲政治,是我们党作为马克思主义政党的根本要求。毛泽东同志早在延安时期就指出:相对于其他政党,"我们共产党历来更提倡坚定正确的政治方向"②,"政治工作是一切经济工作的生命线。在社会经济制度发生根本变革的时期,尤其是这样"③。邓小平同志也曾指出,我们党"到什么时候都得讲政治,外国人就是不理解……这一条"④。习近平同志担任总书记以来,一如既往,告诫全党:"旗帜鲜明讲政治,既是马克思主义政党的鲜明特征,也是我们党一以贯之的政治优势。党领导人民治国理政,最重要的是坚持正确政治方向,始终保持我们党的政治本色,始终沿着中国特色社会主义道路前进。"⑤

相对于工业化、城镇化、信息化而言,农业农村现代化是短

---

① 《习近平谈治国理政》第三卷,外文出版社2020年版,第261页。
② 引自毛泽东《在延安庆祝五一国际劳动节上的讲话》,《新中华报》1939年5月10日。又见《毛主席语录》,中国人民解放军总政治部编印,1966年3月,第127—128页。
③ 《毛泽东文集》第六卷,人民出版社1999年版,第449页。
④ 《邓小平文选》第三卷,人民出版社1993年版,第166页。
⑤ 《习近平谈治国理政》第四卷,外文出版社2022年版,第43页。

板。所以，党的十八大以来，以习近平同志为核心的党中央始终把解决"三农"问题作为全党工作的重中之重，必然要求各级党委在解决"三农"问题的过程中旗帜鲜明讲政治。

但是，把好乡村振兴的政治方向，必须同官僚主义和形式主义划清界限。从表面上看，搞官僚主义和形式主义的领导干部都是讲政治的达人，常常满口政治术语。但是，这些政治达人口中的政治术语往往被人讥讽为空话套话。这是因为，他们口中的政治术语脱离了我们中国共产党讲政治的根本。

中国共产党对政治的经典理解，源于缔造了人类历史上第一个社会主义国家的革命导师列宁。他说："政治是经济的最集中的表现。"[1]这就是说，讲政治，归根到底是处理经济问题。但政治活动处理的不是个别人、个别企业等微观主体的经济问题，而是事关总体的、全局的至少是涉及很多人的经济问题。正如中学政治课教科书就已经讲明白了的那样，经济是基础，政治是建立在经济基础之上的上层建筑。所以，把好乡村振兴的政治方向，避免把贯彻落实红头文件变成空话套话，就要实实在在地解决好事关全局的普遍性经济问题，并且，要让广大人民群众特别是种田农民感受到改革与发展给他们带来的实际利益。

党的十九大提出实施乡村振兴战略以来，从顶层设计的角度梳理习近平总书记一系列有关"三农"工作的重要论述，以下几个方面的工作涉及党和国家尤其是亿万农民的重大利益关切，应

---

[1]《列宁选集》第四卷，人民出版社1960年版，第416页。

当成为各级党委政府把好乡村振兴政治方向的落脚点。

其一，确保粮食安全。

民以食为天是千年古训。党的十八大之后，习近平总书记在中央农村工作会议上发表重要讲话，就集古今治国理政大智慧，把中国的吃饭问题讲得既通俗又精辟。他说："'洪范八政，食为政首。'我国是个人口众多的大国，解决好吃饭问题始终是治国理政的头等大事。毛泽东同志说：'吃饭是第一件大事。'手中有粮，心中不慌。我国十三亿多张嘴要吃饭，不吃饭就不能生存，悠悠万事、吃饭为大。只要粮食不出大问题，中国的事就稳得住。"①现阶段，党中央高度重视粮食安全问题，这不仅是遵循治国理政优良传统，更是现实的需要。海关总署统计数据显示，2000年，我国的综合食物自给率为95%，食物出口额超过进口额；2010年同一指标下降到85%以下，到2020年更下降到70%以下，出口额大大低于进口额，可谓粮食安全形势不容乐观。

对于地方各级党政领导干部而言，粮食安全的重要性都是能够认识到的。但这并不能保证地方领导干部在"三农"工作中真正重视粮食增产问题，因为，这涉及进行本地区粮食生产决策时对国家整体利益与地方利益的利弊权衡。

毫无疑问，在我国粮食自给率不断下降的大背景下，增加粮食生产符合国家安全利益，符合城乡消费者要求生活稳定的切身利益，符合国家整体利益。但是，在现有经济体制和经济政策大

---

① 习近平：《论"三农"工作》，中央文献出版社2006年版，第71页。

格局不变的前提下，受粮食产业链条比较短、市场价格弹性比较小的特性制约，地方政府抓粮食生产，既不能给自身带来可观的税收，又不能给粮农带来满意的经营利润，有时受市场行情波动或自然灾害影响，生产者还可能亏本。这样，单纯站在地方党政领导干部的立场上，并没有发展粮食生产的利益激励机制。

正是因为上述原因，就要求国家对粮食产业发展采取特殊政策。为了抑制各地粮食市场供求关系的剧烈波动，保障粮食安全，早在1995年，党中央、国务院就开始实行"米袋子"省长负责制①，其主要内容是各地区要稳定粮食播种面积，省级政府要扛起保障本地区粮食市场供求平衡的主体责任。在2020年12月28日召开的中央农村工作会议上习近平总书记发表重要讲话，进一步要求："各级党委和政府要扛起粮食安全的政治责任。……粮食安全要实行党政同责，'米袋子'省长要负责，书记也要负责。"②

粮食安全即吃饭问题涉及所有城乡居民的切身利益。以习近平同志为核心的党中央一贯高度重视，反复强调，就是重大政治问题，所以，对于各级党政领导干部而言，在"三农"工作中讲政治，把好乡村振兴政治方向，必须实实在在地把"米袋子"扛在肩上，落实到"三农"工作中，就要求把2023年中央一号文件提出的"实施新一轮千亿斤粮食产能提升行动"抓紧抓实。即使在地方经济利益上吃些亏，也要像革命战争年代的人民

---

① 宋洪远主编：《中国农村改革三十年》，中国农业出版社2008年版，第309页。
② 习近平：《论"三农"工作》，中央文献出版社2006年版，第9—10页。

军队指挥员那样，宁可所属部队遭受损失，也要努力拼杀，争取党中央的战略部署在具体战役中得到贯彻落实。这是中国共产党的领导干部尤其是高级领导干部必备的政治信念和政治操守。

其二，确保耕地数量和质量。

中国古代农耕文明长期领先于世界其他各国，单位国土面积养活的人口大大高于世界平均水平。但是，当人类文明进入工业革命时代之后，中国农耕时代的人口众多优势就转化为人多地少的劣势。中国要在西方工业革命浪潮袭来后自立于世界民族之林，摆脱被动挨打的悲惨命运，实现中华民族伟大复兴，必须追赶发达国家工业化、城镇化、信息化和农业现代化步伐。在推进现代化的过程中，必然要求我国在全局上对土地资源进行重新配置，拿出相当数量的土地资源用于发展城市，承载各种非农产业和各项事业。这就决定了我国的现代化在起步阶段就面临着一个严酷的现实，那就是土地资源的紧约束，要求决策者在面积有限的国土上进行农业用地与非农用地的利弊权衡。

鉴于前述粮食安全的重要性，新中国成立以来，我们党在土地用途决策上一直把农业置于发展国民经济的基础地位上，要求严格保护耕地。党的十八大以来，随着工业化、城镇化步伐加快，很多地方为了大力发展非农产业而占用了大量耕地，直接威胁到了粮食安全。针对这一现象，习近平总书记指出："耕地是粮食生产的命根子。……要采取'长牙齿'的硬措施，落实最严格的耕地保护制度。"①习近平总书记不仅对保护耕地提出严格要求，而且亲自对清理整治大棚房、违建别墅、乱占耕地建房和遏止耕地"非农化"、防止"非粮化"等普遍存在的问题，提出具体整改要求："各省区市现有用于粮食生产的耕地必须保住，不能再往下降了！"②所以，在我国现阶段的"三农"工作中，各级地方党委和职能部门党组织能不能履行好保护耕地的责任，就是政治问题，事关乡村振兴的政治方向。

现阶段，严格保护耕地与工业化、城镇化并不矛盾。在改革开放的头三十年里，我国经济发展的突出成就是高速增长。但同时也存在重视速度而忽视质量的弊端。这个问题在土地利用方面表现得尤为突出。在我国所有三线、四线、五线城市，都占用大量农业用地建立了以发展工业为主要类型的各种园区，但大多数园区的土地利用效率并不高，普遍存在土地大量闲置现象。③针对这类问题，已经有地方政府出台了整治园区土地撂荒行动方案。④这是我国国民经济由高速增长转向高质量发展的必然要求。在实施乡村振兴战略中严格保护耕地，不仅有利于农业发展，也有助于推动非农产业高质量发展。

保护耕地也不仅仅局限于数量保护，还要注重耕地质量提升。习近平总书记明确指出，保障粮食安全，"建设高标准农田

---

① 习近平:《论"三农"工作》，中央文献出版社2006年版，第7—8页。
② 习近平:《论"三农"工作》，中央文献出版社2006年版，第8页。
③《工业园区土地撂荒现象观察》,《瞭望》2019年11月16日。
④ 广东省人民政府于2023年4月23日出台了《广东省"节地提质"攻坚行动方案（2023—2025年）》，援引自广东省人民政府网站。

是一个重要抓手，要坚定不移抓下去，提高建设标准和质量，真正实现旱涝保收、高产稳产。这个决心一定要下，该拿的钱一定要拿"①。习近平总书记的这一论断，抓住了我国耕地问题的要害。我国耕地被占用尤其是被撂荒确实威胁到了粮食安全，但耕地质量差恐怕是更大的制约因素。众所周知，我国的高标准农田仅占18亿亩耕地的三分之一左右的局面已经延续了几十年，大部分农田属于靠天吃饭的中低产田。如果通过高标准农田建设，能够一年耕作两季的地区建成7亿亩高标准农田，亩产量达到1500斤，就可以生产出10500亿斤粮食；能够耕作一季的地区建设4亿亩高标准农田，亩产量达到1000斤，又可以生产出4000亿斤粮食；两项合计，全国每年生产的粮食就能超过14000亿斤，即人均粮食生产量超过1000斤。如果进一步像习近平总书记要求的那样，"建立统筹山水林田湖草（沙）系统治理制度"②，也就是以大食物观为指导，把农田以外的山水林湖草沙等天然农业资源统筹规划利用，我国就完全能够生产出数量充足、品种丰富的农产品，为我国的粮食安全奠定更为坚实广阔的物质基础。

其三，建设宜居宜业和美乡村，打造现代版"富春山居图"。

保护耕地，建设高标准农田，确保粮食安全，都属于发展农

---

① 习近平：《论"三农"工作》，中央文献出版社2022年版，第8页。
② 这一论断源自习近平总书记2017年12月28日在中央农村工作会议上的讲话，参见习近平《论"三农"工作》，中央文献出版社2022年版，第252页。后来，习近平总书记又把"沙"资源加了进来，如，习近平总书记2023年6月5日至6日在内蒙古巴彦淖尔考察，主持召开了座谈会，讲话中要求"扎实推进山水林田湖草沙一体化保护和系统治理"，参见《人民日报》客户端2023年6月8日发表的《从这项重大生态工程，领会总书记的系统观念》一文。

村生产力范畴，是建设农业强国的核心内容，解决的是城乡居民吃得饱吃得好的全国性问题，也可以说是亿万农民为包括自身利益在内的国家社会稳定和经济发展作出基础性贡献。这是把好乡村振兴政治方向必须解决好的全局性问题。

但是，不言而喻，生产的目的是维持生活、改善生活。亿万农民群众为全国粮食安全作出了基础性贡献，理所当然，他们的生活水平应当得到改善和提高。对此，可能有读者马上想到了提高粮食价格，增加农民种粮收益等措施。粮价问题确实重要，涉及农民种粮积极性，专题讨论为宜。本文从类似于建设高标准农田改善农民种粮生产条件的角度出发，讨论改善农民生活环境问题，也就是2023年中央一号文件部署的"建设宜居宜业和美乡村"。所谓和美乡村，习近平总书记在十九大召开后两个多月到中央农村会议上发表重要讲话，在结尾处以颇具文学色彩的语句擘画出乡村振兴后我国农民的生活场景：现代版"富春山居图"①。

中国特色社会主义根植于中华民族五千年优秀传统文化。每一个村庄都是历代先辈处理人与自然的关系和人与人的关系的智慧结晶，是优秀传统文化的载体。它们令文人雅士向往，让离家游子思念。但是，我们必须承认，经过几十年市场竞争的洗礼和形形色色外来文化的冲击，大多数乡村对年轻人失去了吸引力，老年人成为村庄常住人口的主体，相当多的宅院断壁残垣，荒草

---

① 习近平：《论"三农"工作》，中央文献出版社2006年版，第266页。《富春山居图》是元代画家黄公望的传世之作，描绘的是当年富春江两岸秀美壮丽的乡村景象。

丛生，呈现出令人扼腕叹息的衰败景象。这种局面不能扭转，乡村振兴就将彻底失去"人气"。

习近平总书记早就关注到了乡村衰败现象，并提出了系统性解决方案。他在担任浙江省委书记期间，亲自部署并指导了"千村示范，万村整治"工程，解决农村存在多年的人居环境脏、乱、差顽瘴痼疾。二十多年来，浙江省委省政府一届接着一届干，久久为功，农村面貌普遍焕然一新，一些村庄与发达国家农村相比毫不逊色。党的十九大之后，习近平总书记对乡村建设提出了更高更具体的要求：要"强化规划引领。……注重地域特色，尊重文化差异，以多样化为美，把挖掘原生态村居风貌和引入现代元素结合起来。要引导规划、建筑、园林、景观、艺术设计、文化策划等方面的设计大师、优秀团队下乡，发挥好乡村能工巧匠的作用，把乡村规划建设水平提升上去"[1]。这是打造现代版富春山居图的不二法门。

建设宜居宜业和美乡村，不仅要彻底改变乡村的衰败景象，还要按照十九大报告确定的城乡融合发展新思路，大力提升农村公共产品和公共服务水平。经过多年的建设，尤其是经过脱贫攻坚，农村的交通、能源、通信、水利等公共产品方面的建设水平已经有根本性改观，但农村教育、医疗卫生等公共服务水平与城镇相比差距仍然比较大。实施乡村振兴战略，要把发展农村教育事业放在优先位置上，让农村孩子获得与城镇孩子大体相当的义

---

[1] 习近平：《论"三农"工作》，中央文献出版社2022年版，第264—266页。

务教育机会，为此，就要统筹配置城乡师资力量，通过提高待遇等措施，增强乡村教师岗位的吸引力和自豪感。还要健全农村基层医疗卫生服务体系，开展全民健身活动，倡导科学生活方式。要完善城乡养老保险制度，不断提升农村最低生活保障标准。总之，要在建设农业强国的历史进程中，让乡村同城市一样，做到幼有所教，病有所医，老有所养，让农民在农村搞农业就有安全感和成就感。

其四，建立维护种粮农民利益的社会主义生产关系。

从总体上看，上述三个方面都着眼于建设农业强国的基本内容，包括了涵盖亿万农民在内的全局性利益，当然，乡村建设内容凸显的是在村农民的利益。从生产力与生产关系的角度看，这些内容基本上属于农村生产力发展的范畴，没有涉及农民尤其是种粮农民在市场经济体制下如何获取利益的生产关系问题。显然，这个问题直接关系到建设农业强国的内生动力，不容回避，换言之，我们还应该从生产关系的角度讲清楚，把好乡村振兴政治方向，要落实到维护亿万农民在建设农业强国历史进程中的切身利益上面。

习近平同志担任总书记后首次到中央农村工作会议上发表讲话，就指出："1962年，邓小平同志在谈到恢复农业生产时说，'农业本身的问题，现在看来，主要还得从生产关系上解决。这就是要调动农民的积极性。''生产关系究竟以什么形式为最好，恐怕要采取这样一种态度，就是哪种形式在哪个地方能够比较容易比较快地恢复和发展农业生产，就采取哪种形式；群众愿意采取哪种形式，就应该采取哪种形式，不合法的使它合法起来'。虽然现在我们的农业发展形式与当时有很大不同，但道理是一样的。"[1]这就是说，按照邓小平和习近平的一贯思想，要通过改革，调整农业生产关系，调动农民的生产积极性。不言而喻，调动农民生产积极性的根本性措施是满足他们从事农业生产的利益诉求。基于这一理论逻辑和农村改革以来的实践经验，以下两个方面的体制改革创新成果，构成维护农民尤其是种粮食农民根本利益的社会主义生产关系主要内容。

一是巩固完善农村基本经营制度。

习近平总书记指出："农村基本经营制度是乡村振兴的制度基础。"[2]可见这项制度之重要。众所周知，农村基本经营制度原先叫家庭联产承包责任制，是党中央推广安徽小岗村等地农村集体经济组织自发改革经验取得的重大制度成果。该制度有三个要点：一是土地归农民集体所有；二是集体土地由农户承包经营；三是集体向农户提供统一经营服务。其利益分配方式是"交够国家的，留足集体的，剩下是自己的"，也就是兼顾国家、集体、个人三者利益关系。

笔者长年跟踪扎扎实实按照农村基本经营制度要点经营农业的农村，如广东省的叶屋村[3]等，发现该制度的优势，不仅仅是

---

[1] 习近平：《论"三农"工作》，中央文献出版社2006年版，第84—85页。邓小平讲话内容参见《邓小平文选》第一卷，人民出版社1989年版，第323页。
[2] 习近平：《论"三农"工作》，中央文献出版社2006年版，第244页。
[3] 参见徐祥临著《乡村振兴的基础理论与应用》第五章中"叶屋村由穷变富"的内容，中国建筑工业出版社2019年版。

适应农业特点，调动农户在田间认真劳作的积极性，彻底消除了人民公社体制中存在的"大锅饭"分配制度弊端，更体现在市场经济体制下农村集体经济制度优势上面。笔者概括出农村基本经营制度有四项制度优势：一是土地集体所有制赋予了农民尤其是新生代农民无偿获得土地的权利，切实保障了耕者有其田，即农民种田不受剥削，做到了土地要素与劳动力要素的零成本结合；二是农户交给集体的承包费用于为交承包费的农户提供服务，做到了土地所有者、承包者、劳动者三者利益和谐统一；三是为乡村治理有效奠定坚实的制度基础；四是有利于村庄资源的整体规划利用。笔者认为，这四点足以证明，完善的农村基本经营制度是"古今中外最先进的土地制度和农业经营制度"[1]。

二是构建生产合作、供销合作、信用合作融为一体的综合合作体系。

大包干经验在各地农村普遍推广后，农户成为独立经营主体，农村拉开了发展市场经济的序幕。单纯从微观主体的性质上评价，没有集体统一经营支撑的单个小农户属于小农经济的范畴，这类小农户聚集的乡村仍然是"小农经济的一统天下"[2]。关于如何看待小农经济，我们党早有定论。毛泽东在延安时期就指出："在农民群众方面，几千年来都是个体经济，一家一户就是一个生产单位，这种分散的个体生产，就是封建统治的经济基

---

[1] 徐祥临：《再论巩固和完善农村基本经营制度——重建村民组土地经营市场》，《毛泽东邓小平理论研究》2021年第4期。

[2] 习近平：《摆脱贫困》，福建人民出版社1992年版，第1页。

础，而使农民自己陷于永远的穷苦。克服这种状况的唯一办法，就是逐步地集体化；而达到集体化的唯一道路，依据列宁所说，就是经过合作社。"①所谓合作社，是市场经济体制下弱小生产者或消费者联合起来参与竞争的经济组织，是小农户抱团进入市场的交易平台。

对于我们党用合作经济改造小农经济的理论观点和制度选择，在理论界和实际工作部门是存在广泛共识的。但对于应该采取什么样的合作社模式，却分歧较大，主要表现为选择专业合作社模式还是选择综合性合作社模式。进入21世纪以来，受西方合作社理论的影响，专业合作社模式受到一些学者和领导干部推崇，在全国普遍推广。但近十多年的实践证明，按照专业合作社模式成立的合作社绝大多数并不具有合作经济组织属性，属于事实上的个体私人企业，没有起到带领小农户参与市场竞争的作用。根据国际上发展合作社的理论与实践，像我国这样小农户在农业中占主体地位国家，能够为社员提供生产技术、购买、销售、金融、保险、生活等综合性服务业务的合作社，才是最受小农户欢迎的。这类合作社不仅服务功能全面，而且为社员提供全方位社会化服务的过程，就是合作社带领农民进入市场的过程，能够让小农户分享全产业链增值收益。

习近平同志在浙江工作期间，亲自指导瑞安市进行生产合作、供销合作、信用合作融为一体（简称"三位一体"）的综合

---

① 《毛泽东选集》第三卷，人民出版社1991年版，第931页。

合作农村改革，深受农民欢迎。党的十八大以来，习近平总书记又以供销合作社综合改革为突破口，要求供销合作社系统通过综合改革，办成"党领导下的为农民服务的综合性合作经济组织，……成为服务农民生产生活的综合平台，成为党和政府密切联系农民群众的桥梁和纽带"[①]。

巩固完善的农村基本经营制度，健全的"三位一体"综合合作经济组织体系，为我国建设农业强国，维护农民尤其是种粮农民利益提供了坚实的制度保障。

二、把好乡村振兴战略的政治方向，要澄清模糊认识

省市县乡村五级书记抓乡村振兴，具体到乡和村两级书记，几乎每天都要同本地农户及各类涉农主体打交道，可谓千头万绪，政治、经济、文化、社会、生态等各方面，无所不包。上级党委该如何指导基层党组织做好乡村振兴具体工作，基层党组织如何在日常工作中做到事半功倍而不是事倍功半，尤其要如何避免南辕北辙？这是五级书记抓乡村振兴首先要认真、深入思考的问题。党组织书记是管大事、管方向的。只有找准方向，选对道路，才能避免具体工作发生颠覆性错误，取得事半功倍的效果。解决好这个问题，首先要澄清以下几个模糊认识。

[①] 习近平：《论"三农"工作》，中央文献出版社2006年版，第133页。

其一，向外国寻求乡村振兴经验。

乡村振兴概念是党的十九大报告首次提出的。此前，笔者尚未发现官方发布的法律法规和政策文件以及学者的学术著述中使用过这个概念。即使有人偶尔使用过乡村振兴字样，也应该是措词层面的标新立异，不可能在概念的内涵和外延方面与十九大报告中的乡村振兴概念等量齐观。简言之，乡村振兴概念的"知识产权"属于以习近平同志为核心的党中央，是中国特色社会主义进入新时代党中央采取的重大发展战略。

但是，党的十九大以后，不断有学者向国内介绍某某发达国家的乡村振兴经验。这些学者的主观动机无可厚非，但仔细斟酌就不难发现其逻辑错误。按照这些学者说法，发达国家比我国更早地实施了乡村振兴战略。这是一种极大的误解。客观地说，发达国家在科技进步方面走在了包括我国在内的所有发展中国家前面，确实有农业农村现代化的好经验值得我们学习借鉴，以提升我国农业农村现代化的水平和质量。但是，必须指出，任何发达国家没有也不可能向中国提供乡村振兴的经验。这是因为，党的十九大、二十大部署的乡村振兴战略，意味着中国共产党用习近平新时代中国特色社会主义的理论认识、分析现阶段中国面临的"三农"现实问题，用中国特色社会主义的体制、机制、政策解决"三农"实际问题。正因为如此，党的十九大闭幕后两个多月，习近平总书记于2017年12月28日在中央农村工作会议上发表重要讲话，全面阐释了乡村振兴战略，这篇讲话收录在习近平《论"三农"工作》这本书中，编者所加的题目就是"走中国特色社会主义乡村振兴道路"。

脱离了中国特色社会主义的理论、体制、机制和政策谈论所谓发达国家的乡村振兴经验，从学术的角度看很不严谨，从实践的角度看很容易犯照抄照搬的教条主义错误。比如，有学者在"三农"领域学术刊物上发表文章，介绍美国的乡村振兴经验，[①]开篇就向国内介绍了美国"以规模经营为基础的农业政策实现了'农业强'"的经验。按照这位学者的观点，中国要建设农业强国，就要像美国那样，把土地集中到少数人手中，组建动辄几千亩上万亩的大规模农业经营单位。但美国的农业经营模式是否适合中国？在学术上是早有争议的。[②]美国的大规模农业经营模式亦称"石油农业"，依赖大量使用石油、天然气、煤等原料，制成化肥、农药、除草剂等，具有农业劳动生产率很高的优势，但同时也存在过度依赖农业化学品，忽视人畜粪便合理利用，造成土壤、水体、大气和食品污染等弊端，不具有可持续发展前景。

所以，各级党委领导本地乡村振兴，要有走中国特色社会主义乡村振兴道路的理论自觉，借鉴发达国家发展现代农业的成功经验，要保持头脑清醒，认清利弊。

其二，片面注重产业振兴，忽视组织振兴。

乡村振兴，产业振兴是根本。产业振兴的主要标志是要把种

[①] 夏金梅：《"三农"强富美：美国乡村振兴的实践及其经验借鉴》，《世界农业》2019年第5期。
[②] 参见温铁军：《"三农"问题与制度变迁》，中国经济出版社2009年版，第10—11页。

植业和养殖业搞上去，让中国人的饭碗里装满中国人自己生产的粮食及各类副食品。尤其是在我国粮食自给率已经连续二十多年不断降低的情况下，增加以粮食为主的农产品生产能力就显得尤为重要。近几年党中央也一再要求各地区抓好粮食生产。

于是，部分领导干部直接深入第一线指挥种植业和养殖业发展，如规划、建设各种农业园区，要求农民种这个养那个。殊不知，市场机制在我国农产品市场已经发挥作用四十多年，单纯从农产品市场供应的角度看，自我国加入WTO以来，由于国内市场与国际市场对接顺畅，短缺问题从总量到结构早在三十年前就已经基本解决了。因此，所有从微观层面增加农产品供给的经营主体，都很容易受到供过于求的市场冲击，获得的实际经济效益不尽如人意。地方党政主要领导这样抓产业振兴，往往是事倍功半，费心费力不讨好。

不言而喻，宏观层面的产业振兴，是通过微观层面农业经营主体的经营决策和实际经营行为实现的。这就是说，乡村产业振兴的主体是庞大的农业经营者群体，而不是党政干部队伍。当然，这决不是说地方党政主要领导干部及整个干部队伍在乡村产业振兴中没有责任，相反，各级地方党委必须在产业振兴中负起领导责任。但是，履行领导责任，不能像计划经济时期那样，直接参与甚至干预微观主体的经营决策和经营行为，而是要切实发挥领导作用，为农业微观经营主体指引正确方向，为他们节支增收创造体制机制及政策环境。落实到各级党委领导乡村振兴的实际工作中，就要求在产业、人才、文化、生态、组织五个方面的振兴中，要侧重抓好组织振兴。

地方党委侧重抓好组织振兴，既是走中国特色社会主义乡村振兴道路的本质要求，又是在农村搞好社会主义市场经济的客观要求。

所谓组织振兴，落实到农村基层实际工作中，就是农村基层党组织说话有人听，办事有人跟。但现实情况是，由于多年来农村改革中出现偏差，农村基层党组织的凝聚力战斗力不强，农民处于一盘散沙的状态。这既是经济问题，也是大多数农村的基本政治局面。中国特色社会主义最本质的特征是中国共产党的领导。在农村工作中，不能有效地组织动员农民群众，所谓加强党的领导就成了一句空话。要加强党对乡村振兴的全面领导，必须彻底扭转这种不利局面。

实现乡村组织振兴，不仅是政治要求，也是我们党领导亿万农民发展社会主义市场经济的客观要求。农民一盘散沙的政治局面表现在市场竞争中，就是一家一户单独进入市场参与交易，购买生产生活资料常常是质次价高，销售农产品则常常被中间商压级压价。涉农市场尤其是农产品市场行情剧烈波动，利益损失最大的往往是那些直接向市场供给各类农牧产品的生产经营者。要彻底改变这种局面，必须通过发展农村集体经济和合作经济的办法，实现农民进入市场组织化，增强农民在市场竞争中的博弈能力。只有农民改变在市场竞争中的弱势地位，获得不低于社会平均水平的利益回报，才能形成产业振兴的强大内生动力。

还有的领导干部把人才振兴看成是产业振兴的关键因素。从一般情况来看，这种认识也是正确的。任何事情都要靠人来做，同样的事情，有高素质人才参与进来会做得更好。产业振兴要通过市场竞争来实现，吸引高素质人才从事农业生产经营活动是不言自明的道理。但是，乡村振兴涉及政治、经济、社会、文化、生态多方面因素，依靠人才个体素质是无法应对复杂局面的。农村人才流失越来越多，不是农民一盘散沙的原因，而是它的结果。俗话说，一个好汉三个帮。人才只有依赖组织才能发挥作用。我们党领导新民主主义革命取得胜利，根本性历史经验是我们这个党和党领导下的人民军队作为组织是无比坚强有力的，同样是出身贫苦的农家子弟，进入中国共产党领导的军队与进入蒋介石领导的军队，几年之后，在思想政治水平和作战能力方面就大相径庭。所以，在党的领导下全面推进乡村振兴，各级党委必须把组织振兴摆在首位，靠组织振兴统领产业振兴、人才振兴、文化振兴、生态振兴。

其三，重视落实红头文件精神，忽视对习近平总书记关于乡村振兴顶层设计的领悟。

"三农"工作涉及农民日常生产生活，看似简单，实则非常复杂。与靠法律法规规范农民的行为方式相比，处理农民生产生活中遇到的问题，更多是依靠灵活性比较强的政策指导。故而，为了做好"三农"工作，上级党政机关常常用下发红头文件的方式对下级开展工作进行政策指导。

20世纪80年代前期，靠"5个一号文件"打开农村改革新局面，成为"三农"工作领域经久不衰的美谈。所以，制定和执行红头文件，已经成为"三农"工作领域的例行公事。进入21世纪以来，历经23个年头，我国又连续出台了"20个一号文件"，对指导"三农"工作发挥了很大作用。但是，我们也必须实事求是地承认，从解决"三农"领域实际问题的角度看，新世纪的"20个一号文件"远不如20世纪80年代的"5个一号文件"管用。最鲜明的对照是，20世纪的"5个一号文件"催生了20世纪80年代初期和中期农业尤其是种植业的"超常规"增长，[1]迅速破解了农产品供应短缺难题；而进入新世纪以来，我国食物自给率由2000年的101.8%，下降到2020年的76%左右，[2]此外，还有农村集体经济薄弱、土地撂荒、农业社会化服务水平偏低等问题在新世纪一直存在，至今没有看到有根本性好转的迹象。这些现象表明，新世纪以来靠红头文件指导"三农"工作并不那么有效，各级党政机关下发的很多"三农"工作红头文件的许多条文成了摆设。所以，各级党委主要领导干部面对"三农"工作的红头文件，要保持头脑清醒，既不能忽视，也不能盲从。

当年"5个一号文件"管用，主要是因为当时文件起草团队秉持了党的十一届三中全会上由邓小平倡导的解放思想、实事求是的思想路线，敢于破除计划经济时期亦即人民公社时期形成的理论教条和体制机制弊端，尊重农村基层干部群众的首创精神，

---

[1] 宋洪远主编：《中国农村改革三十年》，中国农业出版社2008年版，第3页。
[2] 数据引自原国家发展与改革委员会副主任杜鹰2021年12月20日在中国农村发展学会、中国社会科学院农村发展研究所共同主办的"中国农村发展高层论坛（2021）——聚集农民农村共同富裕"上的讲演。讲演的题目是《从我国食物自给率的变化看构建农业新发展格局》。

提出扎实管用的办法推动农村改革。新时代,广大农村基层干部群众仍然翘首以盼管用的红头文件。

新时代要做到指导"三农"工作的红头文件管用,首要的措施是,文件起草团队要切实像20世纪80年代初期起草"5个一号文件"团队那样,通过解放思想,把做好"三农"工作的指导思想统一到党中央的指导思想上来,把习近平总书记关于"三农"工作重要论述学懂弄通落实,尤其是要深刻领会习近平总书记对乡村振兴的顶层设计。

习近平总书记在主持中共十九届中央政治局第八次集体学习时的讲话中指出:"党中央已经明确了乡村振兴的顶层设计,各地要解决好落地问题,制定出符合自身实际的实施方案。"[1]这一重要论断,可谓是对所有关于如何实施乡村振兴战略提纲挈领的解疑释惑:先把党中央的顶层设计学懂弄通,同时也要把本地实际情况搞清楚,再把两者结合起来,就能够搞出来"既接天线,又接地气"的乡村振兴实施方案。然而,在一些地方,为了打造乡村振兴样板,给其他地区创造可复制的经验,主要领导干部在本地区决策机关发布的红头文件或重要场合讲话中声称,要"加强"或"完善"对乡村振兴的顶层设计。显然,这是没有摆正自身在实施乡村振兴战略决策系统中的位置,让红头文件开篇处的以"新时代中国特色社会主义思想为指导"等要求沦为套话,而把自己对"三农"问题的认知和解决方案抬高到顶层设计的高

---

[1]《习近平谈治国理政》第三卷,外文出版社2020年版,第261页。

度。结果，搞出来的所谓乡村振兴样板，惹得天怒人怨，最后是贻笑大方。

所以，各级党委尤其是党委主要负责同志把握乡村振兴的政治方面，要切实扪心自问：对习近平总书记关于乡村振兴的顶层设计学懂弄通到什么程度。唯其对这个问题有一个令上级满意、令下级信服的答案，领会或制定红头文件，心中才有定盘星，在"三农"工作中才能把"两个确立"和"两个维护"落到实处。笔者向各级党委领导班子尤其是党组织书记建议，要把党的十八大以来习近平总书记在中央农村工作会议上的讲话当作领会乡村振兴顶层设计的经典文献来读，并牢牢把握住走中国特色社会主义乡村振兴道路这条红线，仔细斟酌红头文件出台的农村改革发展具体举措是否偏离了红线。

三、把好乡村振兴政治方向的方法论

各级党委在领导乡村振兴的过程中担负着总揽全局、协调各方的政治责任。具体工作千头万绪，要把好乡村振兴的政治方向，必须找到正确的方法。笔者在理论研究及实际参与乡村振兴具体工作中认识到，以下几个方法是至关重要的。

首先，对照党中央的乡村振兴顶层设计找差距是首要方法。

实施乡村振兴战略已经历时六年，但是，还常常听到有些领导干部提出"乡村振兴与建设社会主义新农村有何不同""'三农'问题到底该怎样解决"的疑问。表现在具体的"三农"工作中，几年下来，还是按部就班，停留在上传下达水平上，老问题没有解决好，新问题又冒出来了。为应付上级检查，多采取形式主义的套路，甚至一些地方采取的措施直接伤害到了农民利益。要改变这一现状，各级领导干部尤其是农口的领导干部，应仔细体味习近平总书记在2021年年底提出的一个具体要求："'三农'工作领域的领导干部要抓紧提高'三农'工作本领。"[1]

长期在"三农"领域工作的领导干部应该反思，从操作层面看应当解决也能够解决的问题为什么解决不了，如农户承包地分割细碎、耕地撂荒、科技推广不到位、耕地被侵占、集体经济薄弱、农产品价格剧烈波动、农业经营收入低而不稳，等等。这些问题长期存在，具体而言，有诸多原因，深究起来，同农村改革前集体统一经营中普遍存在社员出工不出力现象一样，说到底是农业经营体制机制存在弊端。无疑，要解决这些问题，必须像当年推动农村工作那样勇于解放思想。但我们党解放思想的历史早就证明，解放思想的过程，其实是统一思想的过程。在改革人民公社体制的过程中，各级领导干部能够支持小岗村等地农村实行分户经营体制，是因为思想统一到了邓小平带领我们党确定的解放思想实事求是思想路线上来。新时代，解决"三农"领域存在的各种问题，就要把思想统一到习近平新时代中国特色社会主义思想上来，首要的是，各级党政领导干部尤其是农口领导干部，要把以习近平同志为核心的党中央关于乡村振兴的顶层设计学懂

---

[1] 习近平：《论"三农"工作》，中央文献出版社2006年版，第328页。

弄通，从理论上认识顶层设计的科学性和可行性，并且能够依照顶层设计结合本地实际情况抓好落实。

领会习近平总书记对乡村振兴的顶层设计，核心要义是从理论与实践结合上搞清楚为什么要走好中国特色社会主义乡村振兴道路，以及如何走好这条道路。沿着这条道路采取的具体农村改革及发展举措要体现出乡村振兴的政治方向，而不是背道而驰。

其次，沿着中国特色社会主义乡村振兴道路推进改革是根本方法。

走中国特色社会主义乡村振兴道路，绝不是固步自封，而是要直面问题，锐意改革。习近平总书记指出："改革是乡村振兴的重要法宝。要解放思想，逢山开路，遇河架桥，破除体制机制弊端，突破利益固化藩篱，让农村资源要素活化起来，让广大农民积极性和创造性迸发起来，让全社会助农兴农力量汇聚起来。"[1]这就清楚明白地告诉我们，实施乡村振兴战略，必须清除束缚人们思想的教条，找出体制弊端和利益固化藩篱。

农村改革以来积累了如上诸多问题，正是因为在"三农"工作领域又形成了一些新的教条，其中对农业农村生产力发展束缚比较大的教条有两个。一个是农村土地私有。为数不少的经济学教授认为，要发展农村市场经济，就要恢复土地私有。正是遵循这一教条，农村改革中推行了"增人不增地，减人不减地"政策，剥夺了农村新媳妇和新生儿承包土地的权利，让农户感到，

---

[1] 习近平：《论"三农"工作》，中央文献出版社2006年版，第263页。

土地承包到手之后就是自家私有的了。这一政策彻底架空了土地集体所有制,直接瓦解了统分结合双层经营体制。另一个是农村发展资金靠私人资本。部分官员和学者认为,国家财政无力满足农业农村现代化的全部资金需求,小农户更不具备资本积累能力,农村发展市场经济的资金需求,只能依赖外部资本投入,也就是依赖民营企业即私人资本。这一教条表现在政策上,就是国家把大量涉农财政资金用于扶持农业产业化龙头企业,[①]形成农村公共产品和公共服务的基建项目全部以招标形式由民营企业承建。发展社会主义市场经济,不仅要鼓励个体私人经济发展,而且要大发展,这是党中央早就明确了的方针政策。但把个体私人经济夸大到唯我独尊的地步,乃至于"私"和"资"成为教条,就导致了农村集体经济组织失去经济来源,党组织的凝聚力战斗力失去经济根基,成为绝大多数农村的农民处于一盘散沙状态的直接诱因。

为了乡村振兴中国特色社会主义道路向前推进,习近平总书记为改革划出了明确的底线,他指出:"我多次强调,农村改革不论怎么改,不能把农村土地集体所有制改垮了,……底线必须坚守,绝不能犯颠覆性错误。"[②]一些领导干部在农村改革中痴迷于"私"和"资"的思路,已经在事实上犯了颠覆性错误。其认识论根源在于,不理解农村土地集体所有制和党领导下合作制的制度优势。所以,把好乡村振兴政治方向,必须在理论上正

[①] 县域范围内的农业产业化龙头企业基本上是民营企业,国有企业很少。
[②] 习近平:《论"三农"工作》,中央文献出版社2006年版,第263—264页。

本清源，树立理论自信和制度自信，把市场经济体制下体现社会主义生产关系的双层经营体制及"三位一体综合合作"体系建立好完善好。

最后，在调查研究中发现并尊重农村基层干部群众的首创精神是具体方法。

党委政府领导乡村振兴，如何获得并运用好改革这个法宝呢？我们党领导农村革命、建设、改革的历史经验早就证明，这个法宝蕴藏在基层干部群众之中，获得这个法宝的唯一办法是深入基层进行调查研究，问计于民。在这方面，我们党最早最好的表率是毛泽东同志。

我们必须明白，到基层调查研究，并不是说农村基层干部群众擅长理论思考和政策解读，会把解决当前重大问题的对策及其道理告诉给领导干部。相反，基层干部群众反映的情况和问题往往是支离破碎的、片面的，有些甚至明显带有误解或错误的成分。所以，如何在深入基层调研的过程中获得真知灼见，是对领导干部领导能力和学者研究能力的实际考验，需要具备毛泽东同志提倡的"去粗取精、去伪存真、由此及彼、由表及里"功夫。笔者综合学习党史的心得体会和多年深入农村调查研究的经验教训，对搞好调查研究提出以下几点建议。

一是胸怀国之大者，聚焦全局性大问题。什么是国之大者，什么是全局性大问题，是不需要深入基层调研的，任何一个有正常思维能力的人都应该明了。比如，我国在新民主主义革命阶段，国之大者就是推翻"三座大山"，这是中国共产党成立之时就已经大体上明确了的，到党的六大就已经以党中央决议的形式成为全党共识，不需要毛泽东在调研中得出这个结论。毛泽东深入农村调研，是为了摸索推翻"三座大山"的具体道路。"三农"领域哪些是国之大者，习近平总书记在历次中央农村工作会议讲话已经讲得非常明确、具体，调研者只要结合日常工作和生活认真学习领会就能够把握住，领导干部和学者就是要带着这些问题深入基层调查研究，搞清楚这些大问题在基层产生的过程、涉及的重大利益关系及演化趋势等。这里切忌自以为是，胡乱自设题目，避免调查研究工作事倍功半甚至是缘木求鱼。

二是摸准基层干部群众的利益诉求。现行涉农体制机制存在弊端，并不直接表现为理论上离经叛道和政策上荒谬绝伦，有些体制机制以官方文件的形式推行下去，往往都有似是而非甚至是冠冕堂皇的理由。我们虽然可以从理论争辩的角度发现并指出这些弊端，但往往苍白无力、事倍功半。我们对现行体制机制作出是否存在弊端的判断，不能出于自己的理论好恶，而应该到农村基层去，看看农村基层干部群众按照现行体制机制开展农村工作、从事农业农村经营活动，是否达到了预期目标，尤其是农民作为生产经营者是否实现了预期收益，也就是充分了解农村基层干部群众基于自身利益对现行体制机制的基本看法。比如，笔者一再批评"增人不增地，减人不减地"政策，就是在调查研究中了解到，它不符合代表农村未来的新媳妇及新生儿的利益诉求，进而也就不符合全体农民的利益诉求。

三是努力发现、扶持农村基层干部群众自发纠正现行涉农体制机制弊端的好经验。涉农体制机制弊端的直接受害者不是有公职身份的领导干部及专家学者，而是农村基层干部群众。党的十一届三中全会之后，"解放思想、实事求是"的思想路线一直被党中央所提倡，来自基层的改革创新一直受到党中央的鼓励。在这样的政治氛围中，就像当年小岗村18个农民一致同意搞大包干一样，在农村基层干部群众中必然会涌现出敢于纠正体制机制弊端的改革者，在新形势下创造出农村改革发展的好经验。比如，本文前面提到的叶屋村，2009年自发进行"第二次土改"，是以各户承包地集中连片为具体目标，以集体收取承包费用于整治土地和"增人增地，减人减地"为主要手段，取得了土地撂荒问题彻底解决，耕地质量大幅度提高，集体经济实力增强，农民共同富裕的良好效果。各地都有类似于叶屋村这样农民自发改革的成功案例，能否得到推广，关键在于领导干部和专家学者是否具有慧眼识珠的能力。

四是把推广基层干部群众自发改革创造的好经验同落实党中央对乡村振兴的顶层设计联系起来。推广类似于叶屋村农民自发改革这类好经验，必然暴露出现有体制机制弊端，对现有利益格局形成巨大冲击。没有上级党委政府的充分认可和支持，单纯靠农村基层干部群众相互模仿，有好经验也难以推广复制，甚至还可能遭到现有体制机制创立者和维护者的打压。改革从来都是一场重塑利益格局的斗争。要取得斗争的胜利，必须紧紧依靠党的领导。但是，我们也必须在政治上十分明确，依靠党的领导，从根本上说，是同党中央保持一致，而不是简单地苟同于某一级或某个部门党政主要领导干部的决策意见。为了推动改革取得事半功倍的效果，在学懂弄通以习近平同志为核心的党中央对乡村振兴顶层设计的基础上，要把农村基层干部群众创造的改革发展好经验同顶层设计紧密联系起来，用基层经验验证顶层设计的科学性和可行性，把顶层设计作为准则，在改革中逢山开路，遇水架桥。这既是讲究斗争策略的要求，更是在政治上与党中央保持一致的原则体现。笔者推介叶屋村的经验，都是把它同落实党中央一贯要求的"巩固和完善农村基本经营制度""坚持农村土地集体所有制"等顶层设计要求紧密联系在一起。

实施乡村振兴战略的意义怎么估计都不会过高，唯有各级党委把好乡村振兴的政治方向，才能实现其应有的历史价值。

振兴乡村，
以农民为主体，以集体为龙头

严海蓉　何宇飞　郑依菁

通常我们听到的说法是以企业为龙头，但是我今天想讲的是以集体为龙头，案例是贵州大坝村。2017年夏天我们希望参访集体经济村庄，周建明老师推荐介绍了大坝村。去年研讨的时候，我也是讲了一个案例，以东北调研为基础，提出来的问题是：到底是共产党的干部组织农村，还是资本组织农村？那个案例非常灰色，非常叫人难过。今天我讲的案例会让人振奋。这两个案例都是我们时代的故事，都是近5年的事情，我们所处的时代充满了矛盾，到底是往哪个方向走，这是"伟大斗争"的一部分。

先给大家看一下图片中的大坝村。图1中，这种土房2000年前在大坝村是常见的，现在的大坝村是这样子的（图2）。这个翻天覆地的变化主要是近5年发生的。

图1 村民说这些是大坝村2000年前常见的房屋(作者供图)

图2 大坝村现在的村貌(作者供图)

讲大坝村这个案例的意义在哪里？简洁地说是集体成为龙头，农民成为主体，乡村振兴有望。5年前，大坝村是贵州二级贫困村，和许多村庄一样，大多数村民的生计来自微薄的小农农业和背井离乡的外出务工。5年来，依靠集体为龙头，大坝村实现了令人惊叹的翻身，同时实现了几个目标。

第一，大坝实现了脱贫。贫困村庄、贫困农民如何实现脱贫，它可以给我们提供一些很好的经验。

第二，大坝再造金山银山。它因地制宜，种植改良后的当地野生刺梨。它以农民为主体，实践全村、全民的生态农业，所有农户受惠。

第三，大坝实现了集体经济从无到有。

第四，大坝以生态农业为基础，摸索三产融合。在果树种植的基础上开发果品、建设酒厂；而它的绿水青山则吸引了四川、重庆等地的度假客，带动了当地的民宿和餐饮，一二三产业相互辅助。这一切的物质基础是生态农业和生态环境的保护，也就是保护金山银山，振兴乡村有望；这一切的组织基础是大坝村基层党委发挥了必不可少的带头和统筹作用；这一切的群众基础是大坝村民大会的支持。

大坝村位于贵州省安顺市，距离塘约村较近，只有一个小时的车程，是贵州省的贫困村。2000年大坝村人均收入都不到1000块，大部分村民住的是泥巴做的土坯房，好一点的屋顶是石板，差一点的上面是茅草。2000年大坝村开始有人外出打工，2010年左右达到高潮，最多的时候是三分之一的劳动力在外打工。这样的情况在贵州乃至全国的中西部都比较普遍。贵州的塘约村在合作化、集体化之前是空壳村，几乎都外出打工，"塘约道路"之后，这个情况有了很大的改变，塘约村不再是空壳村。合作化后的大坝村，全村1542人中外出打工的只有160多人，整户外出的有十几户。

大坝村如何做到乡村振兴呢？我简要介绍一下它振兴的要素和过程。1996年前大坝村主要种植玉米和水稻。1996年开始，大坝村也探索过一些"脱贫致富"的项目，镇政府也推动过一些，比如1996年镇政府推动种烟草，村民们于是冬季油菜夏季烟草，可是因为土地少，烟草多年来种植没有轮作，收入降低。1998年也尝试种竹笙，种植多了价格低了，后来还尝试过养牛、养猪、绿化苗等项目，也是上面政府推动的，都遭遇亏损，没能持久。这些是我们大家了解农村经常碰到的问题。

2012年大坝村终于开始有一个新的开始，在村委会组织下，大坝村成立了合作社，与一些少数人参与的合作社不同，大坝村的合作社以全村村民为主体。当年全村（当时只有三个村民小组）158户中120户都入了社。2013年并村后，合作社也力争全覆盖。

起步的契机发生在2008年，当时一个本地的果树品种被大坝村的陈大兴书记看中了。大兴书记是很有趣的人，虽然话不多，但是他对苗木特别有兴趣，爱琢磨苗木，所以他种什么什么活。2008年大兴书记开始试种金刺梨，这是本地林场的一个场长将山上的金刺梨移植下山，进行人工栽培的野生品种，大兴书记看中了野生驯化的金刺梨，2008年带头尝试种植20亩，2011年开始挂果。一亩地种了74株，每一株能产三四十斤，开了推广会，20亩地就卖了几十万元钱。

然而经历过此前一次又一次的"脱贫致富"挫折，老百姓对于金刺梨的推广仍然持观望的态度。书记首先尝试后，就开始在村委会里进行扩大试点，发动了12个党员，把当地林场的400多亩的烧荒的林地承包过来，种植金刺梨。同时，经过推广会后，金刺梨的收购商主动上门收购。农民看在眼里，心动了。这时，村委会觉得时机已经成熟，于是在大坝村全面推广，召开村民大会，筹办合作社。

筹办合作社需要第一桶金。这第一桶金从哪里来？塘约村员十来个干部以个人的身份到信用社去贷款，作为合作社的起步资金。大坝村的第一桶金是来自书记的个人奉献。因为大兴书记以前卖苗木赚过钱，于是拿出600万元，免费给合作社使用。大兴书记说："以后如果合作社壮大了，有钱了就还他，没钱就算了。"

合作社在2012年3月份成立，成立的时候合作社需要面对土地怎么流转的问题。土地流转谁来做比较好呢？他们很有智慧地在三个村民小组各选了一名德高望重的老人来主持流转的工作，跟大家充分讨论，开了一个星期的会，每天提方案，不对就重新讨论。丈量完之后就流转到了合作社，由合作社统一进行管理经营。2012年全村120户入社，入社土地达2300亩。2013年后，另有三个村民小组并入大坝。果树挂果后，分配的模式是：50%分给农户，35%用于支付购买原料和人工费等开销，15%为合作社的公积金，用以发展村集体经济。部分农户为合作社管理金刺梨，他们除了50%的分红收益之外，还可以获得每株12元的管理费。2017年夏天我们调研时，全村大部分土地已经入社。

金刺梨种植规模扩大了，价格下跌，销路出现了问题，2015年大坝村决定建酒厂，合作社自筹资金、村民出力，把一个老旧的烤烟房改造成小酒厂，加工金刺梨，延伸到第二产业。2017年合作社贷款9600多万元筹建新酒厂。预计新酒厂能消化大坝村所有的金刺梨，甚至需要在周边收购。酒厂预计还将解决本村劳动力200多人的就业问题。

大坝村的第三产业也是依靠集体做龙头。2012年在筹建合作社的同时，村委已经在考虑筹划建设新小区房。因为原来每户村民的宅基地大小不同，而新建的小区房每户的面积又是一样的，所以2013年，全村宅基地也全部流转到合作社，统一筹划，按照3万块每亩补偿给村民。2013年，利用政府的"美丽乡村"项目和危房改造项目的契机，村委会启动了新房建设。房子的设计是村委会集思广益，发动大家给最美的房屋拍照，再找设计院设计。村主任说："他们设计的也不适用，就让他们先拿我和张主任（老村主任）的来试验，边做边调整，我们也是半个设计师，怎么适用农村怎么改。"

2017年夏，大坝村已经完成三期81座小区房的建设，第四期的20座正在建设中。每座造价在32万元左右，由一家四川公司承建。村委会要求公司优先聘请本地村民务工，小工男女都是120元/天、制模板300元/天。建房的总体规划保留原来小组的集中居住。新房建好后在小组内抽签，抽到哪栋就住哪栋。现在全村有民宿接待能力的住房有80多栋，还有大约11家开农家乐（餐饮店）。贵州夏天比较凉爽，吸引了很多重庆、四川的游客前来避暑度假。我们调研的时候，每人每天住宿50元，吃饭50元，性价比很高。大坝村有个村民小组是以合作社的方式来接待游客餐饮。

大坝的小区房不是一个形象工程，基本上不依靠政府的投入，而是农民自己筹款、贷款。贷款谁给担保？是由村合作社提供担保，因为大坝有了集体经济。农户都有自己的金刺梨果园，有金刺梨的收入，所以农民能够在几年之内还清贷款。

大坝村的探索积累了这几条经验。

一是找到了本地化经济的路子。金刺梨本是当地的野生果树，所以它非常接地气。旱不怕、涝不怕，比一般的刺梨还不怕虫。据估计，一批果树可以保持产出30年，所以具有相当的可持续性。

二是干部试错在前、承担风险。在市场条件下，重启合作化的起步首先面临资金和市场风险的问题，与塘约村相似，大坝村的书记和村干部们起到了带头承担风险的作用。

三是走生态化道路，坚持生态化种植。果树不打农药，靠人工来除草，肥料稍微用一些，所以基本上是生态化的方式。

四是以农民为主体，注重公平。我们调研过程中发现大坝村在如何安排合作社果树的管理上有很多有趣的尝试，其中有一些教训，但也有很丰富的经验。大家都把果树放进合作社，如何保证效益和公平的问题？谁来管理？刚开始是每家都出一个人管理，到合作社上班，每个人工资2400元/月。后来又改变了方式，不断地尝试，试错过程很有趣。

大坝村给我们的启示是在今天的中国，新集体经济仍然有生机。此前大家听刘庄、南街村这些集体村庄的故事，往往觉得虽然有优越性，但是今天的条件已然不同，它们的经验不可复制。但是大坝村的合作化、集体化是近5年来出现的新生事物，可供学习和借鉴。政府不是没有扶持，只是大坝村没有依赖政府的扶持，它有一个很好的基层团队，是一个非常具有内生性的合作化村庄，是新集体经济的一个案例。

今天听前面各位的讲述，我收获特别多。我们一方面是需要进行理论的历史的梳理，总结经验和教训，另一方面，我们应该以斗争的方式，反对私有化的倾向。

我认为需要有一个平台，把像大坝村这样的案例总结出来，推广起来。今天讲乡村振兴，以谁为主体？以什么为龙头？如何振兴？可参考的案例在哪里？不一定树典范，但需要案例，需要不止一个案例，需要各种各样激活农村内部内生性、振兴能力的案例，可能是农区的，可能是牧区的，可能是以经济作物为基础的，可能是种主粮作物的。理论梳理是一个方面，实践的倡导是另一面，需要我们两条腿走路。

壮大农村集体经济要发扬历史主动精神，不能消极等待

江 宇

乡村振兴是全党的一项重要工作，也是未来几十年中国经济增长最大的空间，是关系到中国式现代化兴衰成败的一个大问题。但当前，乡村振兴的重要性和方向路径还没有普遍形成共识。如果抽象地说农村工作重要，恐怕人人都能说几条：没有农村就没有革命胜利，没有农村的积累就没有工业化，没有农村改革就没有改革开放……但是，如果进一步问一下：乡村振兴到底在未来30年的现代化建设中占据什么地位？乡村振兴到底沿着什么样的路线图前进？这些问题还没有达成共识。

有的认为，乡村振兴像资本主义国家那样，实行土地私有制，鼓励资本下乡，让农民手里的田地和房屋"变现"，农村就会很快发展起来，农民就会一夜暴富；有的认为，农村未来发展方向就是农民继续进城就业买房，所以只要把城镇化、工业化抓好，农村自然会被带动起来。党中央要求"县委书记应当把主要精力放在农村工作上，当好乡村振兴一线总指挥"。但据笔者了解，这个要求还没有完全落实，不是每一个县委书记都做到了。有的干部认为抓农村农业没意义，不出政绩，不如抓招商引资、

搞开发区、抓产业来得快;甚至认为天天往农村跑的干部太保守、思想陈旧……

这些观点和做法都是错误的。乡村振兴绝不是一个可有可无的任务,也绝不仅仅是拾遗补缺、补短板的任务,而是未来中国经济最重要的增长点,是我们打破"现代化=西方化"的迷思,实现中华民族伟大复兴所必须完成的任务;一个14亿多人、四五亿农民的大国实现乡村振兴,也将是人类历史上前所未有的宏伟篇章。

从某种意义上说,我国的工业化、城镇化取得了巨大成就,达到了可以同西方现代化并驾齐驱、平视西方的程度。但是,要真正实现中华民族伟大复兴,要超越西方现代化道路,就必须要同时实现乡村现代化和城乡融合发展,这是西方仍然没有完成的答卷,是对中国共产党和中华民族的真正考验。乡村振兴这道题答不好,中国式现代化就交不了卷,必须从这个高度来谋划乡村振兴。

一、从中国式现代化全局看集体经济

为什么我们必须把乡村现代化置于同城市化、工业化同等重要甚至更重要的地位,这是因为中国以及世界上所有发展中的人口大国都面临着同西方发达国家不一样的约束条件。西方国家可以在实现很高水平的城市化、工业化之后再来发展农村,但发展中的人口大国没有条件走这条路,否则工业化、城市化也将举步维艰、半途而废甚至功败垂成。

党的十八大以来，习近平总书记高度重视乡村振兴，多次在关键时刻校正了农村工作的方向，特别是扭转了片面依靠城市化拉动经济、让农村成为城市附庸的思路和做法。2013年7月，针对流行一时的人为加快城市化拉动经济的思路，习近平在湖北考察时指出，"农村绝不能成为荒芜的农村、留守的农村、记忆中的故园。城镇化要发展，农业现代化和新农村建设也要发展，同步发展才能相得益彰"①。同年12月，他在中央城镇化和农村工作会议上指出"城镇化是一个自然历史过程"②，明确制止了违背规律人为加速城镇化的做法。2013年3月，在参加十二届全国人大一次会议江苏代表团审议时，习近平指出："改革开放从农村破题，'大包干'是改革开放的先声。当时中央文件提出要建立统分结合的家庭承包责任制，但实践的结果是，'分'的积极性充分体现了，但'统'怎么适应市场经济、规模经济，始终没有得到很好的解决。"③2016年4月，在安徽省小岗村他又明确指出："不管怎么改，都不能把农村土地集体所有制改垮了，不能把耕地改少了，不能把粮食生产能力改弱了，不能把农民利益损害了。"④这是对一度流行的依靠提高农村土地商品化程度甚至实

---

① 习近平：《农村绝不能成为荒芜的农村记忆中的故园》，中国政协网，http://cp-pcc.china.com.cn/2013-07/24/content_29512151.htm，2020年9月24日访问。

② 中共中央文献研究室编：《十八大以来重要文献选编》上册，中央文献出版社2014年版，第590页。

③ 陈林：《统分结合，三位一体　习近平的"三农"情怀》，《人民论坛》2013年第13期。

④ 习近平：《农村改革要坚守"四个不能"底线》，《人民日报》2016年5月25日。

行土地私有化、瓦解集体经济主张的明确否定，为农村改革划出了底线。2020年7月，习近平在吉林视察时进一步指出，走好农业合作化的道路，我们要总结经验，在全国不同的地区实施不同的农业合作化道路。[①]追溯到20世纪80年代在福建宁德工作时，习近平关于乡村振兴道路的思想是一以贯之的，那就是他在党的十八大之后提出的"要把握乡村振兴战略的政治方向，坚持农村土地集体所有制性质，发展新型集体经济，走共同富裕道路"[②]。

可是，从理论上如何理解这些要求，从实践上如何落实这些要求，还有很长的路要走。有些人认为，西方资本主义发达国家实行土地私有制，没有党的领导、没有集体经济，农村不是也搞得不错？为什么我们非要强调走中国特色社会主义乡村振兴道路，发展集体经济呢？

要回答这个问题，就必须从中国式现代化同西方不同的特征特色来理解。中国式现代化，是人口规模巨大的现代化，是全体人民共同富裕的现代化，是物质文明和精神文明相协调的现代化，是人与自然和谐共生的现代化，是走和平发展道路的现代化。这五句话也可以说是五道考题，是西方式现代化并没有回答出来的五道题目。要避免西方式现代化的弊端，回答好这五道考题，离不开走中国特色社会主义乡村振兴道路。

---

① 习近平：《因地制宜走好农业合作化道路》，共产党员网，http://www.12371.cn/2020/07/23/VI-DE1595468760819643.shtml，2020年9月24日访问。

② 习近平：《因地制宜走好农业合作化道路》，共产党员网，http://www.12371.cn/2020/07/23/VI-DE1595468760819643.shtml，2020年9月24日访问。

第一，人口规模巨大的现代化，决定了必须坚持农村土地集体所有制，以确保有限的土地和生态容纳大量人口，而不能走西方那种少数人占有土地、把农民赶出土地的道路。

西方发达国家的农村确实有很高的发展水平，农业也很有竞争力，但这是建立在大多数国家所没有的特殊条件上的：一是依靠十分优越的自然条件。英国启动工业革命时，人口还不到1000万；1894年美国首次成为世界第一经济大国，人口只有7600多万；当前31个发达国家人口总计10.4亿人，仅相当于我国人口的72%。而在这10.4亿人中，农民还不到1亿。美国有3.7亿人口，但农村人口只有约350万，不到1%。美国平均每个农户占有土地约3700亩，英语里的农民——farmer，真正的意义是"农场主"，而不是我们中国这种"小农"——peasant，美国这样的人均占地面积，可以使得每个农场主就有很强的盈利能力和抗风险能力，这是大多数发展中国家没有的条件。二是西方发达国家可以依靠工业化的先行优势，对农业进行补贴，大城市补小农村，可以补贴得起，我国没有这样的条件。三是资本主义国家实行土地私有制，资本在农村兼并土地之后，把大量原住民驱离农村，典型代表是巴西，表面上城市化率超过80%，农村看起来也实现了繁荣，但代价是失地农民汇聚在城市贫民窟，贫民窟里的庞大人口没有工作和消费的能力，城市经济就容易遇到危机。

所以，人口规模巨大的现代化决定了，土地私有制或者变相私有制的道路是行不通的，只有坚持农村土地集体所有制，发展壮大新型集体经济，走共同富裕道路，才能确保有限土地容纳巨量的农村人口。

当前，人们对家庭农场、种田大户、龙头企业、专业合作社的重要性有了比较充分的认识。所以有观点认为，有了这几类主体，就不需要集体经济了。这种看法不全面。如果没有党组织领导的集体性质的合作组织，这些主体发挥作用的空间也有限。发展集体经济并不是否定种田大户、龙头企业、社会资本的作用。恰恰相反，"大河有水小河满，大河没水小河干"，集体经济组织规模越大，产业链越完整、越有韧性，统筹的资源越多，社会资本、种田大户、龙头企业发展空间就越大。反之，如果集体经济薄弱，而仅仅依靠家庭农场、种田大户、龙头企业，就不可能容纳大量农民就业，农民无法充分分享产业发展的收益，那么农村两极分化将无法消除乃至继续扩大，农村市场萎缩，甚至矛盾重重，也就无法形成城乡之间的经济循环，最终这些市场主体也将失去发展空间。

2023年国庆节期间，中原某省的一个地级市举全市之力举办了音乐节，以提升城市形象、培育新的经济增长点，这件事的出发点是好的。但是，在举办音乐节的乡村地区，出现了群体性的盗窃现象，严重损害了该城市的形象。这个案例就生动地表明，如果基层党委政府只盯着招商引资，而忽视农村的发展和治理，是不可能发展好的。该市市委书记曾经有一句著名的言论："每一位机关干部工作人员，你的工资都是纳税人企业给你提供的，从这个意义上讲，你就是企业的打工者，你就应该为企业提供服务，你没有任何理由不给企业提供服务。"这个论点，无论在政治上还是学理上都是偏颇的。如果把政府官员定位为"企业的打工者",谁交的税多,政府就优先为谁打工,这是同我们党的性质和社会主义国家性质相违背的,客观上就是以资本为中心,那么势必导致忽视农村、忽视弱势群体、忽视基层工作,笔者认为这是该市出现群体性盗窃案的深层次原因。如果基层工作做得好,集体经济发展壮大,农民都能从发展中受益,基层党组织坚强有力,群众工作扎实到位,那么在这种全市性的重大活动时,即使有少数人破坏,基层党组织和大部分群众也会主动同他们斗争,绝不可能出现如此大范围的不法现象。也只有先解决了乡村振兴,让农民安居乐业,才可能产生强劲的消费能力和良好的社会环境,这样农村也才能源源不断吸引新的投资。

第二,全体人民共同富裕的现代化,决定了必须同步推进城镇化、工业化和农村现代化,推进城乡融合发展;而不能走西方那种城乡两极分化、城市剥夺农村、城市化单兵突进的道路。

西方式现代化的主要标志是城市化、工业化,这是"现代化=西方化"迷思的重要表现。纵观世界,除了美西方少数发达国家之外,其他人口大国只要走城市化单兵突进的道路,不仅农村无法实现繁荣,而且城市经济发展空间也受到限制,不仅无法步入发达国家行列,反而会陷入贫困陷阱或者中等收入陷阱。

发展中国家陷入"中等收入陷阱"(即经济发展到中等收入阶段就遇到"天花板",无法跃入发达国家行列,甚至现代化进程倒退),主要有这几个原因:政治上没有解决好腐败问题,少数人攫取了发展成果,导致持续发展丧失动力,甚至诱发严重的社会动荡；产业上没有解决好自立自强问题，缺乏独立的产业体系，简单依附全球产业链，可以支撑这些国家发展到中等收入水平，但继续上升就不再可能；再就是没有处理好城乡关系，城市化单兵突进，少数城市加入全球产业体系，但是广大农村被排除在经济循环之外，或者只是简单充当原料来源地，导致整个国家国内市场受限，发展丧失后劲。党的十八大以来，党中央狠抓全面从严治党、科技自立自强、推进脱贫攻坚和乡村振兴，也正是以其他陷入"中等收入陷阱"的国家为镜鉴的。

城乡二元结构，是全球大多数发展中国家的常态（而不是像流行的观点说的那样是由于户籍制度导致的）。发展中国家在启动现代化的初期，一般是少数城市（主要是沿海等接近国际市场的城市）先接受现代化的影响，但因为城乡循环没有打通，农村没有消费能力，所以城市经济只能依靠国际循环，经济发展就是依附性的，不可能形成国内循环，也不可能有独立自主的完整工业体系，现代化便半途而废。这个道理，1965年毛泽东同志在重上井冈山时就精辟地阐释过：

中国是个农业大国，农村所有制的基础如果一变，我国以集体经济为服务对象的工业基础就会动摇，工业品卖给谁嘛！工业公有制有一天也会变。两极分化快得很，帝国主义从存在的第一天起，就对中国这个大市场弱肉强食，今天他们在各个领域更是有优势，内外一夹攻，到时候我们共产党怎么保护老百姓的利益，保护工人、农民的利益?！怎么保护和发展自己民族的工商业，加强国防？！中国是个大国、穷国，帝国主义会让中国真正富强吗，那别人靠什么耀武扬威？！仰人鼻息，我们这个国家就不安稳了。[①]

当前，我国已经站到了中等收入国家向高收入国家迈进的门槛上，城乡之间发展不平衡，已经成为制约农村发展，同时也是制约城市化和工业化进一步深化的瓶颈，其主要的表现就是城市的资源过剩和农村的资源短缺并存。新中国成立初期直到改革开放以来很长时间，我国城乡都是短缺经济，城乡之间需要争夺资金、原料、人才等资源。但近年来，这种格局已经发生了变化，那就是城市的过剩经济和农村的短缺经济并存。在城市和工商业部门，普遍出现过剩现象：产品滞销、银行存贷比降低、房地产过剩、青年人就业难，即城市的产能、人口、资金普遍过剩。而与此同时，农村还处于发展很不充分的阶段：基础设施水平低、贷款难、人才缺乏、治理水平低，以至于许多很有潜力的产业无法得到发展和升级。出现城乡之间这种过剩和短缺并存的局面，其实并不奇怪，因为在市场机制作用下，优质资源必然向城市集中。我们城乡之间要素流动的困难，主要不是农村向城市流动困难，而是城市的资源难以流动到农村。

为什么城市的过剩资源宁可在城市里"内卷"也不去农村呢？根本原因就在于农村经营体制的碎片化。在小农经济为主的

[①] 马社香：《前奏——毛泽东1965年重上井冈山》，当代中国出版社2006年版。

条件下，一家一户经营规模过小，难以实现规模经营，在同城市里的工商业部门对接时处于弱势地位。对银行来说，去农村贷款的业务规模小、风险高，商业性的银行没有动力去农村拓展业务。对人才来说，一家一户的规模过小，很难让有一技之长的人才发挥出来。所以，城乡之间资源难以双向流动，根本原因是农村经营体制过于碎片化、规模过小，解决之道就是发展壮大农村集体经济。

一旦农村解决了生产经营体制碎片化的问题，就有能力和城市的工商企业、金融机构、平台进行对接，引进城市的生产要素下乡，并且在集体经济框架下提高农民收入，增强农村的购买力，这样就既缩小了城乡差距，也缓解了城市的资源过剩状况，从而形成城乡之间的大循环。

而一旦实现城乡循环，那么也就能解决当前困扰着城市化的"大城市病"问题，逐步实现城乡融合发展。这是马克思主义的一贯观点，甚至资本主义的进步思想家也早对此有深刻认识。

19世纪英国人霍华德的著作《明日的田园城市》，针对伦敦的"大城市病"，批评了城市的工资高、就业机会多、社交享受等优点被高租金、高物价、空气污染、拥挤等所抵消，"壮丽的大厦和凄惨的贫民窟是现代城市相辅相成的怪现象"[①]，主张"可以把一切最生动活泼的城市生活的优点和美丽、愉快的乡村

[①] ［英］埃比尼泽·霍华德：《明日的田园城市》，埃比尼泽·霍华德，金经元译，商务印书馆2017年版，第8页。

环境和谐综合在一起"①，这就是"城市-乡村"，即"田园城市"，综合了二者的优点，同时避免了二者的缺点。作者描绘了一系列的草图，核心的思想就是城乡在空间和景观上的融合，规模适中的城镇像卫星一样均匀地、星罗棋布地分布在农田和山水当中（而不是摊大饼的超大城市）。

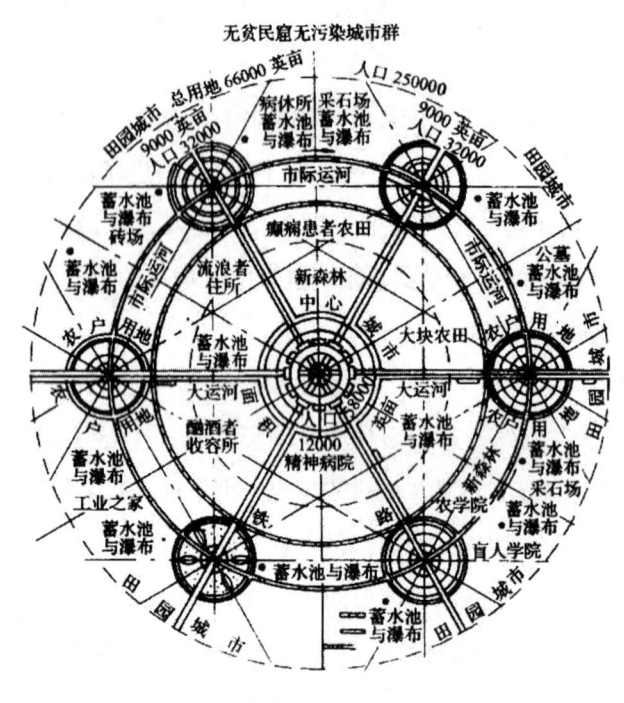

图1 《明日的田园城市》一书中设想的"田园城市"

马克思主义则从本质上揭示了是资本扩张导致的城乡分化。

---

① [英]埃比尼泽·霍华德：《明日的田园城市》，埃比尼泽·霍华德，金经元译，商务印书馆2017年版，第9页。

资本主义城市一方面是为了让劳动力集聚，降低企业的成本，另一方面是为了制造出住房、交通、消费等新的需求，甚至把城市的空间也变成了特殊的商品，给生产领域过剩资本投资寻找出路，城市化的目标是追求资本增值的最大化，这一目标同人民群众对宜居、舒适、环保、公共服务均等化的追求是不完全一致的，这种城市化是异化的城市化。

针对资本主义城市化的弊端，马克思、恩格斯提出，未来人类社会的组织形式是"由社会全体成员组成的共同联合体来共同而有计划地尽量利用生产力"，"通过消除旧的分工，进行生产教育、变换工种、共同享受大家创造出来的福利，以及城乡的融合，使社会全体成员的才能得到全面的发展"。[1]他们还提出了"大工业在全国尽可能平衡的分布"，"将结合城市和乡村生活方式的优点而避免二者的偏颇和缺点"的远景，并预见"城乡关系的面貌一改变，整个社会的面貌也跟着改变"。[2]

1960年，毛泽东在读《苏联政治经济学教科书》时，针对"大跃进"期间大量农村人口涌入城市的情况提出，"如果让减少下来的农业人口，都拥到城市里来，使城市人口过分膨胀，那就不好。从现在起，我们就要注意这个问题。要防止这一点，就要使农村的生活水平和城市的生活水平大致一样，或者还好一些"[3]。在他的推动下，1965年，党中央指示要以生产队为主，

---

[1]《马克思恩格斯文集》第1卷，人民出版社2009年版，第689页。
[2]《马克思恩格斯选集》第1卷，人民出版社1972年版，第123页。
[3] 柴剑峰：《毛泽东人口分布思想研究》，《毛泽东思想研究》2008年第3期。

大力发展集体副业。1970年中央召开北方地区农业会议，大办"五小"工厂，为农业剩余劳力寻找出路，增加农民收入。社队企业的发展客观上为20世纪80年代乡镇企业的大发展准备了条件。同时，还采取了上山下乡、普及农村医疗和教育等措施，缩小了城乡差距，在农村就地形成了产业循环。在此基础上，20世纪80年代才诞生了以"离土不离乡"、就地实现工业化为主要特征的"苏南经验"。而20世纪80年代之后，由于种种原因，不少地方的乡镇企业破产或者私有化，再加上城市改革的同时，没有同步发展农村集体经济，农村在第二、三产业方面的产业链环节逐步为城市产业所侵占，农民日益被挤压在产业链低端。要解决这些问题，就是要把缩小超大城市规模、实现减量发展，同发展壮大县域经济以及乡镇、村范围的小型经济中心结合起来，壮大农村的集体经济，延长农村的产业链。

习近平总书记也曾针对摊大饼式的城市化带来的"大城市病"指出："推进城镇化不一定都要连成片，可以搞串联式、卫星城式的发展，连成片就势必占用大量经过长期努力好不容易建设形成的高产农田。""城镇化是一个自然历史过程……推进城镇化必须从我国社会主义初级阶段基本国情出发，遵循规律，因势利导，使城镇化成为一个顺势而为、水到渠成的发展过程。"[1]这实际上批评了一些地方盲目大拆大建、大造新城、逼农民上楼、让市民成流民、"住上楼万事愁"、乱举债摊大饼等问题。

---

[1]《中央城镇化工作会议在北京举行》,《人民日报》2013年12月15日,第01版。

上述分析告诉我们，乡村振兴不仅是乡村的需要，也是化解城市经济困难的需要，是未来经济增长最大的动力。笔者听有的县委书记说过，农村经济体量小，没抓头，抓经济还是要抓招商引资、抓房地产、抓产业园、抓开发区……这种观点，且不说政治上不符合党中央的要求，从经济发展本身的逻辑来说也是片面的。他没有看到，在当前的形势下，我国绝大部分地区，如果再不下大功夫抓乡村振兴，城镇化、工业化也会面临严重瓶颈，各种风险将不断积累并且爆发。

有人担心，农村现在搞集体经济、搞共同富裕，会不会影响少数"能人"的积极性？这种担心是不必要的。对农村来说，目前主要的矛盾是发展不足，做大蛋糕和分好蛋糕是一致的。只有提高农村的组织化程度，发展壮大集体经济，才能提高农村产业相对于其他产业的竞争能力。中医说"通则不痛、痛则不通"，这个道理也是政治经济学的道理。西方经济学只讲局部均衡，缺乏对经济循环的分析，而马克思主义政治经济学重视对经济循环的研究。对农村来说，我们要看到乡村振兴既是发展农村的需要，也是畅通整个经济循环的需要。发展集体经济，提高了乡村容纳城市资源的能力和渠道。在城市遇到产能过剩、资金过剩、金融风险集聚的情况下，打通城乡循环、延长农村产业链、在农村就地实现工业化，农村不仅自身能够复苏和振兴，还能够带动城市产业的发展。

第三，物质文明和精神文明协调发展的现代化，要求充分发扬中华民族传统农耕文明的优秀因素，依托集体经济组织打造

"大道之行、天下为公"的乡村共同体，构建中华民族现代文明。

"经天纬地曰文，照临四方曰明"，《礼记》曰"大道之行也，天下为公"，这是中华民族传统的文明观，即文明是建立在基于共同体的社会关系上的。马克思认为，人的本质是各种社会关系的总和。西方资本主义之所以不能创造高度的精神文明，恰恰因为资本扩张所必然主张的弱肉强食、丛林法则是人类动物性的一面，而不是社会性的一面。资本主义为了剥削的需要，必然要建立和维护个人主义、物质主义的价值观，瓦解和改造除了商品交易之外的各种社会关系，让等价交换的原则瓦解各种社会共同体，导致社会的原子化、碎片化。

中国农村建立在集体经济基础上的乡村共同体，是具有经济、政治、社会、文化、生态等多种功能为一体的组织，这种"多元一体"是中国乡村共同体的特征和优势。体现了中华传统文化"大道之行、天下为公"的传统，家庭伦理、宗族伦理和国家伦理的融合，在基层不仅依靠专业官僚体系，同时也依靠集体互助进行治理和公共服务的传统。对基层治理来说，如果一切依靠正规的行政体制、商业化的服务机构，其成本是农村的收入水平难以承受的。而农村的乡村共同体（在当前表现为党支部领导下的村民自治机构、集体经济组织以及建立在此基础上的社会关系网络）可以承担经济功能（包括生产、销售、金融等）、政治功能（包括党的建设、行政管理、践行全过程人民民主等）、社会功能（包括社会治理、公共服务、矛盾化解等）、文化功能（包括道德教化、文化娱乐等）和生态功能，并且这些功能是融为一体的。

新中国成立后，党领导人民在农村基层创造的农村集体，既是经济组织，也是社会管理和公共服务组织。正是依靠这种组织力量，实现了比较高水平的公共服务和基层治理，民办教师、赤脚医生等制度，实现了发展中国家中罕见的在农村普及基本医疗卫生和教育。今天，要解决好农村基层治理、养老、文化等问题，依然需要农村集体经济组织发挥作用。我国即将迎来人口断崖式老龄化，不可能只依靠商业机构养老满足养老的需要，必须要发挥基层和集体经济组织的作用，把家庭养老、社区养老和机构养老结合起来。

做农村工作的同志都知道，哪个村集体经济强大，哪个村的班子就有威信，村里的风气就好。反之，集体经济薄弱，村里就容易矛盾重重、风气败坏。我们建设高水平的精神文明，离不开在农村建立巩固的集体经济。反过来，农村建立在集体经济基础上的新型社会主义农耕文明，继承传统文化自强不息、厚德载物、天人合一、以和为贵等传统，又能够为中华民族现代文明的建设作出贡献。

第四，人与自然和谐共生的现代化，要求依托集体经济经营乡村生态资产，融开发于保护，让全体农民共享生态价值长期持续的增值。而不能走资本主义社会为发展破坏生态，或者生态价值为少数人占有的道路。

农村未来能够成为经济增长主要动力的一个重要资源是生态资产。过去讲"绿水青山就是金山银山"，人们直观的体会可能还不明显。但自20世纪80年代起，人类对生态的破坏已经超过了自然界能够自我修复的能力，人类生存的自然环境每年都在绝对地恶化。据统计，人类每年平均失去的生态系统服务价值超过全球经济总产值的10%；生态系统退化已经影响了约32亿人的福祉，占世界人口的40%；空气污染每年造成约700万人早逝，占所有死亡人数的1/9；2021年全球117个国家和97%的城市年均空气污染均超过了世界卫生组织制定的空气质量标准，只有3.4%的被调查城市污染未超标。这些信息给人们敲响了警钟。

而对农村来说，这意味着农村绿水青山的生态价值将不断增值，成为未来支撑乡村发展的重要资产。要把农村这笔巨大的还将不断升值的生态资源经营好、保护好，也必须发展壮大集体经济。这是因为，农村的生活、生产、生态空间是高度重叠的，不存在那种单纯用来经营、和农民生产生活相脱离的生态资产，山水林田湖草人是一个有机的整体。只有集体经济才能实现两个要求：一是融开发于保护。要吸取一些地方引进外部投资者片面追逐短期利润，导致破坏乡村生态环境和风貌的教训，只有长期生活在本地的人，同时进行生产和保护，才能达到保护的效果。二是只有依靠集体经济来经营，才能让村集体和全体集体成员长期享有生态资源的增值。未来绿水青山增值多少倍，集体分红就能增加多少倍。如果一次性地把生态资源租赁、承包给外部的经营主体，村集体和农民就无法同步地享有生态资产的增值。

第五，走和平发展道路的现代化，要求我们必须畅通城乡大循环，为赢得伟大斗争打造稳固的战略大后方；而不能像一些发展中国家那样走城乡对立、市场萎缩、对外依附、丧失独立性的道路。

走和平发展道路的现代化，实质就是要改变以美国等西方国家为主导的、全球两极分化的、发达国家通过殖民和战争掠夺和剥削发展中国家的全球格局。这一斗争将是长期的，是中华民族实现伟大复兴所必须赢得的斗争。

历史经验告诉我们，外部环境越复杂，斗争越激烈，就越要稳定住农村。面对美国为首的西方国家对我进行极限施压，要保持经济持续发展、人民有稳定的就业，就必须加快发展农村，让农村成为吸引投资和就业的热土，让城乡融合发展成为启动国内大循环的引擎。国内大循环越畅通、越充分，我们应对国际斗争就越有底气。所以，乡村振兴做得怎么样，小则关系到一个区县、一个省市能否化解风险、源源不断产生发展新动能，大则关系到能否赢得国际斗争的胜利。

20世纪60年代，面对霸权主义的压力，党中央毅然做出"好人好马上三线、备战备荒为人民"的战略决策，调动全国优质资源开展"三线建设"和上山下乡，这些做法既在战略上化解了外部压力，又大幅提升了中西部地区的工业水平。"三线建设"是具有深远意义的战略举措，通过启动国内区域、城乡之间的大循环，来应对美国、苏联两个超级大国的封锁和压力。也正因为有了三线建设和发展农村工业的一系列措施，我国发展具有了稳固后方，迫使美国主动改善对华关系。

同样，今天面对霸权主义的压力，只要打通城乡之间的大循环,国内大循环的韧性和回旋余地就将大大拓展,乡村振兴是应对国家安全风险挑战的必由之路。习近平总书记指出,要促进大中小城市和小城镇合理分工、功能互补、协同发展。如果做到城乡、区域协调发展,循环经济充分体现,那么区域经济就有更强的抗击打能力,在遇到重大危机时能够尽快自成体系,形成"大循环""小循环""微循环"协调发展的格局。这既是经济增长的巨大动力,更是维护民族团结、社会稳定、国家安全和促进共同富裕的强大动力。

上述分析都指向一个结论:要实现中国式现代化,必须走中国特色社会主义乡村振兴道路,而中国特色社会主义乡村振兴道路的经济基础就是发展新型集体经济。

二、发展新型集体经济必须由党领导,而不能照搬西方的合作社理论

近年来,我国对西方的合作化理论进行了大量研究和借鉴,这是有益的。但在西方合作化理论中,不存在"党的领导"这个要素。所以一些同志对我国由党领导的合作化、集体化持否定态度,认为党的领导必然会压缩合作社社员自治的空间。有些人整天在醉心于研究"什么是真正的合作社",认为中国的合作社特别是党组织领导下的合作社不符合西方经济学对合作社的定义,所以"中国不存在真正的合作社"。这种思路在方法论上是错误的,因为它是从概念出发,而不是从事实出发。中国的民主、自

由、市场同西方的定义都不一样,而且具有我们的独特优势,所以合作社也没有必要按照西方的定义去照搬照抄。

我们考虑中国的一切问题,都必须从中国(和世界上大多数发展中国家一样)都曾是世界资本主义体系中的"边缘国家"这个事实出发。纵观世界,能够比较成功地举办那种"社员自治"型合作社的,主要是已经完成工业化的少数发达国家,他们依靠强大的经济实力,对农业给予高额补贴,因此合作社可以没有强大的政党和政府的介入,政府只需要在外部给予支持和补贴即可。

而在发展中的农业大国,由农民自发组织的农业合作化并没有大面积成功的例子。这是因为,这些发展中国家的农民,既要受到全球资本的剥夺,也要受本国工商资本的挤压,处于利益链条的最末端。因此,必须有强有力的无产阶级政党而没有其他力量,能够领导农村组织起来,从合作化走向集体化道路。

这个道理,已经经过上百年历史的验证。国民党政府时期也曾搞过合作化,青年毛泽东也曾主张合作化,他支持弟弟毛泽民创建了中国第一个工人消费合作社。但是事实证明,如果没有中国共产党这样坚强的无产阶级政党领导,农民自发办合作社不可能成功。1936年薛暮桥在《中国农村问题》一书中指出,合作社组织起来之后,"银行资本决不愿同地主豪绅发生冲突,而是联合起来剥削贫苦农民。银行放款要通过富农掌握,未到手时便扣去抵偿佃租和利息,再用三分四分的高利转借给贫苦农民",合作社反而成了工商资本剥夺农民的工具。就连国民党反动派陈立夫都明白："……结果自治之组织愈大，豪强之把持愈加，自治之耗费愈多，人民之负担愈重，名为自治，实乃自乱。"

这些道理说明，只有在党领导下才能把农村组织起来，只有党领办的具有集体经济性质的合作社，才能防止被少数人所控制，防止收益被少数人所占有，才能真正把农民组织起来，走向共同富裕。所以，中国的农业合作化、集体化，一定要党组织来领导、党组织来领办。这是由中国的党的性质、国家性质决定的。

那么，党的领导和发挥群众办社的积极性矛盾吗？恰恰相反。只有党领导的合作社，才能发挥群众的积极性。个人或大户领办的合作社，会让普通农民说了算吗？之所以有一些人感觉到，让党组织去办合作社可能会出现官僚主义、效率低的问题，这不是因为党领导合作社路径有问题，而是因为还有一些基层党组织在没有真正贯彻群众路线，没有真正发挥我们党民主集中制等优势。

有的同志提出来，合作社是一个经济组织，党支部是一个政治组织，政治组织怎么能去办经济组织的事呢？或者说，党的领导从政治上讲是成立的，但从提高农业生产效率、促进产业发展角度来说，有什么道理呢？

事实上，党组织领办合作社，不仅在政治上是必须的，在经济上也是比其他形式更有利于提高效率的。认识党支部领办合作社，首先要破除一些思想禁区，不能对集体经济做有罪推定。小平同志南方谈话时说"中国穷了几千年了"，要注意这几千年都是个体经济、小农经济。新中国成立之后，正是因为进行了农业合作化、集体化，所以才提高了土肥水种等农业生产条件，兴修了大量水利工程，普及了农村的医疗、教育。

下面具体说一说，从经济逻辑上来说，党组织领办农村集体经济有什么道理，答案可以概括为四个关键词。

第一个关键词：信用。信用是经济发展不可或缺的要素。农村有很多资源和资产在沉睡，没有充分调动起来，是因为农村缺乏组织力量。而这个组织力量只能来自农村内部。如果依靠城市和工业部门的强势资本去组织农村的要素，必然导致把农村这些资源的价值攫取到城市和工业部门，农村就得不到振兴。所以，乡村振兴必须依靠乡村内部的组织资源。而组织的前提是信用，大家要相信组织起来之后有好前景，才会愿意组织起来。而这种信用资源从哪里来呢？中国最有信用的组织就是中国共产党，在农村，任何一个其他组织不可能提供党组织这样的信用。烟台市衣家村是一个多年的穷村、乱村，2017年时按照烟台市委的号召施行党支部领办合作社，村民们表示："党支部有上级党委管着，党支部是不会跑的，不管谁当书记都得认账。其他任何人来圈地，来办合作社，都有可能侵犯我的利益，但党领办的合作社，只要党还执政，就得对农民负责。"正是依靠党的信用，所以才能把农村闲置的资源整合起来，把不可能的交易变成可能。

第二个关键词：规范。办合作社能够延长产业链、提高效益，但如果经营不规范或者化公为私，就无法体现其优势。要做到规范经营，在农村最可行的办法就是把党的路线、纪律、作风渗透到合作社的管理。过去，许多"能人"在外做生意，现在通过党组织的感召，把他们为个体服务的积极性引导到发展集体经济上，把集体经济做大了，个人在里面有股份，也能获得收益。同时又有党的决策、监督、干部等制度来约束他们，防止合作社走偏，变成为个别人掌控的合作社。而私人办的合作社则难以达到这样高的管理水平。

第三个关键词：组织。村党支部领办合作社不是终点，只是第一步，下一步还要在乡镇一级办联社，还要办信用合作、生产合作、供销合作三位一体的综合合作组织，还要和城市的工商业形成大循环。合作社规模扩大、层次提高，都需要有一个媒介，党组织就是最好的媒介。因为在农村只有党组织是体系最健全的，所以能够在合作社扩大规模、参加国内大循环过程中起到引领作用。

第四个关键词：分工。从微观上看，个人经营的主观积极性可能比较高。但是，我们把一件事办成，仅仅靠主观上的积极性就够了吗？看效率，不仅要看个人的效率，更要看宏观的效率、系统的效率。一家一户的个人经营，懂销售的不一定懂种植，懂种植的不一定懂管理。合作社组织起来之后，就可以把合适的人放在最合适的位置。党支部领办合作社，能够让村里的老弱病残也组织起来，进行力所能及的劳动，这是从宏观上实现了资源更有效的配置，让人人都各得其所。

三、"党组织领办合作社"及其需要辨析的几个问题

近年来，始于山东省烟台市，在安徽芜湖、吉林松原、贵州毕节等地全域推广的"党支部领办合作社"模式，是一个在基层落实中国特色社会主义乡村振兴道路的完整样板。对此，已有很多研究。这里进一步谈谈关于"党组织领办合作社"需要辨析的几个问题。

第一，股份经济合作社和党支部领办合作社是什么关系？农业职能部门搞农村集体产权制度改革之后，各村都成立了股份经济合作社。这个股份经济合作社，一个村只有一个，是集体资金资产资源的总和。但目前在大多数村庄，大部分集体资产实际上处于被承包到户的状态。因此，实施集体产权制度改革、成立股份经济合作社之后，并不是就自动实现了做大做强集体经济，因为实际上的经营体制仍然处在分散状态。而在当前条件下，又不宜也不必要通过行政命令的方式在整个村庄实现集体经营。那么，如何既保持农村土地承包关系长久不变，同时又发展适度规模经营、发展壮大新型集体经济、实现共同富裕呢？办法就是在集体产权制度改革的基础上，由村党支部牵头，动员村民自愿以劳动、土地承包权和资金等入股，成立党支部领办的合作社。党支部领办合作社，是农民自愿联合成立的互助性经济组织，一个村可以成立多个，其性质是农民专业合作社，但由于是党支部主导的、导向共同富裕的，所以又具有集体经济的性质。对股份经

济合作社而言，只要是本村的村民，天然就是股份经济合作社的社员，是不需要出资的，并且成员只限定于户籍在本村的村民，具有排他性。而党支部领办合作社是农民专业合作社，社员是开放的，本村人员、外村人员，包括企业都可以，成员可以跨村、跨乡、跨县，不受行政区域限制，而且必须出资或者流转土地才能成为社员。股份经济合作社可以代表集体加入党支部领办的合作社，作为集体股的出资人。这样，就既实现了土地承包关系长久不变，同时又在集体成员自愿的基础上形成了新的联合，发展壮大集体经济。

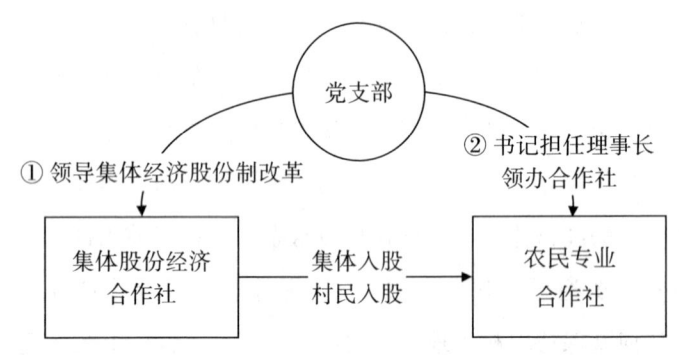

图 2　党支部领办合作社和集体股份经济合作社之间的关系

第二，"党支部领办合作社和'党支部+合作社'是一回事吗？"不是。党支部+合作社是一个基本的、起码的要求，中国境内任何组织，包括民营企业、社会组织，只要有党员，都应该成立党组织。这是一个起码的要求。而农村仅仅做到这种意义上的"党建全覆盖"还不够，还必须使党组织在合作社的经营中起领导核心作用，让集体和群众成为经济利益共同体，利益共享、风险共担，才算是党组织领办的合作社。

第三，"党组织领办合作社是不是走回头路？"不是。计划经济时期的人民公社集体经济也有自己独特的优势，市场经济解决了个人积极性的问题，新型集体经济是把这两个时期的优势结合在一起，是一个螺旋式的上升，并不是走回头路。这个问题邓小平同志当年反复说过。他指出："中国社会主义农业的改革和发展，从长远的观点看，要有两个飞跃。第一个飞跃，是废除人民公社，实行家庭联产承包为主的责任制。这是一个很大的前进，要长期坚持不变。第二个飞跃，是适应科学种田和生产社会化的需要，发展适度规模经营，发展集体经济。这是又一个很大的前进，当然这是很长的过程。"[1]1995年3月，江泽民在江西考察农业农村工作时，进一步阐述了"二次飞跃"理论，指出要"逐步走上集约化、集体化道路"。2021年出版的《中国共产党简史》正面肯定了南街村等走集体经济路线的村庄，明确指出，"在包产到户的同时，有些集体经济基础比较扎实的地方，继续实行集体统一经营，改革原来的平均主义分配办法，逐渐向高水平的集体化前进，他们的做法也是符合中央'宜统则统、宜分则分'精神的"[2]。这就进一步排除发展集体经济的思想障碍，充分说明未来发展集体经济的大方向。

---

[1] 丁岩松：《邓小平农业改革发展的两个飞跃思想及其哲学思考》，《巢湖学院学报》2003年第6期。

[2]《中国共产党简史》，人民出版社2021年版，第233页。

第四，党组织领办合作社和龙头企业、种田大户领办合作社有什么区别？农村需要资本参与乡村振兴。但是，农业合作化必须以农民为主体，如果合作社办成强强联合的精英社，也许能实现产业振兴，但无法实现共同富裕，也难以起到巩固党的执政基础的作用。相反，农民在党的领导下组织起来，就能有效整合农村零散的各种生产要素，社会资本也能获得更大投资空间，双方都是受益的。在引入社会资本过程中，要有必要的规范，防止到农村跑马圈地。有的工商资本和龙头企业在村里流转了上千亩地，甚至流转了几个村的上万亩地，可群众得到的只是最基本的土地流转费用。习近平总书记明确指出："要完善利益联结机制，不能富了老板、丢了老乡，要通过就业带动、保底分红、股份合作等多种形式，让农民合理分享全产业链增值收益。"所以，要鼓励、引导社会资本，强调要在坚守共同富裕原则的前提下实现双赢、多赢。企业既然征用了农民的土地，就要让农民享受到企业的发展红利，企业要在获得收益后拿出一定比例的利润让村集体和农民共享，建立利益联结机制。

四、要发挥历史主动，不能消极等待

目前，关于发展农村集体经济，还有一些消极悲观的观点，认为大踏步发展农村集体经济的时机还不到，困难还很多。打破思想上的禁区、克服发展集体经济中的畏难情绪，是当前迫切需要解决的一个问题。

当前，我国乡村确实存在着各种矛盾。例如，根据一些省份的调研，当前乡村振兴战略实施中存在多方面问题：思想认识有偏差，重项目轻整体的现象仍然明显，有的地区把乡村振兴当作"农业项目"来实施，作为农业部门的事情来安排部署，导致乡村振兴片面化、单项化和部门化；产业发展活力不够，发展后劲不足，大部分地区在发展产业方面偏重于乡村旅游业，发展模式类同，缺乏差异性，新业态发展不充分，农畜产品精深加工能力不强，且大多数停留在初级加工状态；村集体经济发展薄弱，自身动力不足，部分村集体经济底子薄弱，村集体资产管理和维护资金投入大，能复制推广的集体经济发展模式较少，对财政资金的依赖性较大；村集体依靠国家投资建设的项目完成后，由于缺乏经营管理人才，部分项目只能引进公司管理经营，相当于将经营实体出租，村集体收取一定租金，村集体经济收入有限，财富积累缓慢；乡村振兴人才匮乏，带动力不强，技术人才、经营人才、管理人才普遍缺乏，缺能人带动、缺创业创新人才……[①]有的地方脱贫县产业发展基础较薄弱，部分脱贫村集体经济发展缺少主导产业支撑；产业"低、小、散"，农业有产品无品牌、有品牌无规模、有规模无产业；中低端产品多，质优价高产品占比较低，难以满足市场上对绿色优质农产品的需求；乡村企业科技创新能力不强，特别是农产品精深加工技术不足，工艺水平不高，产品附加值较低，带头示范作用不强；一些地方农村基层党

[①]《全面推进乡村振兴工作调研报告》，《青海党的生活》2023年第6期。

组织的战斗堡垒作用发挥不够，部分基层干部、群众存在小富即安的心态，存在"干部干、群众看"现象；乡村道路、交通运输、垃圾收集转运等基础设施存在短板，仓储物流设施、网络通信与城镇基础设施互联互通衔接性不强；乡村教育、医疗卫生、文体和养老等公共服务水平，与城市相比还有差距；乡村人口流失和人才短缺问题突出，农民老龄化、农村空心化现象普遍，城乡人才"双向流动"渠道不畅，农村聚才、留才、育才能力弱，农民自主创业、自我发展能力不强；乡镇农技人员普遍缺乏，同时知识结构老化，服务形式单一，缺乏带领农民调整生产结构、促进增产增收的本领；土地碎片化严重，流转率不高，不利于农业规模化经营和规模效应的发挥；资金筹措渠道比较单一，过度依赖财政拨款，受房地产市场影响，土地出让收益下降，乡村振兴投入不足问题突出；面向农村的金融产品少，农业贷款难、融资难问题没有得到有效解决……①

上文总结已经证明，抓好集体经济是农村工作的"牛鼻子"。在党建引领下发展壮大农村集体经济，就可以顺势一揽子解决农村的产业发展、人才引进、基层治理等问题。但是，又由于这些困难的存在，有些同志对发展集体经济还看不准、有畏难情绪。

首先在理论上要认识到，发展集体经济不存在想象中万事俱备、只欠临门一脚的所谓"合适时机"，时机都是主动创造出来的。如果消极等待下去，永远不会有"合适时机"自动出现。集

---

① 《关于我省乡村振兴工作情况的调研报告》，《福建省人民代表大会常务委员会公报》2022年第5期。

体经济同其他形式的公有制经济形态一样,都不可能自发地在市场经济中演化出来,而需要在无产阶级政党领导下把劳动者组织起来,才能建立公有制经济形态。所以,发展壮大农村集体经济,本来就是要依靠党组织的积极性去主动构建的,而不是能够等来的。发展集体经济固然需要一定的条件,但这些条件不是天上掉下来的,如果"愁"字当头,"难"字挡道,不敢"破题",这些条件永远不可能具备。走中国特色社会主义乡村振兴道路,首先要改变党员干部的精神状态,清除各种思想障碍,激发起党员干部和人民群众组织起来、改变现状的内生动力。只要认识到农村发展的形势,认识到城乡融合发展和共同富裕的目标,自然会想办法发展壮大集体经济。

2019年,在烟台"党支部领办合作社"从试点推向全市的阶段,同样也遇到过一些基层干部的畏难情绪,认为"群众积极性不高"。对此,烟台市委组织部有针对性地开展了思想工作,启发动员广大基层干部:你在宣传发动群众方面都做了哪些具体工作?全区性的会议开没开?培训研讨做没做?外出学习搞没搞?扶持政策出没出?这些工作都没做,连乡镇的同志、村书记都不知道,老百姓怎么能知道?干部不深入群众做深入细致的思想工作,老百姓怎么能知道合作社的好处?作为操刀者自己都不积极,不去做宣传群众教育群众引导群众的工作,群众怎么可能一上来就有那么高的认识水平?单纯依赖村庄自我觉醒、自我发展,你不主动作为,听之任之,有也可无也可,怎么可能推得动?继续靠惯性往前走,乡村能在你手上实现振兴吗?作为农民的孩子，作为一级书记，看着农村的现状你能坐得住、你能无动于衷吗？[1]

认为农村发展集体经济条件还不具备，从而持比较消极的态度的，主要有以下观点。这些观点有的有一定道理，但是总的来说都是站不住脚的，经过努力都是完全可以克服的。

有的认为，现在靠其他经营主体，农村发展也不错，没有必要搞集体经济。这种观点在经济发达的地区更有市场。确实，在我国东南沿海少数大城市群周边区域，农村仅仅依靠租赁经济等简单的集体经济形态，就能够实现富裕。但是，这种模式并不具备推广价值，只在少数地区适用。广大内地农村，仍然维持着比较大的城乡差距，如果不大力发展集体经济，就无法缩小这种差距。而且还要看到，乡村振兴不仅是维持现状，而且是要在我国城市化和工业化速度放慢的情况下，启动农村这个最大的经济增长点，这就不能仅仅追求小富即安，不能停留在满足现有的发展格局上，而要进一步加快农村发展，以弥补城市经济增速的下降，这就要求积极有为地发展集体经济。在发展租赁经济的基础上，全面地延长和振兴农村的各种产业，实现一二三产融合，真正把经营权、收益权握在农村集体和农民手里。

有的认为，现在农村发展集体经济基础太薄弱。有些村把山水林田湖草都承包出去了，集体力量很弱；有的村没有成熟的产业；这些也都不是否定发展集体经济的理由。发展集体经济的理

---

[1] 于涛：《组织工作道与行》，东方出版社2021年版。

论依据,就是通过改善生产关系、扩大集体协作,产生新的生产力。当前农村,潜在的供给缺口还很大,市场上迫切需要的高质量农产品、深加工、文化旅游、养老健康等产业的供给,这些都是农村潜在的产业基础,只是由于过去规模小、散、乱,无法将其变为现实。一旦组织起来,首先能够将原有的产业逐步提升,到一定程度就可以同科研院所、工商企业、流通平台开展更高层次的合作,形成新的生产力。在实践中,有些集体经济十分薄弱的村,在开始的时候,或者通过开垦荒地,或者通过几个村抱团取暖,或者通过先租赁经营再逐步深化合作,总能找到积累集体资产的办法。

有的认为,农村有经营能力又有公心的带头人太少,发展集体经济找不到带头人。这是本末倒置的认识。过去为什么农村善于领导集体经济的人不多,是因为我们没有办这个事,自然培养不出来会办这个事的人。"十步之内、必有芳草",事实上大部分村里都有既是好人,又是能人的共产党员,都能找到古道热肠、急公好义的积极分子,只要党组织善于去发现、引导、教育,就能够找到和培养出来集体经济的带头人。过去之所以大部分村庄优秀人才流失,是因为一家一户的小农经济,无法为人才提供用武之地,也无法让人才持续成长。而一旦有集体经济这个平台,一个村有几百、几千口人,成千成万亩土地,这就一定能够吸引到有能力、有理想、有情怀的人回乡干事创业。人才是在事业中发现和成长的。1927年跟着毛主席上井冈山的士兵大部分文化水平低,但是井冈山上出了四个元帅和一批大将上将。所以,"找不到人才"也不是借口,想干就能找到人才。

有的认为,发展集体经济会影响农村"能人"的积极性。目前的现实确实是,农村的大部分"能人"的积极性在为自己干,但这也不是否定发展集体经济的理由。首先,发展集体经济和农村的种田大户等的积极性是不矛盾的。当前农村的主要矛盾是发展不充分,应该以农村集体经济为基础、团结各种经济成分把农村产业链做长、做强、做完整,集体经济越发达,农村个人致富经营的空间也就越大。千万不要以为农村就是一锅饭,集体吃得多了,个人吃的就少了,而要讲"大河有水小河满,大河没水小河干"。其次,如果一个党员只有为自己致富的积极性,没有带动全村群众走共同富裕的积极性,那么就不适宜当党支部书记,党组织应该果断进行调整,把那些既有能力,又有公心的先进分子培养发展成农村集体经济带头人。

有的认为,群众没有这个意愿,所以集体经济办不起来。这同样是借口。多年来,大多数村庄的集体经济比较薄弱,所以大部分群众不了解为什么要发展集体经济、如何发展集体经济,这是正常的。而党组织和党员的职责就是要带动群众、发动群众、宣传群众,通过干部带头示范、给群众做思想工作、带领群众外出参观等方式,让群众明白组织起来的好处,自觉走上发展集体经济的道路。

有的认为,党组织去领办集体经济有风险,亏钱了怎么办?这个担心是十分必要的,但这也不是拒绝发展集体经济的理由。集体经济经营的风险总体来说分两类。一类是由于经营不规范、带头人化公为私带来的风险，这类风险恰恰必须通过加强党的领导、严格纪律、信息透明、扩大群众参与来防范。另一类是由于市场等外部环境变化导致的风险。这类风险，一般来说，经营规模越大、越有条件防范。对于大部分比较成熟的产业，集体经济做大做强，就能够扭转小农被挤压在产业链价值链最末端、最低端的状况，从产业链整个价值中分得更高份额，从而更有条件避免风险。集体经济组织还能够通过发展"三位一体"、同国有经济协作等方式，进一步延长产业链，分散风险。而对于新兴产业，市场风险比较大，但这种风险对于集体和个人都是存在的。集体经济应该通过科学决策、统筹调动各方面资源、设立风险的隔离机制等，更好地防范和应对这些风险。

可见，当前流行的一些不主张发展集体经济的观点，都是不成立的，这些困难都是可以克服而且应该克服的。还是要有历史主动精神，克服畏首畏尾、消极等待的思想，以担当有为的姿态为农村发展开辟出一片新天地。

从合作社转向合作联社：
市场扩展下龙头企业和农户契约选择的经济逻辑

——以山西省太谷县某龙头企业和土地合作社为例[①]

邓宏图　赵　燕　杨　芸

一、引言

与已有研究（Farina and Reardon, 2000；尹成杰，2002；Masakure and Henson, 2005；聂辉华，2012；Xu, et al., 2013；黄梦思、孙剑，2016；苏昕、张辉，2017；周立群、曹立群，2001，2002；苑鹏，2008；张晓山，2009；孙亚范，2008；苏群、陈杰，2012；李武江，2014；邓宏图，2012；邓宏图、王巍，2014）不同，本文所研究的以土地和劳动力入股的合作社，以及"龙头企业+农户+合作社"的缔约结构具有劳动雇佣资本与资本雇佣劳动的双重属性。从"龙头企业+农户"转向"龙头企

[①] 本研究得到国家社会科学基金重大攻关项目"全面建成小康社会背景下新型城乡关系研究"（批准号：17ZDA067）的资助。

业+农户+合作社"是治理机制上的一个根本性转变，它使农户、龙头企业均能在土地入股和劳力入股的治理框架内实现激励相容，尤其重要的是，在这个治理框架下，农户和龙头企业分享了剩余控制权和索取权，提高了农户的经济与社会地位，也满足了龙头企业的寻利预期，因而这是一个帕累托改进性质的转变。在市场需求不断累积增加的影响下，合作社不仅会扩大生产经营规模，而且会发展出与市场需求相吻合的更细密的内部分工，种植的林木种类增加了，而且提供各种类苗木的生产也越来越专业化了，于是，为发挥分工与专业化优势，提高经营效率，已经扩大了经营规模的合作社逐渐地裂变（或分化）出生产不同种类的苗木的合作分社，合作分社相互协调，整体性地向合作联社转化。本文的贡献主要体现在如下三个方面：

其一，从实践（案例分析）和理论上刻画了在特定约束条件下龙头企业和农户的选择如何从"龙头企业+农户"合约向以土地入股和劳力入股的"龙头企业+农户+合作社"合约转化，并进一步向"龙头企业+农户+合作社+合作联社"合约转型，形成一个兼容资本雇佣劳动和劳动雇佣资本特征的合作经济组织。让大多数农户成为农业现代化的主体不仅仅是一个政策宣示，更是一种具体而微之的实践过程，以何种方式实现土地与资本的结合，构建什么样的合作经济组织以保护农村经济社会转型中的农户权益需要不断地推进体制机制改革，重构三权分置框架下的新型的包容性利益关系。

其二，缔约结构的转向只是表象，在经济学的含义上反映了缔约双方在三权分置的体制机制条件下如何有效地利用土地，改造传统农业，转向现代农业，既要获得自生能力和风控能力，还要革新生产方式，实现可持续的盈利目标。

其三，从政治经济学角度看，如何在诸多约束条件下突破脆弱的小农经济结构的同时还能确保农户的利益，实现土地与资本的良性结合，使农户不必一定要离开土地，而以土地入股和劳力入股的方式成为生产经营和农村改革的主体，是实现农业现代化转型的题中应有之义。本文的案例分析与相关理论研究提供了此类转型的关键例证。在本文看来，广义的集体产权改革亦包括土地承包经营权的改革，如何在巩固土地集体所有权、稳定土地承包权，放活土地经营权的基础上探索现代农业生产的有效经营方式，是改造传统农业，推进农业现代化转型的核心环节。

本文结构如下：第一部分是引言；第二部分主要介绍从实际调研中得到的有关合作经济组织的案例并对此案例展开合实践逻辑与经济学逻辑于一体的经济解释；第三部分专门讨论约束条件与合约选择的关系；第四部分构建理论模型，主要展示为什么"龙头企业+农户"契约会转向"龙头企业+农户+合作社"契约，并从深层次阐释以土地和劳动力入股为"缔约核心"的"龙头企业+农户+合作社"的本质或性质；第五部分是对合作联社的经济分析；第六部分是本文结论。

二、组织演进的故事：
从龙头企业+农户到龙头企业+农户+
合作社再到合作联社的转型及其经济解释

（一）缘起："龙头企业+农户"的缔约

本文作者实地考察了山西省太谷县某农业公司以及该公司与当地农户共同建立的合作社①。该公司成立于2000年，以培育苗木花卉以及承揽园林绿化工程为核心业务。20世纪70年代末实施承包责任制的时候，公司董事长（当时还只是一个普通农户）只承包了8亩土地。多年从事传统农业生产经营的经验使他清醒地意识到，分地单干种植粮食作物只能解决温饱问题却难以致富。经过考察发现，种植苗木的预期收益率远高于传统农业。与传统农业相比，一亩苗木的收益率高过（经营）传统农业的数倍（见表1）。经济增长和城市化催生了苗木市场，城市化越深入，城乡居民对生活与工作环境的要求越高；城市规模和数量越扩大，苗木市场也跟着扩大。苗木市场巨大的利润前景促使当时还只承包8亩地的公司董事长做出扩大苗木（或林木）生产规模的决定，为此，他必须突破土地产权约束和资金约束（信贷约束）。董事长很好地利用了两个条件解决这些问题：其一，董事长所在村庄尚有

---

① 本文作者2016年、2017年、2018年分别调查了山西省榆社、太谷两县，河南濮阳市三县、山东省沂源县、四川省成都市两区农业产业化和合作经济组织，所得结论与本文的分析逻辑基本一致。本文只以山西省太谷县某农业公司和合作社为例展开研究。

数千亩有待流转的集体所有的未垦荒地和山地，可以用于苗木种植；其二，董事长当时是种粮能手，对苗木种植也拥有相当知识和技能，在农户中威信较高，群众推举和上级任命使他得以担任村支书一职，由此获得了上级和群众均认可的政治身份，具有一定的社会声誉和号召力，能够说服基层政府让渡荒山荒地的使用权，也能游说并影响进城务工的农户转让承包地的经营权，用于扩大生产规模，发展苗木产业。

通过一系列运筹，董事长获得了总计3500亩（集体）山地和（农户）承包地的经营权，接着注册成立了农业公司。需要说明的是，3500亩的种植面积绝大部分源于集体未承包出去的山地和荒地，租金很低（每亩只有200到300元不等），少量种植地来自弃农务工的农户，租金与每年每亩小麦收成差不多（每亩约800元），总的来讲，扩大种植面积并不会等比例地提高租地成本，这个时期的龙头企业的资金约束并不紧，市场需求却比较大，龙头企业获得几倍于用同样面积从事传统农业所能得到的收益。当农户观察到林木种植所得收益远高于粮食生产时，会跟随龙头企业"弃农转林"，不种小麦、玉米，改种苗木、花卉。事实上，由于散户缺少全面的种植技术，向市场提供的苗木产品在质量上不如龙头企业所提供的同类产品，但两者至少外观上具有高度"同质性"，市场无法做出清晰的甄别和厘定，苗木价格因此大为下降。即使如此，从事林木种植的预期收益仍高于传统农业，龙头企业和农户各得其利，只不过单位面积的收益率已大大低于散户未进入林木生产行业前的收益（见表1）。原因在于，由于缺乏协调，企业和大量散户（农户）陷入价格竞争困境。一方面，分散的农户只能独自面对中间商和市场，难以形成集体性谈判力量，另一方面，由于市场上农户和龙头企业行为的非一致性或非协调性又弱化了后者的市场议价能力，苗木价格急剧下降，龙头企业的利润只及以前的一半。表1数据显示了该公司苗木生产与传统农业经营的不同收益结构以及农户"弃农务林"对苗木经营利润的影响。

表1 苗木产业与粮食作物收益对比

	规格	公司初期收益(元/年)	农户弃农务林后收益(元/年)
苗木产业	3年成活商品苗	4000	2000
	5年商品苗	5000—6000	3000
	9年商品苗	7000—8000	5000
粮食作物	一年两季的总收益	1000	

数据来源：作者2018年2月实地调研。

虽然农户"弃农务林"的"跟随行为"会带来市场价格下降，但苗木产业的预期利润仍比粮食生产的预期利润高出许多（见表1），这无疑显示了城市化和市场扩大对盈利预期的关键影响。理性的龙头企业和农户仍然坚持苗木生产经营活动。起初，为解决农户的"跟随行为"导致市场议价权的下降，龙头企业采用了新的"种木"①育苗方法②,意在规范苗木栽种标准,提高苗木种植质量,事实上,这种方法在一定程度上强化了市场议价能力,但仍不能有效解决大量散户的"跟随行为"对龙头企业市场议价权的"随机冲击"。因此,在作出有关产业转型、产品结构调整决策之后,及时推进组织改革和体制机制创新便成为龙头企业和农户进一步发展的关键。大量农户也意识到,如果不与其他农户和龙头企业协调销售行为,就不可能杜绝中间商的盘剥,也得不到任何市场谈判地位,不仅议价能力低,而且缺乏控制或分散市场风险的有效手段。双方的利益诉求使龙头企业和大量农户签订了具有准一体化性质的"龙头企业+农户"合约。这种合约规定,龙头企业用略高于市价的约定价格从各个分散的农户手里收购苗木,再和自产的苗木一起卖给城市绿化部门。由于集中了企业和农户种植的所有苗木,龙头企业可以直接和这些城市部门商议苗木交割价格,议价能力大为提高,苗木交易价格远高于随行就市价格,原因在于龙头企业不仅代表农户批量地销售苗木,杜绝了中间商的干扰,而且向城市部门提供了诸多售后服务,结果龙头企业和农户各得其利,但相比农户,龙头企业是得利的"大头"。在"龙头企业+农户"契约框架下,尽管农户已获得相对稳定的而且比分散经营还要略高的收益,生产经营风险也得到

---

① 种木,此处指专供林场、树木种植专业户、城市绿化部门使用的未成年树苗。
② 即"359"生产模式。此模式是指对不同生长期的苗木交叉种植,9年苗木生长期内,间作3年出圃的灌木和5年出圃的苗木;3年苗木出圃,为5年苗木腾出生长空间,5年苗木出圃,则为进入快速生长期的9年苗木"提供"营养。

相当程度的控制，但苗木生产的绝大部分利润被龙头企业"截留"，导致农户存在事后机会主义动机，农户一旦发现出价更高的主顾，很可能违背双方约定，转手把本当供应给龙头企业的苗木卖给出价更高的买主；另一方面，龙头企业也发现，与农户所签"龙头企业+农户"合约并不能确保收购过来的林木产品符合双方所议定的质量标准，结果就可能拒收农户提供给龙头企业的苗木，由此可见，在"龙头企业+农户"契约框架下，缔约双方都存在事后机会主义动机。这说明"龙头企业+农户"契约是不稳定的，也意味着农户和龙头企业有必要寻找新的更稳健的缔约结构以取代这种不稳定的"龙头企业+农户"的缔约结构。

（二）"龙头企业+农户"向土地和劳力入股的"龙头企业+农户+合作社"的转型

事实上，缔约双方在"龙头企业+农户"框架下有两条进路：其一，既然该契约结构是不稳定的，缔约双方均有事后机会主义动机，则双方退出此契约，各自分散作业，退回到未缔约前状态；其二，既然龙头企业和农户联合经营能够提高整体议价能力，给双方带来更大利得，则有必要进一步优化契约结构，减少事后机会主义动机，强化激励相容机制，以双方相互"锁定"方式减少契约结构的不确定性，提高风控能力，既强化农户和龙头企业自生能力，也创造出尽可能多的市场空间。在和农户反复磋商并审慎地权衡利弊之后，公司董事长以龙头企业为基础发起成立企业领办型合作社，并于2006年初正式注册。看起来，在成立合作社后，龙头企业和农户自有资金的绝对量并未减少，但要扩大生产规模，分摊到每亩林地的自有资金就大大减少了。自有资金有限，融资渠道又不十分顺畅，企业之间资金拆借的可能性也不大，在龙头企业和农户直接面对的林木市场的需求还在不断扩张和林木市场终端基本锁定的情况下，适度扩大生产规模会给缔约双方带来更多的预期利润（收入），但同时也会给双方带来更大的资金压力。事实很清楚，在规模扩张中，如果土地经营权完全由流转而来，龙头企业必然要垫付高额的土地租金，加上数量不少的种苗需要购买，这些都属于专用性投资，如果没有足够的自有资金和足够的信贷能力，就无法实现预期目标。表2为某龙头企业在苗木经营中的用工成本，数据从实地调研所得，真实可靠。从表2可知，如果龙头企业的土地全由流转而来，土地租金的平均水平为800元/亩[①]，可知公司支出的土地流转租金、日常生产经营的费用很高。

表2 公司运营与维护的劳动力成本

占比		小苗	中苗	大苗
		2成	3成	5成
管护	1人看护土地面积	4分地	1亩地	1亩地
	2人看护土地面积	6分地	1.5亩地	3亩地
	管护费用	300元/(人·年)	300元/(人·年)	300元/(人·年)

① 由于存在级差地租和农户谈判能力的差别，土地流转费用是不等的，根据董事长介绍，土地流转费用在700—1000元/亩之间，此处假设地租平均为800元/亩。

续表

占比		小苗 2成	中苗 3成	大苗 5成
锄地	每年每亩锄地次数	6次	4次	3次
	每亩地用工数	15个工	4—15个工	1个工2—3亩
	用工每天的工资	80元	80元	80元
	成本总额	7200元	1280—4800元	80—120元
公司流转土地的成本		800元/亩		
(平均)总成本		9000元	4140元	1200元
总成本		3642元/亩		

数据来源：作者2018年2月实地调研。

无论维持原有生产规模，还是扩大生产规模均要解决两个问题，一是筹资或融资，二是土地流转，这两个问题最终均表现为融资能力或信贷能力问题。为解决这两个问题，龙头企业和入社农户反复沟通后决定创新合作经济形态，构建土地入股和劳力入股的"龙头企业+农户+合作社"的契约结构。本质上，这是一种龙头企业和农户共同参与的紧密型的合作经济组织。土地和劳动力折股入社，凭股权参与利润分红，农户作为土地和劳动力的所有者，和合作社分享剩余控制权和剩余索取权，该缔约结构在一定程度上拥有劳动雇佣资本的性质。合作社成立不久就有300多户农民以土地和劳力入股的方式加入了合作社，这意味着龙头企业在拥有3500亩土地经营权的基础上又获得了2600亩土地的承包权和经营权，原因在于，农户是以承包权所有人的身份加盟合作社的，相当于承包权也随农户一起进入了合作社。土地入股和劳动力入股的合作模式有效地把各自为政的散户（农户）组织起来，构造了"产、供、销"三位一体的生产经营模式。通过"龙头企业+农户+合作社"的缔约方式既实现了资本、土地和劳动力的有效配置，又使龙头企业和入社农户进一步强化了（共同的）市场议价能力。更重要的是，土地和劳力入股的缔约结构使农户由工资劳动者和土地出租者转化成股权拥有者，农户的分红比例直接与合作社的利润挂钩，不仅节省了大量的交易费用和监督成本，也节约了大量的土地流转成本和工资成本，大大减少了在日常生产经营活动中所必要的现金流。在经济含义上，土地入股和劳力入股的缔约结构实质上提高了合作社的资金利用能力，在相当程度上缓解了信贷约束。本文作者在多地的调查结果反复证实了这个学理判断。进一步研究发现，龙头企业和农户共同创办的合作社由于较好地融合了市场制和等级制，以及合作制和企业制的优势而能以更低的交易成本实现生产要素的高效率配置。农户不仅参与合作社的生产经营活动，还与龙头企业共同分享合作社的剩余控制权并以双方约定的股权比例分享剩余收益权。按照规约，农户与龙头企业虽然各自所拥有的合作社的股权比例不同，但在社员大会上双方的投票权却是完全一样的。经观察发现，土地入股和劳动力入股的缔约结构中，龙头企业不必预先支付土地流转费，不必每月支付员工工资，减少了流动资金的占用。经过反复实践和磨合，农户和龙头企业决定由"折算分红"转变为按"比例分成"，不计各自的事前投入成本，各按50%的比例对半分红，激励农户以土地和劳力入股合作社，避免双方卸责行为。龙头企业和农户的选择性行为所显示的经济逻辑与本文第三、四节所推断出来的命题1和命题2蕴涵的经济逻辑本质上是一致的。土地和劳力入股的"龙头企业+农户+合作社"的契约结构既有利于缔约双方协同地控制生产经营风险（与推论1的分析逻辑一致），又有利于缔约双方最大限度地提高市场议价能力，减少市场风险（与推论1所蕴涵的经济逻辑一致）。

（三）从合作社升级为合作联社

因应市场需要，合作社不仅大量种植主导产品白皮松，还引进新品种进行驯化、改良，培育出了150余种新、特、奇、美的苗木花卉品种。为了提升经营效率，提高苗木质量，合作社按照苗木的品种、颜色分成不同的生产（作业）组，如白皮松专业生产组、黄叶品种生产组、绿叶品种生产组和紫叶品种生产组等。随着生产过程的进一步专业化和精细化，"园林式"生产逐渐向"园艺式"生产转变，合作社内部原有的"专业组"式的治理结构已难以适应市场需要，有必要根据不同品种的苗木属性细分出更加专门化的"合作分社"，把若干个生产经营同类产品的生产经营者、土地和劳力入股者归并到不同的合作组织，于是，合作社便在组织形态上，在功能上逐渐地裂变出了乔木生产合作分社、灌木生产合作分社和草本苗木生产合作分社等等，在诸多专业性或专门性合作分社的基础上再成立合作联社（或联合社），联合社统筹合作分社的资产负债，协调各分社的生产经营活动，规划合作分社和联合社的总体战略，监督并规制合作社内部的违约行为，合作分社理事长对本分社负责，合作社理事长（龙头企业董事长）对所有合作分社和合作联社负责。各个合作分社以更加专业的管理手段管理不同品种的苗木，使得每个品种的苗木的预期收益更高。实地调查发现，合作联社不断发展，慢慢突破了行政村的边界，完全按生产经营的具体要求和市场需要，向左右相邻的其他行政村扩展，生产经营范围广了，治理半径延伸了，在市场需求的影响下，合作联社在规模和地理范围上同时扩张，内部协调也就变得越来越重要，产品种类的增加和专业分工的深化推动了治理机制的创新，用"龙头企业+农户+合作社+合作联社"的三层一体化的缔约结构替代"龙头企业+农户+合作社"的二层一体化的缔约结构更能提高苗木生产的经营效率，更具有规模经济和范围经济的特性，这一治理机制创新的过程所蕴涵的经济逻辑与本文第四节所推演的命题3包含的经济逻辑是一致的。

案例研究和相关理论分析发现，给定合作联社的信贷能力（即资金利用能力），专门性或专业性合作分社的规模取决于市场对它所经营的特定苗木的需要，而合作联社的边界则取决于整个市场对它所经营的所有种类的苗木的总的需求。无论合作联社在规模上发生怎样的变化，它的基础性契约结构，即"龙头企业+农户+合作社"的缔约形态是始终不变的。这些得自实地调查的结论再次证明了斯密定理，即市场范围决定了分工与专业化水平。即使针对特定的苗木市场和特定的企业或合作社，依然可以发现斯密定理的合理性。反过来说，如果企业或合作社所面对的市场有限，则企业或合作社的规模亦将有限，就没有扩展的必要；如果市场需要的苗木产品的种类有限，企业或合作社亦无必要在内部分化出不同种类苗木的生产活动，亦无必要形成内部的分工与专业化生产体系和相关的专业性的生产工艺。事实证明，企业或各类经济组织是产业或行业的微观基础，合作社或各类经济组织的选择或市场行为将加总成并表现为产业或行业行为。企业或各类经济组织的经营活动是产业或行业经营活动的关键组成部分。市场的变化往往通过价格信号和风险分布的主观概率传导至企业或各类经济组织，后者做出各种各样的理性反应，尽量以最小的成本实现尽可能多的利益，合作社或各类经济组织对市场的反应（行为）会通过产业变迁和行业的变化从中观和宏观层面上表现出来。

三、缔约转型的经济逻辑：约束条件与合约选择

上节详细介绍了本文所要研究的案例故事，从实践角度说明了为什么龙头企业和农户最终选择了以土地和劳力入股的合作经济组织。本节在上述案例故事的基础上讨论约束条件与合约选择的经济逻辑。表3是从实际调查中得到的，列举了龙头企业和农户面临的诸多实际约束，也显示了龙头企业和农户在各种条件下突破约束、控制风险的能力。第1列表示经济主体，如分散的农户、龙头企业，或者农户和龙头企业所缔结的合约结构，之所以把合约结构也定义为经济主体，是因为缔约双方在合约框架下能

以协作的方式从事生产经营活动，具有经济主体的功能。第2—6列表示经济主体面临的诸多约束。表3显示，不同主体所受约束是不同的，主要因为每个经济主体具有异质性，拥有的资源禀赋各异。第7—9列表示经济主体的功能，即在分散经营或缔结合约的情况下经济主体在信贷能力、市场议价能力和风险控制能力方面有什么样的差异，会发生怎样的变化。第10—12列表示在市场需求具有实际的或潜在的扩展趋势的情况下，不同经济主体在一体化程度、盈利能力和分工与专业化优势三个方面会随着缔约结构的不同而呈现出不同的特性。龙头企业和农户各自具有比较禀赋优势，例如，龙头企业拥有的自有资金远大于分散的农户，但后者拥有土地承包经营权和劳动力所有权，龙头企业要获得土地经营权和劳力使用权必须得到农户允许和让渡。相对农户来说，龙头企业拥有更丰富的市场知识、苗木种植知识和更广的社会网络，因此，龙头企业市场议价能力、风险控制能力、盈利能力更强。相反，农户的资金利用能力（或融资能力）、议价能力、风险控制能力、盈利能力则相对更弱。正如表3所显示的，而且实地调查也发现，农户和龙头企业各自拥有的要素具有互补性，这是两者愿意创建合作社的基础。

正如前述，尽管"龙头企业+农户"在一定程度上提高了双方在市场的议价能力，却因为无法遏制当事人的事后道德风险而变得不稳定，因此，这种合约或解体，从而使缔约双方回到原点，或被更稳健、更有效的缔约结构所取代，这导致"龙头企业+农户"合约向"龙头企业+农户+合作社"合约转型，后者无论在一体化程度、稳健性、信贷能力、议价能力、风控能力、盈利能力等方面均大为提高。有必要指出，相对于"龙头企业+农户"合约，即使"龙头企业+农户+合作社"合约实现的绝对利润额在总量上并未提高，也会因为节省了流动资金，减少了事后道德风险而实质上压缩了运营成本和交易成本从而扩大了缔约双方的实际盈利空间，对双方均是有利可图的。进一步地对缔约双方来说，如果外部需求足够大，由生产规模扩大带来的边际利润足以弥补缔结土地入股和劳力入股合作社所造成的边际成本时，这种缔约结构就一定是帕累托改进的，缔约双方的激励相容条件也能得到满足，则由"龙头企业+农户"合约向"龙头企业+农户+合作社"合约的转型就变得不可逆转，后种缔约结构将被龙头企业和农户共同选择。表3显示，在现实中客观存在的约束条件下，以土地入股和劳力入股为基础的"龙头企业+农户+合作社"契约在信贷能力、风控能力和盈利能力等诸多方面均优于"龙头企业+农户"契约，而后者又要优于分散经营状态下的龙头企业和农户，当然，与农户相比，龙头企业的信贷能力、风控能力和盈利能力更为"占优"。表3显示的，正是实地调查所得到的，即在农户、龙头企业、"龙头企业+农户"、"龙头企业+农户+合作社"之间存在着一个不断递进的"选择优先序"。对农户和龙头企业来说，不确定性和风险始终客观存在，所不同的是农户和龙头企业如何通过缔结有效合约来规避、控制和化解风险，减少交易成本，提高双方盈利能力。是选择分散经营，还是选择准一体化的"龙头企业+农户"合约，抑或选择完全一体化的"龙头企业+农户+合作社"合约，取决于缔约双方面临的约束条件、双方要素的互补性程度，以及缔约后的利用资金能力、市场议价能力、风险控制能力、盈利能力是不是提高了。观察发现，双方最终选择土地入股和劳力入股的"龙头企业+农户+合作社"合约将有助于实现这些目标。

表3 约束条件与合约选择的经济含义

经济主体	约束条件					经济主体的功能			具有潜在或实际扩展趋势的市场范围（斯密式市场范围）		
	信贷约束	是否拥有土地承包权：表示地权约束	是否拥有劳动力：表示劳动力约束	市场认知程度和锁定终端市场程度：表示市场约束	拥有农林技术程度：表示技术约束	信贷能力	市场议价能力	风险控制能力	一体化程度（稳定性）	盈利能力	分工与专业化优势
农户	极弱	拥有	拥有	拥有和锁定程度不高	基本不拥有	弱	弱	弱	非一体化（稳定）	弱	无法分工
龙头企业	相对强Ⅰ	基本不拥有	通过雇佣拥有劳动力	拥有和锁定程度较高Ⅰ	拥有较多Ⅰ	一般	相对强Ⅰ	相对强Ⅰ	非一体化（稳定）	较强Ⅰ	具有内部分工

续表

经济主体	约束条件				经济主体的功能			具有潜在或实际扩展趋势的市场范围(斯密式市场范围)		
	信贷约束	是否拥有土地承包权：表示地权约束	是否拥有劳动力：表示劳动力约束	市场认知程度和锁定终端市场程度：表示市场约束	拥有农林技术程度：表示技术约束	信贷能力	市场议价能力	风险控制能力	一体化程度(稳定性)	盈利能力	分工与专业化优势
龙头企业+农户	相对强Ⅱ	农户拥有承包权，龙头企业拥有经营权	农户拥有劳动力，龙头企业拥有雇佣权	拥有和锁定程度较高Ⅱ	拥有较多Ⅱ	较高	强对强Ⅱ	相对强Ⅱ	准一体化(不稳定)	较强Ⅱ	龙头企业具有内部分工，龙头企业和农户之间具有程度不一的分工
土地和劳力入股的龙头企业+农户+合作社	强	整体拥有	整体拥有	拥有和锁定程度更高	拥有很多	高	强	强	完全一体化(稳定)	强	具有更纵深的内部分工

169

续表

经济主体	约束条件					经济主体的功能			具有潜在或实际扩展趋势的市场范围(斯密式市场范围)		
	信贷约束	是否拥有土地承包权：表示地权约束	是否拥有劳动力：表示劳动力约束	市场认知程度和锁定终端市场程度：表示市场约束	拥有农林技术程度：表示技术约束	信贷能力	市场议价能力	风险控制能力	一体化程度(稳定性)	盈利能力	分工与专业化优势
龙头企业+农户+合作社+合作联社	强	整体拥有	整体拥有	拥有和锁定程度更高	拥有很多并且标准化	最高	更强	更强	完全一体化与分散化高度结合(稳定)	更强	具有纵深的内部分工与水平的外部分工

说明：符号Ⅱ比符号Ⅰ的含义更强烈。以市场议价能力为例，议价能力Ⅱ表示的议价能力就比议价能力Ⅰ更高，余此类推。

从多地的个案调查和跨省区的比较案例研究得知，分散的农户是无法有效分工的，龙头企业只能在内部实行有限的分工，这取决于它的生产经营规模。相对"龙头企业+农户"合约，"龙头企业+农户+合作社"的分工与专业化水平提高了，因为规模扩大了，市场半径延长了。"龙头企业+农户+合作分社+合作联社"则更是深化了分工与专业化水平，不仅具有丰富的内部分工，还有合作分社之间的水平分工；不仅具有规模效率，还具有范围经济。"龙头企业+农户+合作分社+合作联社"并没有抛弃土地入股和劳力入股的"龙头企业+农户+合作社"的基础结构，反而使这种结构得到扩展，这又取决于缔约双方所面对的林木市场需求扩大并升级的"范围"和"结构"，"斯密定理"再次得到验证。

表3蕴涵了非常关键的分析逻辑，作为理性的龙头企业和农户必然要在信贷能力、议价能力风控能力和盈利能力等方面进行综合考量和审慎权衡，在确保自身利益不受损的情况下，尽可能地选择具有激励相容特征和帕累托效率取向的契约结构或组织形态。表3显示，约束条件及其各个约束在"约束集"中的权重是相对的，会随着经济社会环境、市场条件和经济发展阶段的变化而变化，这些变化会不断地影响经济主体的"预算集"，从而从边际上不断地改变经济主体的预期，促使经济主体做出更好和更有效率的合约选择。

事实上，以寻利为首要目标的企业的本质是资本雇佣劳动，以分享和合作为核心内容的经典合作社的本质是劳动雇佣资本，本文所研究的以"龙头企业+农户+合作社"契约结构为基础的合作经济组织则既有资本雇佣劳动的属性，又兼具劳动雇佣资本的性质。劳动雇佣资本本来就是合作社的题中应有之义和本质特征，由于参与合作社的龙头企业本身又是以寻利为基本目标的经济主体，故"龙头企业+农户+合作社"的契约结构兼具上述两种属性有其固有的内在的制度性诱因。不过，具体的约束条件不同，两种属性在合作社中的占比也有所不同，如果某些特殊的因素强化了农户手中所拥有的土地承包经营权并使劳动力变得更为稀缺，则在农户和龙头企业的博弈中，前者的谈判地位相对地提高了，后者的谈判地位也就相对地下降了，此时，资本雇佣劳动的逻辑和劳动雇佣资本的逻辑不仅同时起作用，而且后者的权重将变大，直到两者达到新的平衡为止。土地和劳力入股改变了农户在合作经济组织中的地位，在很大程度上，这是一个有助于龙头企业和农户同时实现激励相容的制度设计。表3概略地表示了缔约结构的前后转换或不断递进的条件。

四、模型：从土地租用和劳力雇佣到土地和劳力入股合作社的激励机制与剩余分配权

1. 模型的基本思想与设定：不同缔约结构下地权和劳力的配置机制

假设存在两种类型的农户：资本雇佣劳动型（$P=P_l$）和劳动雇佣资本型（$P=P_c$），进一步假设龙头企业和农户是风险中性的，龙头企业扩大经营规模所需土地完全来自拥有承包经营权的农户，所需劳动力也由周边农户提供。龙头企业与农户的缔约类型会因面临的资金约束、交易成本和农户参与意愿等因素的变化而变化。本文"模型构建"的基本逻辑源于实地调查，包括：

第一，对龙头企业来说，经营成本主要有两项：土地流转租金和雇员工资。当企业的可支配资金足以支付该成本时，企业会以流转土地、雇佣劳动力的方式进行生产并扩大规模。苗木生产规模与土地面积密切相关，模型假设企业或合作社是运转良好

的，因此以土地规模 m 代表企业生产规模。若企业可支配资金所容许的潜在生产规模是 $\overline{m}$，利润最大化的生产行为是在市场需求和企业营销能力范围之内，从农户手中流转土地 m ($m<\overline{m}$)、雇佣劳力 l。此时企业获得全部剩余权益，而农户仅得到要素收入（地租和工资）。

第二，当企业面临的市场需求增加、继续扩大生产规模（$m>\overline{m}$）有利可图时，龙头企业有动机流转更多的土地。但需事前支付的地租和每月支付的工资超过了龙头企业的资金范围，而对农业企业来说向外部直接融资的成本和难度都很大，龙头企业转而与农户协商，在共同利益的诱导下，通过改变缔约结构，即土地和劳动力入股的一体化缔约方式，以较低的成本扩大生产规模。这是一种通过创新缔约结构或组织形态的策略来节约资金的方式。

从"流转雇佣"到"土地劳力入股"是龙头企业依据其资金约束、交易成本（包括如何利用土地和劳动力所需要的成本等）和市场需求等作出的适应性决策，是一个历时性和渐进性的过程。对于农户来说，当企业处在资金相对充裕的"流转雇佣"阶段时，农户的决策是与龙头企业缔结"流转（土地）/（劳力）被雇佣"的合约或者独自经营拥有承包权的土地；当企业要扩大生产规模却遭遇资金瓶颈时，将通过成立合作社吸引农户以土地入股的方式来减少开支，节约投资成本，此时不同类型的农户将根据自身实际情况进行决策：一方面，没有参与过龙头企业"流转（土地）/（劳力）被雇佣"的农户可以选择以土地和劳力入股合作社，记为农户Ⅰ；另一方面，上一期中"流转（土地）/（劳动力）被雇佣"的农户也可以与企业协商在下一期改变缔约类型，入股合作社，记为农户Ⅱ，企业的缔约转型是存量转变和增量扩张同时发生的过程。

在这两个阶段，农户的效用函数形式是不同的，第一阶段为资本雇佣劳动，即生产规模 $m<\overline{m}$ 阶段，农户的效用函数是线性的，其报酬相对固定为土地（流转）租金（R）和劳动力工资报酬（w）；在第二阶段表现为劳动雇用资本，即生产规模 $m>\overline{m}$ 阶段，农户的效用函数是非线性的，农户的土地和劳动力都成为加入合作社的股权，其效用函数与生产函数在本质上趋于一致，此时可假设效用函数为 Cobb-Douglas 形式，则两种不同类型的效用函数表示如下：

$$U(R,w,m,n,l) = \begin{cases} R\theta m + wl, & P = P_l \\ (\theta n)^\vartheta l^{1-\vartheta}, & P = P_c \end{cases}$$

上式表达了两个阶段的不同缔约结构所蕴涵的不同效用结构（函数），l 表示受雇于龙头企业的劳动力数量，w 是龙头企业雇员的工资率，θ 表示基层政治权力（如乡政府官员，甚至行政村的村支书）在土地流转过程中的影响力（主要影响农户土地流转的意愿），m 表示不存在基层政府影响下，且龙头企业没有扩张生产规模的情况下农户流转土地的潜在意愿，也可理解为农户意愿流转土地数量。一般地，若基层政府不断地鼓励农户流转土地，农户的流转意愿将受到激励，因此，实际的土地流转数量将等于 θm。事实上，我国农业经营组织从一开始就面临着社会政治结构的

"制度嵌入"和基于村社结构和乡土文化的"村社嵌入",农户或农村各类经济组织的决策受到多种因素的同时影响。既然实际的流转数量是 θm,则龙头企业在土地流转中向农户所支付的总地租就是 $R\theta m$,所支付的工资总额则为 wl。

当市场容量较小时,龙头企业只要经营 m 单位土地(在基层政治权力影响下规模变为 θm①)就可以满足市场需求,直至 $m=\overline{m}$,且企业有充足的流动资金预付地租和工资,它会和 P_l 类型的农户签订雇佣合同和土地流转合同。当需求突破 $\overline{m}$,龙头企业若继续流转雇佣合约,交易成本会因融资成本而增加,龙头企业如果要扩大生产规模就必然要设计出新的足以节省交易成本和经营成本的缔约结构(合作社的缔约结构),促使农户 P_c 与龙头企业合作,起初可能仅有少量的农户与企业达成股权合约,这些农户由于自身所掌握的市场信息较多,对其所拥有的土地和劳力有更高的收入预期,因此当企业提出股权合作社时,他们可以迅速和企业达成合约。随着合作社和农户收入增加成为公共信息,越来越多农户也愿意加盟到合作社来,甚至流转雇佣契约中的农户在下一缔约阶段也转而选择股权合约,成为股权和劳力入股的合作社成员。股权合约中,农户的参与是渐增和动态的,动态性一方面指农户Ⅰ加入的非同时性,另一方面体现在农户Ⅱ向股权合约的动态转型,由 0 增至 $\tilde{m}$($\tilde{m} \leqslant \overline{m}$)。因为龙头企业和农户同时发现,土地和劳动力入股,不仅有助于龙头企业低成本地扩大生产

---

① 由于基层干部的任期等因素,模型假设 θ 在一定时期内是不变的,作为一种外生力量影响土地的使用。

规模(即土地和劳动力投入规模),节约经营成本和交易成本,而且也有利于改善农户在和龙头企业谈判时的地位。为简化分析起见,给定农业技术、基层权力和龙头企业信贷能力的情况下,本文把企业的"流转雇佣"和股权决策看成两个相对独立的阶段,用 $\overline{m}$ 表示龙头企业用自有资金支偿的履行"流转+雇佣"合约所需成本的"生产规模临界值",即当龙头企业的信贷能力(资金利用能力)所能允许实际流转的土地规模是 $\tilde{m} \leqslant \overline{m}$ 时,龙头企业会选择雇佣合同;当市场需求引致生产规模扩大时,龙头企业需要突破信贷约束而选择新的缔约结构以获得超过 m 的土地数量 n,龙头企业生产规模临界值由原来自有资金支偿的 $\overline{m}$ 变成动态合约转型下的 $\tilde{m}+\overline{n}$,其中 $\overline{n}$ 是企业可吸纳农户Ⅰ的上界,$\tilde{m}$ 是动态变化的且逐步增至 $\tilde{m} \leqslant \overline{m}$。龙头企业各阶段的生产规模满足:$m \leqslant \overline{m} \leqslant m+n \leqslant \tilde{m}+\overline{n}$。合作社的生产规模 $\tilde{m}+\overline{n}$ 是由龙头企业所面临的终端市场需求决定的。龙头企业借助股权分成制与农户缔结合作经济组织[①],大大节省了交易成本和生产经营成本。需要注意的是,在分成制合约中,分成比例是农户与龙头企业协商的结果。下面研究不同市场容量下龙头企业和农户的最优选择问题。龙头企业和农户是在 $(0, \overline{m}]$ 和 $(\tilde{m}, \tilde{m}+\overline{n}]$ 两个区间分别选择两种缔约结构,即前一区间采用流转雇佣契约,后一区间采用土地入股和劳力入股的合作契约,抑或后者逐步替代前者直至在全部区间 $(0, \tilde{m}+\overline{n}]$ 均采用土地和劳力入股的合作契约,取决于市场

[①] 有关土地和劳力入股如何改变激励结构的讨论及相关推论参阅前文引言。

需求、龙头企业的信贷能力和双方意愿等。

2.风险控制、约束条件与组织形态

经验观察和理论分析发现，约束条件影响着合约选择和组织形态，同时决定经济主体的风险控制能力。其一，本文探讨的信贷约束是一个相对量，是龙头企业或农户在扩大生产规模时面临的资金使用问题，本文采用生产规模的变动区间作为"影射"信贷约束和理论建模的重要维度（变量）。在小于某个特定生产规模的情况下（$m<\overline{m}$），自有资金可以解决问题，就不需要融资扩贷，此时不会产生信贷约束问题；如果扩大生产规模突破了自有资金所能提供给企业的"最大流动性"（$m>\overline{m}$），就需要对外融资或采用组织创新的办法来规避扩大规模导致的资金短缺的"信贷压力"。

其二，风险问题有多重含义，包括生产经营风险和市场（价格）风险等，前者由生产过程中缔约双方的机会主义动机造成的，后者主要由价格不确定性造成的。为了便于讨论问题，本文把缔约双方面临的总风险刻画成生产经营风险和市场（价格）风险的向量组合，亦即前者是后两者的函数，记为：$\beta(\xi_1,\xi_2)$，其中ξ_1是以事后道德风险（即事后缔约双方是否卸责）来隐喻的生产经营风险，由于本文并不对具体的生产风险进行理论刻画，而是用努力工作（即不卸责）和不努力工作（即卸责）的概率值来描述事后道德风险，所以理论模型探讨的问题就变成何种合约结构将导致缔约双方的行为满足激励相容原则，何种合约就将在诸多备选合约中"胜出"，合约选择不断地改进，新的合约不断地取代旧的合约，亦就是合约结构不断地得到优化的帕累托改进过程。本文用ξ_2刻画市场或价格风险，一般地说，这类风险是无法完全消除的，因为无论龙头企业，还是分散的农户，抑或是组织起来的"龙头企业+农户+合作社"合约，均要面对由价格不确定性等诱发出来的市场风险，人们能够改变的是市场议价能力，也就是说，如果议价能力提高了，就可以认为是控制市场风险的能力提高了。模型中把市场风险刻画成四个维度：产品质量系数h、议价能力指数g、合作紧密度系数s和要素互补系数t。这些变量间的关系可以简记为：

$$\xi_2 = hst/g$$

这个式子的经济含义是：拥有先进的林木种植技术会提高产品的平均质量，高质量产品更容易被市场甄别和信任，从而在同等条件下面临的价格不确定下降，亦即市场风险会变小。一般来说，龙头企业由于资金实力和技术储备都远高于分散的农户，因而前者的产品质量系数大于后者的产品质量系数，从而前者的价格风险小于后者；在同一个市场，如果生产经营同类产品的龙头企业和农户缺乏协调一致的行动，后者跟随前者，双方会陷入无序竞争而导致市场议价能力下降。事实上，市场议价能力越大，价格不确定性导致的市场风险就会越低；合作会使得参与主体共同应对市场风险，合作的紧密度提升则市场风险降低；合作取决于要素的互补程度，要素互补程度提高时，合作的紧密度增强，进而双方面临的市场风险降低。

为分析上的简便，下文的模型首先研究市场风险（或外部风险）给定（即 ξ_2 为常数）的情况，也就是说，下面要考察在不考虑外部风险 [$\beta(\xi_1, \xi_2) = \beta(\xi_1)$] 的情况下约束条件、生产经营风险和合约选择的关系。不失一般性，可把生产经营风险函数 $\beta(\xi_1)$ 简记为 β，即 $\beta(\xi_1) = \beta$。本文认为，生产经营风险主要源于当事人的机会主义的卸责行为，故 β 的经济含义可进一步简化为缔约人的努力（不卸责）与不努力（卸责）的概率。有关市场风险 [即 $\beta(\xi_2)$] 的分析将另行处理。

3.生产规模 $\leqslant \overline{m}$：选择以"龙头企业+农户"为契约框架的雇佣制

现在研究在市场风险一定 [即给定 $\beta(\xi_2)$] 的情况下，龙头企业和农户的缔约选择。龙头企业倾向于以较低的租金从农户手中流转到尽可能多的土地。为了保证农户按龙头企业所给出的流转价格出租自己拥有承包经营权的土地，并接受双方所约定的工资水平受雇于龙头企业，在确保龙头企业实现最优利润目标的同时，必须满足农户的参与约束和激励约束：

$$\max_{\{(R, l, m)\}} \beta[V_1(l, m) - R\theta m] + (1 - \beta)[\gamma V_1(l, m) - R\theta m] - wl \quad (1)$$

s.t.

$$R\theta m + C + wl \leqslant K_t \quad (2)$$

$$R\theta m + wl \geqslant \overline{u} \quad (3)$$

$$v \in \arg\max_v w + e(v) - \varphi(v) \quad (4)$$

在上述最优规划中，l 表示受雇于企业的劳动力，β 表示雇员努力工作的概率，此时企业实现的收益为 $V_1(l, m)$（企业的收益是雇佣劳动数量和流转土地数量的函数），而雇员有$(1-\beta)$的概率出现卸责行为，那么企业的收益会有一个折扣系数γ（$\gamma\leq 1$），同生产要素相对应的是企业的成本，包括企业雇佣劳动的工资wl和企业通过转包方式流转土地需要预付的总租金$R\theta m$，如前所述，在基层政权的影响下农户实际流转土地规模是θm，R是龙头企业支付的土地流转租金。

为了保证企业在存在信贷约束（或资金约束）的情况下实现利润最大化，需要考虑企业的预算约束，（2）式是龙头企业的资金约束条件，C是企业运营过程中的监督成本，K_l为龙头企业可以直接使用的最大量资本，也即企业扩张规模时所面临的资金约束。同时，企业的运营需要吸引农户自愿参与，即农户受雇于龙头企业时，其效用不能小于农户本身的保留效用$\bar{u}$。（3）式是农户的参与约束，由于龙头企业是合同要约方，在龙头企业和农户双方签订土地流转租约和劳动雇佣契约的条件下，农户获得的土地租金和工资超过农户的保留效用（农户自己经营土地或者外出务工所获得的净收益），农户有动机与龙头企业缔结"龙头企业+农户"的土地流转和劳动力雇佣契约。（4）式是农户的激励相容约束条件，即与龙头企业缔约后促使农户放弃机会主义行为的激励条件。假设雇佣条件下的农户的努力程度为v，付出该努力的成本为$\varphi(v)$，龙头企业对农户也有选择的权利，即龙头企业监督到农户出现影响生产经营绩效的卸责行为时，会辞退农户，那么农户就成为"失业"者。如果农户"失业"后重新选择职业的预期收益小于龙头企业给出的工资水平，农户有激励努力工作，激励函数可表达为$e(\nu)$，因此，农户有激励付出的努力水平由边际条件$\varphi'(\nu) = e'(\nu)$决定。在满足农户激励相容的条件下，构造拉格朗日等式如下：

$$\mathcal{L}(l, m, R) = \beta\big[V_1(l, m) - R\theta m\big] + $$
$$(1-\beta)\big[\gamma V_1(l, m) - R\theta m\big] - wl + $$
$$\lambda_1\big[K_t - R\theta m - C - wl\big] + \mu\big[(R\theta m + wl) - \bar{u}\big] \quad (5)$$

其中，拉格朗日乘子λ_1是龙头企业的资金约束因子，概括地讲，它表示扩大生产规模的门槛效应（限制），μ是农户愿意受雇龙头企业的意愿因子。对上式求一阶导数，可得如下等式：

$$\frac{\partial L}{\partial l} = \beta \frac{\partial V_1(l,m)}{\partial l} + (1-\beta)\gamma \frac{\partial V_1(l,m)}{\partial l} - w - \lambda_1 w + \mu w = 0 \quad (6)$$

$$\frac{\partial L}{\partial m} = \beta\left[\frac{\partial V_1(l,m)}{\partial m} - R\theta\right] + (1-\beta)\left[\left(\gamma\frac{\partial V_1(l,m)}{\partial m} - R\theta\right)\right] - $$
$$\lambda_1 R\theta + \mu R\theta = 0 \quad (7)$$

对上面的恒等式求解可得：

$$\frac{\partial V_1(l,m)}{\partial l} = \frac{1 + \lambda_1 - \mu}{\beta + (1-\beta)\gamma} w \quad (8)$$

$$\frac{\partial V_1(l,m)}{\partial m} = \frac{1 + \lambda_1 - \mu}{\beta + (1-\beta)\gamma} \theta R \quad (9)$$

（8）式和（9）式表明，在资本雇佣劳动的企业内部，劳动力对龙头企业预期收益的边际贡献不仅会因其努力程度的不同而有变化，同时也受龙头企业所面临的资金约束程度λ_1和农户愿意受雇于龙头企业的意愿的强度 μ 的影响。而土地对龙头企业预期收益的边际贡献与土地对农户的边际价值并不等同,它同时要受到劳动力的努力程度 β、企业的资金约束力 λ_1 和农户参与意愿 μ、基层权力 θ 大小等因素的交叉或叠加影响。(8)、(9)式显示,龙头企业受信贷约束越强,土地和劳力对龙头企业的(目标)收益影响越大,因为在趋势上,信贷约束越紧,意味着土地和劳力的稀缺性越大,因为土地流转和劳动力雇佣均要花费龙头企业的垫付资本(或预付资本)。换句话说,如果雇佣劳动力和土地流转的成本越高、事前与事后的风险越大,在企业选择最优要素投入数量时所对应的边际产出也应越大。但受限于企业的自有资金,加上投入成本的代价高昂,企业进一步地扩张既是不现实的,也是无利可图的。此外,在"龙头企业+农户"的契约框架下,农户被雇佣意愿越高,劳动力相对于土地要素的相对稀缺性越小,则其对龙头企业的(目标)收益(值)的影响为负,这在相当程度上说明,在"龙头企业+农户"的契约框架下,农户的事后道德风险问题始终难以解决。这个结论与实地调查得到的结论完全一致。

4. $\bar{m}<$生产规模$\leq\tilde{m}+\bar{n}$:选择以"龙头企业+农户+合作社"为组织框架的分成制

理论上,在原有的"龙头企业+农户"的契约框架下,如果龙头企业无力为扩大生产经营规模筹集到所需要的资金,要突破信贷约束或现金流约束,企业会选择在"资本雇佣劳动的企业制"中引入土地入股和劳动力入股的合作制,与农户($P=P_c$

采取合作的策略，农户以土地和劳动力入股合作社，不再是土地出租者和雇佣劳动者，而是与龙头企业一样，共同参与决策，对合作社的利润及其分配有"知情权"，并且可以与龙头企业协商分成比例 α，以所拥有的股权参与合作社分红。龙头企业由于采用了新的体制，不用支付额外的地租和工资成本就能扩大生产经营规模，这就减少了甚至免除了产业扩张所必然导致的交易成本。

调查发现，龙头企业是合作社关键成员，其在合作社内部出资占比远高于散户，因此新成立的合作社仍具有明显的以龙头企业目标为导向的寻利性，在相当程度上仍具有"资本雇佣劳动"的制度特性。不过，由于农户以土地和劳动力入股，与流行的只在销售环节合作的专业合作社相比，此类合作社亦表现出很强的"劳动雇佣资本"的制度特征，这说明，以土地和劳动力为股权的合作社兼具"资本雇佣劳动的企业性"和"劳动雇佣资本的合作性"的双重属性，是一种农户和龙头企业共同选择的混合型缔约结构。基于上述经济逻辑且暂时不考虑农户Ⅱ转型的动态性问题，假设在原有 $\overline{m}$ 单位经营规模的基础上合作社再入股土地 n ($n \leqslant \overline{n}$) 单位（市场容量扩张到 $\overline{m}+\overline{n}$ 单位），且企业和合作社同时存在，相对独立经营。本文构造土地和劳动力入股条件下龙头企业的目标函数和农户的参与约束、激励约束如下：

$$\max_{\alpha} (1-\alpha)[\beta V_2(l,n) + (1-\beta)\gamma V_2(l,n)] \qquad (10)$$

$s.t.$

$$(\theta n)^{\vartheta} l^{1-\vartheta} \geqslant \bar{u} \qquad (11)$$

$$\alpha[\beta V_2(l,n)+(1-\beta)V_2(l,n)] \geq R\theta n + wl \qquad (12)$$

其中，α 是农户在合作社中的分成比例。假设与"龙头企业+农户"模式一样，农户以同样的概率组合（努力，不努力）=[β, 1-β]分别获得收益 $V_2(l,n)$ 和折损的收益 $\gamma V_2(l,n)$。l 是合作社吸纳的劳动力的数量，n 是合作社入股的土地数量。注意到（11）式是农户的参与约束，假设农户在生产中的产量服从 Cobb-Douglas 形式，那么农户生产值大于其外部效用，他们就有参与的动机；（12）式是农户选择合作社缔约的激励相容约束，即当农户的分成收益大于固定工资合约（工资 wl 和地租 $R\theta n$ 之和）时，农户在合作社的组织框架下表现出比雇佣制更强的努力水平，因为分成制下农户的收入与合作社的利润直接挂钩，农户有更强的努力激励意味着他们可以创造更多的分红。在满足激励相容条件下，构造拉格朗日等式如下：

$$\mathcal{L}(l,n) = (1-\alpha)[\beta V_2(l,n)+(1-\beta)\gamma V_2(l,n)] +$$
$$\lambda_2[\alpha(\beta V_2(l,n)+(1-\beta)\gamma V_2(l,n))-wl-\theta nR] +$$
$$\mu[(\theta n)^{\vartheta} l^{1-\vartheta} - \bar{u}] \qquad (13)$$

其中，λ_2 表示农户选择以土地、劳动力入股合作社，而不是受雇于企业的敏感程度，亦即农户入股合作社的意愿大小，μ 代表农户以劳动力入股合作社的参与意愿。对拉格朗日等式求解一阶条件，可得：

$$\frac{\partial L}{\partial l} = (1-\alpha)[\beta+\gamma(1-\beta)]\frac{\partial V_2(l,n)}{\partial l} + \lambda_2\alpha[\beta+\gamma(1-\beta)]$$

$$\frac{\partial V_2(l,n)}{\partial l} - \lambda_2 w + \mu(1-\vartheta)\left(\frac{\theta n}{l}\right)^{\vartheta} = 0 \quad (14)$$

$$\frac{\partial L}{\partial n} = (1-\alpha)[\beta+\gamma(1-\beta)]\frac{\partial V_2(l,n)}{\partial n} + \lambda_2\alpha[\beta+\gamma(1-\beta)]$$

$$\frac{\partial V_2(l,n)}{\partial n} - \lambda_2 R\theta + \mu\vartheta\left(\frac{l}{\theta n}\right)^{1-\vartheta} = 0 \quad (15)$$

从利润最大化的一阶条件中，可以得到劳动力和土地对合作制中的企业收益的边际贡献分别为：

$$\frac{\partial V_2(l,n)}{\partial l} = \frac{\lambda_2 w - \mu(1-\vartheta)\left(\frac{\theta n}{l}\right)^{\vartheta}}{[(1-\alpha)+\lambda_2\alpha][\beta+\gamma(1-\beta)]}$$

$$= \frac{\lambda_2 w - \mu u'_l}{[(1-\alpha)+\lambda_2\alpha][\beta+\gamma(1-\beta)]} \quad (16)$$

$$\frac{\partial V_2(l,n)}{\partial n} = \frac{\lambda_2\theta R - \mu\vartheta\left(\frac{l}{\theta n}\right)^{1-\vartheta}}{[(1-\alpha)+\lambda_2\alpha][\beta+\gamma(1-\beta)]}$$

$$= \frac{\lambda_2\theta R - \mu u'_n}{[(1-\alpha)+\lambda_2\alpha][\beta+\gamma(1-\beta)]} \quad (17)$$

从求解结果可以看出，企业雇佣制的缔约［参见（8）和（9）两式］与分成合作制的缔约［参见（16）和（17）两式］具有类似的经济逻辑，即两种缔约结构中，（龙头企业的）土地和劳动力的边际贡献都受到企业的信贷能力（即融资能力）和农户受雇龙头企业意愿的强弱的影响。由（16）、（17）式可知，要素对合作社的影响不同于其对农户收入的影响,前者与劳动力的努力程度、企业信贷能力和农户受雇意愿、基层权力大小等诸多因素的交叉影响有关,后者与劳动力和土地对效用目标的重要性有关。在合作社未实现最优目标前,土地对合作社利润目标的边际贡献程度要大于对农户效用目标的贡献程度。

前文讨论指出,缔约转型的两个阶段不是完全独立和分割的,当看到股权合作的收益相对更多时,固定租金合约中的农户在租约到期后可以转变合约类型,即有 $\tilde{m}$ 单位的农户转变合约,直至最后所有农户都以土地和劳力入股合作社。当全部农户以股权的形式参与合作,所得结果与"$\overline{m}<生产规模≤\tilde{m}+\overline{n}$"时相同。此处重点分析当龙头企业受到资金约束而创新出一种新的缔约结构时,两种缔约结构的兼容和过渡问题。同时考虑龙头企业与农户间两种缔约结构的激励相容问题如下:

$$\max_{\{R,l,m,n\}} \{\beta[V_1(l,m-\tilde{m}) - R\theta(m-\tilde{m})] + (1-\beta)[\gamma V_1(l,m-\tilde{m}) - R\theta(m-\tilde{m})] - wl\} + \{(1-\alpha)[\beta V_2(l,\tilde{n}) + (1-\beta)V_2(l,\tilde{n})]\} \quad (18)$$

$s.t.$

$$R\theta(m-\tilde{m}) + C + wl \leq K_t \quad (19)$$

$$R\theta(m-\tilde{m}) + wl \geq \bar{u} \quad (20)$$

$$v \in \arg\max_v w + e(v) - \varphi(v) \quad (21)$$

$$(\theta\tilde{n})^\vartheta l^{1-\vartheta} \geq \bar{u} \quad (22)$$

$$\alpha[\beta V_2(l,\tilde{n}) + (1-\beta)V_2(l,\tilde{n})] \geq R\theta\tilde{n} + wl \quad (23)$$

尽管此时要素的数量是动态变化的,但考虑每种缔约结构中要素的边际贡献率时，结果与上述分析一致。也就是说，龙头企业生产规模扩张的过程不是瞬时完成的，从"龙头企业+农户"向"龙头企业+农户+合作社"的缔约结构转变需要一个过渡阶段，同时也是农户自主选择的过程，正是这个过渡和转变过程的顺利完成说明了土地和劳力入股的合作社缔约结构满足缔约双方的利益。本文发现，对以土地和劳动力入股的合作社来说，劳动力和土地对合作社收益的边际贡献不仅会因农户的努力程度不同而发生变化，同时也因合作社和农户的分成比例 α 的不同而不同。与"龙头企业+农户"的缔约结构不同，在劳动力和土地入股的"龙头企业+农户+合作社"的缔约结构中，不仅具有"资本雇佣劳动"的"企业性质"（因为龙头企业资金雄厚，在与农户的谈判中处于相对强势的地位），而且还具有"劳动雇佣资本"的"合作性质"（由于劳力和土地入股合作社，农户的谈判地位明显提高了）。理论分析表明，而且实地调查也发现，在"龙头企业+农户+合作社"的缔约结构中，劳动力对合作社收益的边际贡献是扣除劳动者愿意参与合作社的保留的劳动边际效用之后的收益，土地对合作社收益的边际贡献则是扣除愿意参与合作社的保留的土地边际效用之后的收益。由此可得命题1。

命题1：给定市场容量的临界值 $\bar{m}$，在市场容量 $\leqslant \bar{m}$ 的情况下，只要市场需求仍在临界条件 $\bar{m}$ 之内，即使龙头企业不断扩大生产规模，如果龙头企业自有资本（金）和融资能力可以确保有效经营，它就会选择"龙头企业+农户"的缔约结构，此时，农户向龙头企业流转土地，龙头企业向农户提供雇佣机会，则"龙头企业+农户"的缔约结构更多地具有"资本雇佣劳动"的性质；在 $\overline{m}$<市场容量≤$\tilde{m}+\overline{n}$ 的情况下，$\tilde{m}+\overline{n}$ 成为新的市场容量的临界值，市场需求的扩张促使龙头企业准备扩大生产规模，但在存在信贷约束或融资能力有限的情况下，龙头企业和农户将共同选择"龙头企业+农户+合作社"的缔约结构，农户以土地和劳动入股，双方均可实现帕累托改进。与"龙头企业+农户"相比，此时的缔约结构更多地具有"劳动雇佣资本"的特性。由于龙头企业拥有更多的自有资本，在合作社中股权比例占优，则土地和劳动入股的"龙头企业+农户+合作社"并不具有单纯的"劳动雇佣资本"的特性，而是两种特性的混合。

在上述两种缔约结构中，农户均参与其中，这就是说，在两种情况下，农户的参与约束是"束紧"的，即（3）式和（11）式是一定成立的，这意味着拉格朗日等式中的因子 $\mu = 0$。因此，（8）式、（9）式和（16）式、（17）式可以重新写成：

$$\frac{\partial V_1(l,m)}{\partial l} = \frac{1+\lambda_1}{\beta+(1-\beta)\gamma}w \tag{24}$$

$$\frac{\partial V_1(l,m)}{\partial m} = \frac{1+\lambda_1}{\beta+(1-\beta)\gamma}\theta R \tag{25}$$

$$\frac{\partial V_2(l,n)}{\partial l} = \frac{\lambda_2}{[(1-\alpha)+\lambda_2\alpha][\beta+\gamma(1-\beta)]}w \tag{26}$$

$$\frac{\partial V_2(l,n)}{\partial n} = \frac{\lambda_2}{[(1-\alpha)+\lambda_2\alpha][\beta+\gamma(1-\beta)]}\theta R \tag{27}$$

实地调查和理论分析均发现，龙头企业、合作社和农户之间存在着利益的不一致,因此,如何确保"龙头企业+农户+合作社"的稳定性就变得尤其重要。研究表明,在以土地和劳动力入股的缔约结构中,龙头企业和农户之间的分成比例α是双方博弈的关键变量。假设不同合约中土地要素和劳动力要素对企业利润的边际贡献率相等,即 $\frac{\partial V_1(l,m)}{\partial m} = \frac{\partial V_2(l,n)}{\partial n}$ 以及 $\frac{\partial V_1(l,m)}{\partial l} = \frac{\partial V_2(l,n)}{\partial l}$,这是农户Ⅱ选择入股合作社与受雇于龙头企业的临界条件,亦即缔结"龙头企业+农户"的合同和缔结"龙头企业+农户+合作社"的合同无差异条件是:

$$\alpha = 1 - \frac{\lambda_1 \lambda_2}{(\lambda_1 + 1)(\lambda_2 - 1)}$$

上述等式是龙头企业和农户在选择两种缔约结构的无差异分成比例,该比例使企业接受农户流转土地并雇佣劳动力的边际效用与以土地、劳动力入股合作社的效用是相同的。可以看出,这一分成比例主要受企业的信贷约束弹性(λ_1)和农户(土地和劳动力)入股合作社的意愿(λ_2)大小决定,也就是说,合作社的缔约结构能否被选择取决于龙头企业和农户($P=P_c$)双方之间的博弈。

有两种情况必须考虑。

(1) $\alpha' < 1 - \frac{\lambda_1 \lambda_2}{(\lambda_1 + 1)(\lambda_2 - 1)}$

由于分成比例太低,农户以土地、劳动力入股合作社的意愿低,此时具有资本雇佣劳动性质的"企业制"被选择,即使此时市场容量增加（只要市场容量≤$\overline{m}$），龙头企业也只能通过"龙头企业+农户"的缔约结构来扩大生产规模。对龙头企业来说，从农户那里流转土地并雇佣劳动力是其主要选择。此时龙头企业将选择"龙头企业+农户"的缔约结构，而P_1型的农户愿接受此类缔约结构。

(2) $\alpha' > 1 - \dfrac{\lambda_1 \lambda_2}{(\lambda_1 + 1)(\lambda_2 - 1)}$

此时（土地和劳动力入股型的）合作社会受到劳动雇佣资本（$P=P_c$）型的农户的偏好。当市场容量扩张时，合作社很容易通过劳动力、土地入股的方式吸纳足够多的土地和劳动力，此时公司制和合作制是可以并容在"龙头企业+农户+合作社"的缔约结构内。当分成比例达到相当程度后，农户和龙头企业可以结成利益共同体。因为分成比例的变化一方面可以激励农户的努力行为，减少生产风险和不确定性，另一方面激励更多农户加入合作社，达到市场需求下的最优规模。

命题2：在市场容量足够大的前提下，$m + n > \overline{m}$，为了突破融资约束，企业和农户均愿意建立以劳动力和土地入股的合作社来扩大生产边界，而合作社的分成比例α是诱导农户参与的重要依据，这一分成比例受到企业对交易成本敏感性λ_1和农户入股合作社的意愿λ_2的影响。

推论1：生产经营风险（主要以行为人机会主义动机与行为来刻画）会因为缔约结构的激励相容机制而得到最大限度的避免，由于从"龙头企业+农户"合约到土地入股和劳力入股的"龙头企业+农户+合作社"合约具有帕累托改进性质,加上土地、劳力入股缔约使双方具有双向锁定的性质从而规避了事后道德风险,因而土地和劳力入股合作社最优地规避了生产经营风险,因而是缔约双方最可选择的。

应当说,推论1是从命题1和命题2推断出来的,只要证明存在激励相容条件,推论1就自然成立。可以说,命题1和命题2及其相关联的逻辑推断中,有关生产经营风险的推论1是隐含的,但其经济逻辑却十分清楚。

既然刚才讨论了市场风险ξ_2不变情况下缔约选择和生产经营风险ξ_1的最优规避问题,下面就要进一步讨论生产经营风险ξ_1不变情况下市场风险ξ_2的规避问题,即究竟什么样的缔约结构使得双方可以更好地规避市场风险,减少价格不确定性。

5.市场风险影响下的缔约结构的优先序:ξ_2的经济含义

前文探讨缔约结构的变化可以突破约束条件并且对冲生产风险,而且研究表明,只要缔约结构满足激励相容条件,就能够避免事后道德风险亦即(从而)减少生产经营风险。事实证明,土地和劳力入股的"龙头企业+农户+合作社"合约优于"龙头企业+农户"合约,主要因为前者相对后者更具有激励相容的特性。现在我们来讨论市场风险与缔约结构的关系。在给定生产经营风险不变(即ξ_1为常数)的情况下,什么样的缔约结构可以帮助缔约双方(即龙头企业和农户)更好地规避(对冲)市场风险?本处考察三种缔约模式的市场风险:农户和龙头企业分散经营;"龙头企业+农户"缔约,即龙头企业和农户达成产品契约;"龙

头企业+农户+合作社"缔约,即基于要素的互补性,龙头企业与农户达成的是要素合约。假设农户(P)和龙头企业(F)的市场风险由预期回报表示为$\bar{v}_i(i=P,F)$,实际回报$v_i(i=P,F)$距离预期回报的值越低(一般情况下假设$v_i \leq \bar{v}_i$),即$|v_i - \bar{v}_i|$值越小,即可视为市场风险越小。表4为市场风险的四个维度(h,g,s,t)及其赋值,需要注意的是,缔约选择及其缔约结构、组织形态对林木产品的质量有重要影响,主要原因在于,缔约双方的合作程度不同,会决定双方共享的生产技术出现差异,在"龙头企业+农户"这种松散的合作中,龙头企业可以给予农户一定程度的技术指导,结果双方所提供的产品的平均质量(h_{P_t})将优于分散的农户在分散经营的情况下所生产的林木产品质量(即$h_{P_t} > h_P$)。当双方实现了要素互补的紧密型合作时,技术的共享程度也会跟着提高,从而在"龙头企业+农户+(入股)合作社"的框架下所提供的产品的平均质量h_{PF}将优于h_{P_t},而后者又优于h_P。

表4 市场风险的四个维度

缔约结构	产品质量系数	议价系数	合作紧密度系数	要素互补系数
农户、龙头企业	h_P, h_F	g_1	s_1	t_1
龙头企业+农户	$h_{P_t}, h_{P_t} > h_P$	$g_2, g_2 < g_1$	$s_2, s_2 > s_1$	$t_2, t_2 > t_1$

续表

缔约结构	产品质量系数	议价系数	合作紧密度系数	要素互补系数
龙头企业+农户+合作社	$h_{PF}, h_{PF} > h_F > h_{P_1}$	$g_3, g_3 < g_2 < g_1$	$s_3, s_3 > s_2 > s_1$	$t_3, t_3 > t_2 > t_1$

通过选择缔约结构以便更好地对冲（规避）市场风险，实现与预期的效用差值最小化的目标。表5显示了不同的合约结构下的市场风险的对冲（规避）程度。在农户和龙头企业各自分散经营时，市场风险的抵抗能力受到其自身的要素禀赋和技术条件的影响。当二者（龙头企业和农户）达成产品合约（即"龙头企业+农户"合约）时，由于合作带来的产品质量提升、（无序的）竞争下降、合作和要素互补带来的溢出效应而能更好地提高市场议价能力，规避市场风险，但此种缔约结构并不能很好地规避事后道德风险［如生产经营风险和违背合同的风险等，后者可以被看做双方合作产品质量改进后的合作概率函数$q(h_{P_1})q(h_{P_1})u(h_{P_1})$］，因而会被更好地以土地和劳力入股为基础的"龙头企业+农户+合作社"的缔约结构所替代，这种缔约结构由于实现了双向锁定而具备激励相容条件，不仅能更好地解决道德风险问题，也能更稳健地提高规避市场风险的能力。事实上，龙头企业和农户合作的概率不会一直随着产品被市场的认可程度（即产品质量）的提升而增加，农户会因外部价格更高转卖，而龙头企业也可能因找到质量更高的农产品供给而毁约，即外部效用$u(h_{P_1})$和产品质量

193

$q(h_{P_i})q(h_F)$共同决定了双方合作的概率是非线性的,这意味着它无法从根本上解决道德风险问题。分析表明,当要素合作达到一定的程度时,农户更愿意选择拥有剩余索取权的股权合约,"龙头企业+农户+合作社"既能从根本上解决道德风险问题,也能在相当程度上解决市场风险问题。研究表明,"龙头企业+农户"合约和以土地入股和劳力入股为基础的"龙头企业+农户+合作社"对双方的锁定程度不同,它们对冲(规避)市场风险的函数形式也不一样,规避市场风险的能力也迥乎不同,前者要劣于后者。

表5 合约选择与市场风险

缔约结构	市场风险(效用最大化的倒数$1/\Delta_i$)
农户和龙头企业分散经营	$\Delta_1 = \dfrac{1}{g_1} s_1 t_1 (h_P|v_P - \bar{v}_P| + h_F|v_F - \bar{v}_F|)$
龙头企业+农户	$\Delta_2 = \dfrac{1}{g_2} s_2 t_2 (h_{P_i}|v_P - \bar{v}_P| + h_F|v_F - \bar{v}_F|) q(h_{P_i}) q(h_F) u(h_{P_i})$
龙头企业+农户+合作社	$\Delta_3 = \dfrac{1}{g_3} s_3 t_3 h_{PF} (|v_P - \bar{v}_P| + |v_F - \bar{v}_F|)$

由表4和表5的分析可知,通过缔约结构的变化能够一定程度的改善产品的质量,增加合作的程度,也就是说可以一定程度地对冲市场风险。依据市场风险的变化程度,对参与主体的缔约结构存在一个优先序:$\Delta_3 > \Delta_2 > \Delta_1$。

由上述研究可得推论2。

推论2:"龙头企业+农户"能在一定程度上提高市场议价能

力从而提高了双方规避市场风险能力,但无法解决事后道德风险即生产经营风险问题。以土地和劳力入股的"龙头企业+农户+合作社"的缔约结构由于具备激励相容条件而能解决事后道德风险即生产经营风险问题,也由于一体化而能更好地提高市场议价能力从而在相当程度上规避或对冲市场风险。

五、"龙头企业+农户+合作社"的升级:从合作社到联合社

实地调研使本文作者注意到了"龙头企业+农户+合作社"的升级版,即"龙头企业+联合社+合作社+农户"的缔约结构。从原来的"龙头企业+农户+合作社"的缔约结构中分化出了好几个专业性合作社,每个专业性合作社专门经营一种或几种特定类型的苗木,彼此水平分工,互补协调。在各种不同的专业性合作社之上成立了合作联社,负责管理、协调不同的专业性合作社之间的经济联系,并对所有合作社进行总的成本核算,考核不同的专业性合作社的经营绩效。本文沿着前文所发展出来的分析逻辑从理论上来探讨联合社问题。

首先,考察缔约结构"龙头企业+农户+合作社"的情形,假设合作社社员有 l 人,参与农户 l^p 人,龙头企业作为委托人和管理者,此时治理结构实际只有两层,即"合作社+农户"。在这一模式中,最终目标是委托人盈利最大化,即该合作组织委托人的收益为:

理解新型农村集体经济

$$\max_{\sigma}\left[\rho l\sigma - \psi(\sigma)l^2\right]$$

s.t.

$$0 \leqslant \sigma \leqslant 1$$

其中，ρ 表示合作社人均经营收益率，ρl 为合作社创造的总收益，由于合作社收益是其管理层监督下一层农户工作的结果，总收益会有一个控制损失，σ 表示控制止损系数，σ 越大表示控制损失越少（Qian 在 Calvo 和 Wellisz 的科层模型中加入了控制失效的概念）。需要注意，农户在参与合作社的运营的过程的努力成本是 $\psi(\sigma)$，也就是说合作社应该给予农户相应的报酬（分红），[①] 即保证合作社中所有农户努力工作的总成本为 $\psi(\sigma)l^2$。

为解上述最优化问题，对 σ 求一阶导数可得：$\psi'(\sigma) = \dfrac{\rho}{l}$。为分析简便，本文设定 $\psi(\sigma_i) = \sigma_i^3$ 为代理人努力成本，并代入上面的最优化条件，可以得到 $\psi'(\sigma) = 3\sigma^2$，那么有 $3\sigma^2 = \dfrac{\rho}{l}$，由此可得控制损失系数 $\sigma = \left(\dfrac{\rho}{3l}\right)^{\frac{1}{2}}$，据此可求出委托人的利益最大化程度为：$\rho l\sigma - \psi(\sigma)l^2 = l\sigma(\rho - \sigma^2 l)\left(2 \times 3^{\left(-\frac{3}{2}\right)}\right) \times \rho^{\frac{3}{2}} l^{\frac{1}{2}} \approx 0.5\rho^{\frac{3}{2}} l^{\frac{1}{2}}$。

假设经济主体面对的市场容量足够大，产业发展不仅带来生产规模的扩张，还有产品种类的增加，这就为（在合作社框架内）构建内部分工与专业化的生产经营体系提供了现实可能性。

[①] 控制止损系数 σ 越大说明农户工作越努力，也就是说农户工作的成本越大，因此农户的努力成本是止损系数 σ 的函数 $\psi(\sigma)$。

当种植的苗木品种越来越多,对种植技术的要求也越来越高时,苗木合作社需要的专业化管理人员和管护工人都会增加,龙头企业的董事长和合作社的管理人员的管理和监督的成本也会不断上升,因此需要优化治理结构,创新治理机制以便"对冲"(减少)专业化分工带来的成本。给定农户土地入股和劳动力入股的基本前提,"龙头企业+农户+合作社"的缔约结构就转型为"龙头企业+合作联社+专业合作社+农户"的缔约结构。本文作者在山西省太谷县观察到的经验事实正是如此。

在"联合社+专业性或专门性合作社+成员"框架下构造委托人利益最大化式子如下。ρ同样代表合作社的人均收益率,l是合作社(联社和分社)的总管理人员数量,σ_1、σ_2表示三层的治理结构中第二层和第三层的止损系数,$\rho l \sigma_1 \sigma_2$是合作联社某时段创造的总收益。x_1是合作分社数量,m_1是每个合作分社的人数,$m_1 x_1$代表合作社的工作人员的总数,为方便起见,我们假设$m_1 = x_1$,$m_1 = m_2$。m_2代表平均每个合作社管理人员管理的农户数量,那么委托人在合作社组织中的优化问题是:

$$\max_{\sigma_1, \sigma_2, m_1, m_2, x_1} [\rho l \sigma_1 \sigma_2 - \psi(\sigma_1) m_1 x_1 - \psi(\sigma_2) m_2 l]$$

$s.t.$

$$m_1 = x_1$$
$$l = x_1 m_2$$
$$0 \leq \sigma_1 \leq 1$$
$$0 \leq \sigma_2 \leq 1$$

为了求解利润最大化问题,还需做如下说明,$\psi(\sigma_1)$是合作分社工作人员的努力成本，$\psi(\sigma_2)$是合作分社中农户的努力成本，$\psi(\sigma_1)m_1x_1$是委托人为了监督专业性或专门性合作社有效率的工作需要付出的监督成本，$\psi(\sigma_2)m_2x_1$是委托人为了监督农户努力的工作需要付出的监督成本。并约束$m_1 = x_1$，$l = x_1m_2$。同时，假设工资成本函数$\psi(\sigma_i) = \sigma_i^3$。

首先依据约束条件，在上式中替换m_1、m_2，并将控制损失参数σ_1、σ_2视为外生参数，关于最佳合作分社的数量进行优化，即通过对x_1进行一阶变换，可以求得：

$$x_1 = \frac{\sigma_2}{\sigma_1} l^{\frac{2}{3}} 2^{\left(-\frac{1}{3}\right)}$$

根据所求得的x_1的值，将等式$x_1 = \frac{\sigma_2}{\sigma_1} l^{\frac{2}{3}} 2^{\left(-\frac{1}{3}\right)}$代入目标函数可以替换掉$x_1$，委托人在合作社组织中的优化问题如下：

$$\max_{\sigma_1, \sigma_2} \left[\rho l \sigma_1 \sigma_2 - \sigma_1 \sigma_2^2 l^{\frac{4}{3}} \left(2^{\left(-\frac{2}{3}\right)} + 2^{\frac{1}{3}} \right) \right]$$

$$令 \kappa = 2^{\left(-\frac{2}{3}\right)} + 2^{\frac{1}{3}} \approx (6.75)^{\frac{1}{3}} < 2$$

通过简化目标函数，可以表达如下式：

$$\max_{\sigma_1, \sigma_2} \left[\rho l \sigma_1 \sigma_2 - \sigma_1 \sigma_2^2 \kappa l^{\frac{4}{3}} \right]$$

由于最优规划问题依然是关于σ_1、σ_2的函数，但是很容易从上式看出目标函数是关于σ_1的线性表达式，因此，当$\sigma_1 = 1$时，目标函数可以在最优的σ_2处取得最大值。

令$\sigma_1 = 1$，进一步把目标函数简化为：

$$\max_{\sigma_2} [\rho l\sigma_2 - \sigma_2^2 \kappa l^{\frac{4}{3}}]$$

对上式求算 σ_2 的一阶导数，可得最优解：$\sigma_2 = \dfrac{\rho}{2\kappa} l^{-\frac{1}{3}}$。

因此，当组织规模进一步扩大，并因此成立联合社后，委托人在合作组织中的最大化收益可以表示为：

$$l\sigma_2 \left(\rho - \sigma_2 l^{\frac{1}{3}} \kappa \right) = (4\kappa)^{-1} \rho^2 l^{\frac{2}{3}} \approx 0.15 \rho^2 l^{\frac{2}{3}}$$

对比委托人在不同治理结构下的收益水平 $V_{M=2} = 0.5\rho^{\frac{3}{2}} l^{\frac{1}{2}}$ 与 $V_{M=2} = 0.15\rho^2 l^{\frac{2}{3}}$，假设合作社扩张到一定的规模，收益 $\rho^{\frac{1}{2}} l^{\frac{1}{6}} \geq 3$，则层级 $M=3$ 的收益显著优于 $M=2$ 的收益，也就是说，当合作规模扩张到一定程度时，增加层级的治理结构是有效率的。

命题3：在生产规模扩张和产品种类增加的背景下，只要市场容量足够大，并且在合作组织的生产扩张未达到市场容量的极限前，在合作组织内部进行基于优化专业化分工效率的治理结构的设置将会对冲（减少）由于扩大生产规模带来的额外的生产成本、监督成本和一切与经营有关的交易成本。用"龙头企业+合作联社+合作社+农户"的缔约结构替代"龙头企业+农户+合作社"的缔约结构能够同时提高合作组织的利润水平。

事实上，命题3蕴涵的经济逻辑与案例故事中的缔约双方在分工与专业化过程的选择机制所内含的经济逻辑是高度一致的。

六、结语

本文理论分析得出的命题及其推论与具体案例研究得到的经济逻辑完全吻合，在一定程度上证明了本文的分析实现了历史（现实）与逻辑的统一。农户和龙头企业组织起来并不会形成产业垄断，因为组织起来之后不会妨碍其他经济组织和更多农户介入农林生产，只不过组织起来后提高了农户和龙头企业的议价权，更关键的是，提高了农户的经济与社会地位。本文发现，由于龙头企业在农业产业化过程中的独特性质，土地和劳力入股的合作社虽然相较于国际合作社的"罗虚代尔原则"出现了一些异化现象，但它把传统"龙头企业+农户"模式中的外部市场关系内化到合作社组织的不同类型的成员之间，提高了农村资源的配置效率和农业经济发展的规模效率。通过缔约结构的变化，企业可以突破土地、劳动力、资金和市场的约束，和合作社实现兼容，龙头企业通过纵向一体化的手段，流转土地、雇佣员工，合作社则通过横向一体化的手段联合更多的农户，通过土地入股和劳力入股的方式激励更多的农户加盟合作社，共同缔结"龙头企业+合作联社+合作社+农户"的契约结构。这种契约结构锁定了双边的专用性资产投资，减少或节约了生产经营成本和交易成本，在合作社内部治理结构中揳进了激励相容机制。案例调查和理论分析均发现，公司领办型合作社是在横向联合的基础上再进行产业链的延伸，使纵向一体化和横向一体化融为一体，加快了农业产业化和现代化的历史进程。习近平总书记强调指出，积极发展农民股份合作，是探索集体所有制有效实现形式，发展壮大集体经济的必经之路。由此看来，本文的研究具有深刻的现实背景，是有其理论与实践意义的。

国家—村/社—农民：
社会主义中国"第三领域"

桂 华

一、提出问题：重新认识农村集体经济

农村集体经济属于社会主义公有制经济的一部分。集体经济是一个政治经济学概念。农村集体经济作为一部分劳动群众共同占有生产资料、从事生产经营、进行利益合理分配的实践活动，它涉及农民对生产资料的共同占有、使用和收益，集体经济管理因此具有了经济属性。另一方面，集体经济管理需通过农民集体行动来完成生产经营分配活动，涉及不同主体的权益实现、利益争夺，甚至引发利益纠纷，农村集体经济管理因此具有政治属性。学界与政策界通常是从经济角度关注农村集体经济问题，对其政治属性关心不足。本文拟将农村集体经济管理的经济属性与政治属性结合起来讨论。

农村集体经济属于集体所有制经济，集体所有制作为一种产权形式，在权利设置上具有对外排他性和对内竞争性特征。延续人民公社"三级所有，队为基础"传统，当前农村集体经济主要包括村民小组所有经济、行政村所有经济和乡镇集体所有经济三

种形式。这三种形态的集体经济，分别属于村民小组范围、行政村范围和乡镇范围内的"劳动群众共同所有"。也就是说，凡是本小组、本村、本乡镇的农民，都作为集体的一分子享有集体所有权益。村民小组、行政村和乡镇确定了集体对外的边界，在集体内部，由于集体所有不同于共有制，集体所有权益不能通过任何形式分割到个体头上，集体权益对内具有模糊性。个体农民与集体的关系通过集体成员权实现，个体农民作为组成集体的一个有机分子来享受和行使集体所有权。集体成员权是一种身份权利，它仅仅确定个体属于集体的组成部分，集体成员权不属于民法财产权，确认集体成员权的目的是划定集体的边界，不确认集体成员在集体中的"份额"或"股份"。区分集体所有权与共有制（包括"按份共有"与"共同共有"）本质差别是理解集体经济的基础。坚持集体所有制不变是农村改革的底线。

农村集体经济的对外排他性，源于利益稀缺性，农村集体所有的土地、道路、林木等，与空气、阳光一类无限充足、随意可取之物不同。在对内方面，由于集体所有权无法分割到个体，必须寻找解决集体权益在内部的有效分配办法。经过长期的制度演变，我国形成了"村民自治+集体经济管理"的集体所有权行使办法。公有与共有不同，共有制属于私权制度，本质是个体性权利的叠加，共有产权是私权主体各自让渡权利形成的。共有制通过"契约"连接，私权主体在共有权利中所占份额决定其在"契约"执行中的话语权（控股权）。社会主义公有制属于社会革命的产物,革命消灭私权,除抽象的人民(全体劳动群众或部分劳动群众)以外,没有任何个体性权利先于公有制存在,集体所有权行使无须按照某种"契约"进行。我国农村的做法是通过村民自治来行使集体所有权,如农村宅基地分配、土地承包方案制定、征地补偿款分配等,一般是通过村民大会或村民代表会商议决定。通常三分之二村民或村民代表表决通过的经济管理方案具备合法性。

村民自治提供了集体所有权行使的制度框架。问题在于,集体所有权行使并不容易。集体所有权对内不确认份额或股份,其模糊性引发成员之间博弈,激发政治能量,产生村庄公共治理。显然,没有公共治理活动可能满足每个成员的需求,追求百分之百满意的治理方案,反而会制造出人为的反对政治。追求绝对正义将陷入绝对不正义。也因此,集体所有权行使一定程度上是按照程序正义操作,譬如,通过集体决策时,常常会将三分之二的村民或村民代表意愿上升为公共意志。村民自治实践决定了集体所有制行使状态及其公正性。政治学的研究表明,以竞争性选举为核心的民主政治,合法性在"输入端"而非"输出端"[1]。村民自治也存在这个问题,即农民通过投票或其他方式形成的集体经济管理方案,仅仅是满足了形式上的"多数",却不一定结果合理。实践表明,在村庄熟人社会中开展民主选举,信息透明因素反而加剧了村民在投票表决中的策略行为,加剧村民自治的复

---

[1] 王绍光:《代表型民主与代议型民主》,《开放时代》2014年第2期。

杂性。[1]在不同地区、不同村庄,农民构成不同,社会分层和历史传统等因素影响村民自治实践。各地区村民自治质量参差不齐,集体所有权行使状态千差万别。

总的说来,农村集体经济管理作为基层治理活动,可从两个角度对其进行观察。在横向角度,集体经济管理与村民自治互为表里,包括土地分配、公共基础设施维护在内的集体经济管理活动,类似奥斯特罗姆观察的"公共池塘管理"。奥斯特罗姆认为,相对于私有化与自上而下管控(如计划经济)两种管理方案,一定范围群众自治是治理堰塘资源的最优选择。[2]采用村民自治方式管理农村集体经济,会让农民与农民发生利益纠葛,将村庄社会变成政治空间。在纵向层面上,个体所有制、社会主义集体所有制与社会主义全民所有制构成我国社会主义财产制度和经济制度的纵向序列,全民所有制是公有制高级实现形式,在公有制下如何保护个体私有财产,如何处理集体所有制与全民所有制关系,体现了国家与农民、国家与基层、中央与地方、政府与社会等的复杂关系。国有经济由政府部门管理,集体经济管理主体是农民集体经济组织,全民所有制经济和集体经济分别采用行政管理与自治管理,反映行政与自治的差别,体现国家对基层自治的定位。

---

[1] 桂华:《竞争性选举、党的领导与农村基层民主实践——对我国东部沿海两地经验的比较分析》,《南京社会科学》2018年第8期。

[2] [美]埃莉诺·奥斯特罗姆:《公共事务的治理之道:集体行动制度的演进》,余逊达、陈旭东译,上海译文出版社2012年版。

理解新型农村集体经济

综合上述横向关系与纵向关系，可将农村集体经济管理简单理解为处理农民与农民关系，以及处理国家与农民关系。本文将围绕这两对关系分析集体经济管理活动，视之为中国基层"第三领域"实践的例证。黄宗智教授提出并定义"第三领域"，认为借鉴西方"国家—社会"理论分析中国基层治理实践时，很容易将国家与社会处理为"国家和社会二元对立，非此即彼"①关系。黄宗智教授指出，中国基层治理中的"第三领域"表现出如下特征："它既非简单的国家正式体系，也非简单的国家/民间非正式体系，而是在两者互动合一的过程中所形成的中间领域，具有其特殊的逻辑和形式。"②黄宗智教授建构的"第三领域"极大地丰富了国家与社会关系理论，将实践中"国家与社会间的并存、拉锯、矛盾、互动、相互渗透、相互塑造"③的复杂特征揭示出来，成为一个充满想象力的分析性概念。

过去十多年中，黄宗智教授多次对"第三领域"进行理论分析，并且进行了丰富的实证研究。将"第三领域"概念运用于对实际问题的分析，关键是在具体经验中揭示国家与社会的辩证关系及其实践形态。在此方面，黄宗智教授分析了民间纠纷调解、基层法治秩序、村庄治理等问题，展示出"第三领域"概念的学

---

① 黄宗智：《重新思考"第三领域"：中国古今国家与社会的二元合一》，《开放时代》2019年第3期。
② [美]埃莉诺·奥斯特罗姆：《公共事务的治理之道：集体行动制度的演进》，余逊达、陈旭东译，上海译文出版社2012年版。
③ [美]埃莉诺·奥斯特罗姆：《公共事务的治理之道：集体行动制度的演进》，余逊达、陈旭东译，上海译文出版社2012年版。

术价值。在村庄治理方面，黄宗智教授回顾华北与江南地区百年来的治理演变，指出"国家与村社的二元合一治理"逻辑贯彻于传统时期到改革开放之后，显示"第三领域"的持久存在，我国不同时期乡村基层治理存在着既非被国家单一控制也非完全自主的特点。承认这一点之后，还需认识到近百年来我国乡村社会发生的巨变。乡村经历了千年变局，必然也会推动基层治理变化，因此，有必要分析不同时期"第三领域"的具体实践形态。本文将从集体经济运行的角度切入对乡村"第三领域"分析，揭示村社集体组织在当代中国基层治理中的重要意义。

在具体展开之前，先介绍本文思考的来源。将集体经济和农村土地放在基层治理范畴中研究，是笔者所在研究团队近年来推进的一个重要议题。[①]从个人研究上看，笔者将这个议题操作为两个层面。第一层是将自主治理理论引入对农村集体经济管理和集体土地制度的分析，探讨村民自治框架下集体所有权行使的公共治理过程。[②]第二层是讨论集体产权制度改革对基层治理的影响，分析农村集体"股权量化"与"政经分离"改革产生的政治后果。[③]另外，2023年笔者所在研究团队又提出研究农村集体经

[①] 参见贺雪峰：《农村集体产权制度改革与乌坎事件的教训》，《行政论坛》2017年第3期；贺雪峰：《论农民的地权意识与公共治理——以珠三角地区为例》，《北京工业大学学报（社会科学版）》2018年第1期；杜鹏：《土地与政治》，华中科技大学博士论文2018年；仇叶：《土地、农民与国家政权——浙江、苏南、珠三角的区域比较研究》（未刊稿）。

[②] 桂华：《竞争性选举、党的领导与农村基层民主实践——对我国东部沿海两地经验的比较分析》，《南京社会科学》2018年第8期。

[③] 桂华：《产权秩序与农村基层治理：类型与比较——农村集体产权制度改革的政治分析》，《开放时代》2019年第2期。

济的新角度，提出通过改造村社集体来重建基层治理体系。①本文在延续前两层研究的基础上，拓展第三层面的研究。文中的经验材料，来自笔者调研与团队成员收集。

二、国家—村/社—农民："第三领域"结构与转型

黄宗智教授提出"第三领域"概念，目的是避免将国家与社会对立，尽管我们分析时需要将国家与社会交叉的部分揭示出来，但是这并不意味否认国家与社会的实体性质。②同理，分析时将国家与社会二元关系，变成国家、"第三领域"、社会三元关系，并不否认近代以来国家对加强基层社会渗透干预的总体趋势随着现代国家政权建设推进，近代以来国家与农民关系、国家与社会关系都发生深刻变化，乡村"第三领域"发生了结构转型。

（一）社会革命、土地制度与国家农民关系改造

黄宗智教授认为，"第三领域"所显示的国家与基层社区复杂关系，"源自中华文明的国家与社会、道德理念与实用主义运作的二元合一治理思想"，这一道德意识形态与实用主义意识形

---

① 参见贺雪峰：《农民组织化与再造村社集体》，《开放时代》2019年第3期；贺雪峰：《如何再造村社集体》，《南京农业大学学报（社会科学版）》2019年第3期。

② 黄宗智：《重新思考"第三领域"：中国古今国家与社会的二元合一》，《开放时代》2019年第3期。

态混合的社会传统具有持久生命力，并且在不同时期表现为"第三领域"实践上的差异。[1]通过与西方自由民主传统对比，黄宗智教授构建中国国家与村庄二元合一的治理形态，提出基层"简约治理"基本模式，然后将其运用于对民国时期、集体化时期和改革时期的分析，展示近代我国农村基层治理演变。这三个时期基层治理主线是现代国家政权建设。黄宗智教授对基层"第三领域"的分析，向我们展示在现代国家政权建设背景下基层社区维持一定的自主性的面向。

本文将近代农村基层治理变化处理为新中国成立前、集体化时期与改革开放后三个阶段。这么划分，目的是凸显集体经济与土地因素在基层治理中的价值。

民国时期已经开启了现代国家政权建设，这一时期的现代政权建设并不彻底，推翻清朝统治之后，民国政府很晚才结束军阀混战状态，并且形式上统一的民国政府对基层社会控制能力很弱。一些研究发现，这一时期的国家政权建设加速了基层社会秩序瓦解，却没有提供有效的替代治理体系，[2]出现"法治秩序的好处未得，而破坏礼治秩序的弊病"[3]。

真正成功建立起现代国家政权，是新中国成立后由共产党领导完成的。共产党领导下的新中国政权，迅速建立起一套行之有

---

[1] 黄宗智：《国家与村社的二元合一治理：华北与江南地区的百年回顾与展望》，《开放时代》2019年第2期。
[2] 杜赞奇：《文化、权力与国家——1900—1942年的华北农村》，江苏人民出版社2003年版。
[3] 费孝通：《乡土中国》，上海人民出版社2007年版，第55页。

效的行政体系，既具有专断能力，也具有渗透能力，并且取得广大工农群众的认同，具备高度政治合法性。新中国政权与民国政权的差别不仅体现在合法性基础（阶级基础）和治理效率上，还体现在基层治理目标的差别上，新中国政权积极改造社会，实施积极治理，民国政权对乡村基层采取消极治理态度。消极治理秉持"民不告、官不究"理念，乡村基层主要靠内生力量维持秩序，不规划，法律不主动下乡，随遇而安。中国共产党领导下的政权建设通过革命形式实现，在政治革命和社会革命的基础上，打破基层旧秩序，建立基层治理新秩序。

土地革命是共产党实施社会革命的基本手段。[1]人与土地是组成社会的最根本要素，土地属于不动产，人类几乎所有活动都发生在土地上，土地制度是最基本的政治社会制度。新中国成立后，通过发动全面土地改革运动，取消地主所有制，建立小农所有制，之后又经过合作化运动逐步取消土地私有制，建立社会主义土地公有制，确立我国土地制度的"宪法秩序"。现代土地制度主要包括两种类型，第一种是通过资产阶级革命建立的资本主义土地私有制消灭"风能进，雨能进，国王不能进"的封建地权，剥离土地的身份性，将土地变成通过市场配置的生产要素。第二种是社会主义土地公有制，消灭土地私有制，禁止土地变成私人财产物，禁止土地所有权买卖，避免私人通过土地占有攫取

---

[1] 温铁军提出，"近半个世纪以来中国农村经济制度的变迁，可以被概括为国家工业化进程对农村传统组织、制度资源进行的改造和利用"。参见温铁军：《"三农"问题与制度变迁》，中国经济出版社2009年版，第7页。

社会财富，消灭土地食利阶层，消灭剥削，实施按劳分配制度。①重建土地所有制是完成社会革命的基本标志。

1956年第一届全国人民代表大会第三次会议通过的《高级农业生产合作社示范章程》规定，将社员的土地转为合作社集体所有，取消土地报酬，1961年中央工作会议通过的《农村人民公社工作条例（草案）》确立"三级所有，队为基础"的人民公社基本建制。经过土地制度改革，农民被整合进村社集体，以高度组织化的形式与国家对接，改变农民一盘散沙状态，打破基层社会封闭形态，为国家提高渗透力奠定基础。在村社集体组织中，国家与农民的关系以及农民与农民的关系都发生根本性变化，国家与社会"二元合一"形态与新中国成立之前截然不同。

高度组织化的人民公社体制，在维持基层社会秩序、维护社会公平、改善农村基础设施和提供底线福利等方面，起到十分积极的作用，但是也存在管理效率方面的问题。20世纪70年代末期，我国启动农村改革，改革的基本逻辑是坚持集体所有制，放活农业经营权，恢复家庭经营单元。农村改革的目的是通过"经营制度"调整来提高经营效率。土地是最基本的农业生产资料，以家庭联产承包责任为标志的农业经营制度改革，焦点在土地分配上。围绕家庭联产承包责任，农村推行"所有权归集体，使用权归农户"的土地承包经营制度，通过产权分割，将集体公有的土地生产资料配置给农户分散经营，激发农民生产经营积极性。

---

① 桂华：《中国土地制度的宪法秩序》，法律出版社2007年版，第77—88页。

随着家庭联产承包责任实施，农村集体经济从集中经营走向分散经营，集体经济组织从直接经营走向统筹经营。基层治理的经济基础发生变化，村庄内部利益关系重构，基层治理模式也发生变化。伴随家庭联产承包责任制实施和人民公社体制取消，我国同步发展出村民自治体制，在农村建立村民委员会和群众性自治组织，替代传统的公社大队管理体制，实施"村民自我管理、自我教育、自我服务"。

改革开放以来，农村改革的总体趋势是削弱集体、放活农民，绝大多数农村集体经济采取"能卖则卖，不能卖则包"的管理方式。法律上可分的集体财产，通过各种形式变成私人所有，如集体企业、集体林权；法律上不可分的集体财产，采取"公有私用"，将使用权交给个人；没有经济价值的公益性集体财产，如公共基础设施，采用集体统一管理模式，变成集体负担。[1] 目前农村改革聚焦在集体土地上，土地制度改革难点是如何处理所有权与使用权的关系。当前的矛盾表现为，农户手中的土地使用权权能过于强大，集体所有权被虚置。

（二）乡村"第三领域"的结构转型

传统时期国家消极地治理基层，除了那些非管不可的事物（如河道治理），国家将无关紧要的"细事"留给民间处理，前提是乡村社会具备自我维持秩序的能力。黄宗智教授分析清代民事

---

[1] 桂华：《产权秩序与农村基层治理：类型与比较——农村集体产权制度改革的政治分析》，《开放时代》2019年第2期。

司法体系指出,对于土地、债务、继承、婚姻和赡养一类纠纷,"国家认为这些事情最好由(社区、亲族)以妥协为主的纠纷调解机制而不是国家以依法断案为主的法庭来解决"[1]。诸如此类的大量纠纷无须经过官方介入就能得到妥善解决,是因为社区组织和亲属组织切实发挥作用。

理解传统时期的乡村"第三领域"实践,关键要抓住村庄社区和亲族组织。农民生活在村庄熟人社会中,村庄具有强有道德规范,村庄通过舆论、面子等手段约束个体行为,制裁违规者,社区提供正义和救济。贺雪峰指出,作为农民基本生活单元的核心家庭,无法解决农民公共生活需求,在家庭之上发展出另外一层认同与行动单元,以解决互助合作、公共品供给问题,形成双层行动结构。[2]我国不同地区农民认同与行动单元存在差异,且具有鲜明的区域特征。南方地区村庄与宗族重合,呈团结形态;北方地区村庄内部分为多个小亲族,呈现分裂结构;中部地区多姓杂居,家族结构发育不完整,呈现分散形态。[3]农民认同行动单元不同,农民的集体行动能力不同,村庄结构影响基层治理。

结合我们对全国农村区域差异的研究来看,家庭之上的认同与行动单位包括宗族、小亲族、五服家族等不同形式。农民认同

---

[1] 黄宗智:《集权的简约治理——中国以准官员和纠纷解决为主的半正式基层行政》,《开放时代》2008年第2期。

[2] 贺雪峰:《农民行动逻辑与乡村治理的区域差异》,《开放时代》2007年第1期,第105—121页。

[3] 贺雪峰:《论中国农村的区域差异——村庄社会结构的视角》,《开放时代》2012年第10期;桂华、贺雪峰:《再论中国农村区域差异——一个农村研究的中层理论建构》,《开放时代》2013年第4期。

与行动单元越大，村庄组织能力越强，基层治理越是有序。农民认同与行动单元越小，"自己人"范围越窄，村庄越是分散，可治理的公共事务体量越小。宗族、小亲族、五服家族等都是基于血缘关系拓展形成的社会组织，农民之间靠私人关系联系，农民行动逻辑遵循特殊主义原则，农民采取内外有别、亲疏远近方式采取行动。另一方面，上述这些认同与行动单元超越家庭，是比家庭小私范围大的大私组织。[1]村庄（家族）大私组织是维系传统时期基层治理的基石。

传统时期"皇权不下县"，在国家与农民之间横跨着村庄（家族）组织。国家代表大公，天下为公，国家也为公，农民家庭代表小私，通过村庄（家族）大私组织，沟通国家大公与农民小私。村庄（家族）大私组织，本质是私的逻辑。传统时期的基层"第三领域"属私的性质，基层社会秩序遵循乡土逻辑（人情面子）、依照民间规则、受地方性知识支配、坚持情理取向。

现代国家政权建设针对地方性，打破地方性，将农民从地方性中解放出来，打破特殊主义逻辑，建立普遍主义逻辑。中国共产党领导发动土地改革，不仅是重新分配生产资料，而且通过土地改革动员组织农民，完成社会革命。通过土地革命，农民不仅实现经济上的"翻身"，而且实现了社会角色和政治身份上的"翻身"，农民变成社会主人和政治主体。站在基层治理角度看，

---

[1] 贺雪峰：《公私观念与中国农民的双层认同——试论中国传统社会农民的行动逻辑》，《天津社会科学》2006年第1期；赵晓峰：《公域、私域与公私秩序：中国农村基层半正式治理实践的阐释性研究》，《中国研究》2013年第2期。

土地革命瓦解传统"统治"的经济基础，社会革命与政治革命瓦解传统"统治"的合法性基础，族权、绅权、父权都被打倒，农民从依附性、压迫性、不平等的传统关系中解放出来，进入男女平等、父子平等、阶级平等的现代关系中。这是革命的目标。现实中，农民被解放出来之后，面临重新组织的问题，传统的村庄（家族）组织被打破之后，国家又建立起"三级所有，队为基础"的政社合一组织。农村生产小队与生产大队与村庄社区自然边界大体重合，建立在土地公有制基础上的村社集体组织，依然保留熟人社会性，吸收地方性。但是其组织方式从传统时期以血缘为纽带的私人关系，转变成为依靠集体经济身份为纽带建立的公共关系。建立在土地公有制上的村庄集体属于公的组织，国家是大公，村社集体是小公。

通过革命，中国共产党改造乡村"第三领域"结构，将其从私领域改造为公领域，国家与农民的纽带从传统的村庄（家族），变成现代政权体系下的村社集体。乡村治理开始引入现代法治，重视权利保护，遵循普遍主义原则，"亲亲相隐"不正当。

改革开放之后，随着农村改革尤其是集体土地制度改革推进，乡村"第三领域"又发生新的变化。绝大部分农村的集体经济组织很弱，集体组织丧失对公有财产的控制，集体所有权虚置。在此背景下，村庄公共治理的经济基础缺失，村民自治丧失活力，村社集体内部动员能力弱化，农民原子化，国家无法对接分散的农民。

农村土地制度变革以及集体产权制度改革，改变农民与国家的中间组织形式，进而改变国家与社会关系。在此过程中，乡村"第三领域"发生了结构转型。不同时期乡村"第三领域"具备不同特征，见表1。

表1 乡村"第三领域"结构与转型

	"第三领域"组织载体	"第三领域"结构	治理模式	制度基础	治理逻辑
传统时期	社区（家族）	大公—强大私—小私	消极治理	私有制	特殊主义、地方主义、情理取向
集体化时期	人民公社	大公—强小公—小私	解放政治	公有制	普遍主义、国家主义、政治话语
改革开放后	自治组织	大公—弱小公/弱大私—小私	乡政村治	公有私用	普遍主义、群众自治、法治话语

三、农村集体经济运行与基层治理：三个地区比较

全国农村集体经济大体可分为两种形态。第一类是在东部沿海地区，工业化城镇化起步早，受城镇化工业化辐射，集体资源资产升值空间大，集体经济相对发达。第二类分布在广大中西部地区，土地农用，集体资源资产价值有限，集体经济相对薄弱。利益是激活村庄治理的首要因素，公共利益越多地区，村庄治理越是活跃。同样属于东部沿海地区，受区位、资源禀赋和政策等

因素影响，改革开放后，珠三角、长三角和浙江地区采用不同发展方式，形成了差别化的"珠江模式""苏南模式"与"温州模式"。上述三个地区的农村集体经济管理存在差异，并因此影响三个地区的基层治理状况。本节比较三个地区的集体经济管理方式与基层治理状况，呈现二者关系，分析基层善治的条件。

（一）公有公享模式下的苏南农村基层治理

"苏南模式"以集体经济发展好而著称。苏南地区的集体经济大体经历三个阶段。

一是20世纪90年代中期之前的乡镇企业阶段。改革开放之后，苏南农村抓住机遇，在社队企业基础上，兴办乡镇集体企业，带动当地经济社会发展。苏南乡镇企业所有权经营权在集体经济组织，乡镇企业属于劳动群众利用集体生产资料、共同劳动、依靠自身积累资金发展的生产经营组织形式。乡镇企业收益，大部分以工资形式分配给参与劳动的群众，提取一部分用于扩大再生产，还提取一部分公益金，用于公共支出和福利分配。乡镇集体企业按照共同占用、共同生产、按劳分配、福利保障的社会主义公有原则经营管理。20世纪90年代之后，我国逐步度过短缺经济时代，由卖方市场变成买方市场，乡镇企业效益逐渐回落。20世纪90年代中期，苏南地区全面启动乡镇企业改制，苏南集体经济度过第一阶段。

二是集体资产管理阶段。苏南地区通过兴办乡镇企业形成大量固定资产，企业改制后，私人获得企业经营权，集体保留厂房所有权和集体土地使用权，私营主体向集体缴纳厂房使用费和土地租赁费。乡镇企业改革之后，苏南农村集体经济主要来自厂房和土地租赁收益。伴随着乡镇企业改革，农村推行第二轮土地承包，苏南农民很早就被吸纳到乡镇企业就业，离土不离乡，借第二轮土地承包，很多农民退出责任田，承包地逐步被集体集中控制。集体经济组织将土地权利集中后，再对社会主体公开发包，形成"家庭农场"一类适度规模经营主体，实现土地资源有效利用。

三是城镇化阶段。近年来，苏南地区为破解工业化城镇化面临的土地指标稀缺问题，推行"土地换社保，宅基地换房"政策，农民退出土地承包经营权，从政府获得一定年限的社保补贴，农民退出宅基地和房屋，按照一定面积比例置换政府统建的安置房。退出土地承包经营权和退出宅基地使用权，意味着农民放弃最重要的两项集体权利。"土地换社保，宅基地换房"政策将农民从土地上剥离，是对20世纪90年代开始的农民"离土"趋势的深化，农民从"离土不离乡"变成"离土又离乡"，通过这项政策推动农民市民化，极大地提高了当地的城镇化率。

苏南地区集体经济在上述三个阶段存在共同特征，即保持集体经济组织对集体资源资产的强有力控制。农村土地属于集体所有，企业属于集体经营，企业收益属于集体收入，厂房土地租赁收入也属于集体公共收入。对于集体公共收入，任何个体农民不拥有自然份额，苏南集体经济组织按照按劳分配与福利分配两个基本原则行使集体所有权，体现集体高于个体又服务个体的运行逻辑。2016年中共中央、国务院印发《关于稳步推行农村集体产权制度改革的意见》，要求推行农村集体经济"股权量化"改革。受政策压力，苏南一些村庄象征性地进行集体经济股权改革，确定股权之后，只拿出极少部分集体收入用于股权分红，绝大部分集体收入用于公共治理开支和社会福利支出，体现公有公享特征。

大量的集体收入用于公共治理支出，如村庄卫生费，苏南地区的村庄治理保持良好状态。推行"土地换社保，宅基地换房"政策时，当地政府严格执行"一户一宅，福利分配，面积核定"原则，确定房屋置换标准，保障公平。苏南农村集体经济组织十分有效地管理集体资源资产，村庄内部不存在多占多建情况，农民之间利益纠纷少，政府执行政策时也很少遇到"钉子户"。苏南地区坚持集体所有制，并很好地行使集体所有权，保持治理有效。

（二）共有共享模式下的珠三角农村基层治理

珠三角地区的农村集体经济实力在全国最强。珠三角地区的集体经济运行模式与苏南地区差异极大。

与苏南不同，珠三角地区农村没有经历过集体兴办乡镇企业阶段，珠三角地区的集体经济属于地租经济。改革开放之后，珠三角农村利用"三来一补"企业大量进入契机，实施集体土地自主开发。农村集体经济组织在农用地（包括未利用地）上建设厂房，向企业出租，获取大量的土地非农开发收益。除集体经济组织滚动开发厂房物业之外，集体还向农民审批超过政策规定面积的宅基地，农民自建物业，获得大量的出租房收入。

为了更好地开发集体土地，20世纪90年代初期，南海市（今佛山南海区）推行土地股份合作社，将农民手中的土地权利集中到集体经济组织，土地承包经营权变股权，集体经济组织统一进行土地非农开发，农民获得股权分红收益。与苏南地区相似，珠三角地区也经历了集体土地从分散承包向集体集中转变，破解土地一家一户分散控制土地，对城镇化和工业化的阻碍。不过，珠三角地区的土地集中是以股份合作社形式实现，即先确认一家一户的股权，再对土地进行集中和开发。土地集中开发后的收益按照股权分配给农民。通过股份合作社完成的土地集中，不同于集体所有制下的集中，前者是共有制，后者是公有制。2004年前后，股份合作制做法在珠三角地区全面推开，之后又向全国推行。

经过一系列改革，珠三角地区的农村集体经济组织完成从公有制向共有制的转变。改制后的农村集体经济组织按照共有共享模式运行。共有制承认农民的个体性权利优先，合作社名下的资产，通过股权分割到个人，集体收益是个体收益的加总。股民制定合作社章程，合作社对股民负责。

在集体经济股份化改制的基础上，珠三角地区又进一步推行"政经分离"改革。股份化之前，农村集体经济组织与村民委员会组织合二为一，受基层党组织领导和乡镇政府指导。改革之后，股份合作社成为独立法人组织，股民选出村庄经济合作社理事会，与村委会分离，形成理事会、村委会、党支部三套班子独立运行机制。推行"政经分离"后，村庄经济合作社按照合作社章程运行，村委会不干预合作社，党支部也不直接领导合作社。"政经分离"后，村庄治理的经济基础与上层建筑的脱离，离开集体利益激活，农民不关心村庄公共治理，基层治理能力极大弱化。

当前珠三角农村基层治理存在几个矛盾。一是村庄公共治理能力不足。珠三角地区很多村庄土地物业收入每年超过亿元，但是这些集体收入在分配之前，已经通过股权确认到个人，村庄收入绝大部分要用于分红，基层组织可支配的公共开支很少，村庄治理水平不高。二是分红压力。村庄经济合作社对股民负责，绝大部分农民只关心每年分红，不关心村庄持续发展，经济合作社面临分红压力。近年来，珠三角地区企业开始向东南亚转移，当地厂房和土地租金收入下降，农民已经形成土地食利心态，要求合作社每年提高分红标准，并通过合作社换届选举施压。部分村庄合作社举债给农民分红。三是国家政策执行难。珠三角农民认为土地是祖业，归家族和村庄所有，反对国家征地，不认可土地规划和建设管控。政府执行土地政策、实施土地征收、拆除违建时，常引发群体性事件。[1]

---

[1] 贺雪峰：《农村集体产权制度改革与乌坎事件的教训》，《行政论坛》2017年第3期。

（三）公有私占模式下的浙江农村基层治理

与苏南地区和珠三角地区相比，浙江地区的农村集体经济实力薄弱。这与改革开放后浙江地区选择民营经济的发展方式有关。浙江地区农村集体经济组织较早退出乡镇企业经营活动，也没有像珠三角地区那样进行大规模的土地集体开发，浙江地区大部分村庄的集体收入不多。土地是最核心的集体资产，浙江农村集体土地采取公有私占开发模式。[①]

实施家庭联产承包责任制之前，浙江地区部分村庄也办过社队企业。改革开放之后，苏南地区在社队企业基础上大力发展乡镇集体企业，浙江地区则很快将社队企业变成民营化。20世纪80年代，浙江地区对农村集体企业实施经营承包，比苏南集体企业改制早十多年，在民营企业被政策承认之前，浙江地区出现大量"戴帽企业"。[②]浙江地区民营经济富有活力，很多民营企业最早是从家庭作坊、夫妻店发展起来。我们在浙江地区一些村庄调查发现，当地村庄中有三分之一的农民，曾经办过家庭作坊，大多数农民失败，极少数成功者做成上市企业，甚至发展为全国五百强民营企业。

这些从基层走出来的民营企业，起步在村庄，起点是家庭作坊。开办家庭作坊，产业做大，制约因素是土地。当地农民的做

[①] "公有私占"模式是仇叶总结概括的。参见仇叶：《土地、农民与国家政权——浙江、苏南、珠三角的区域比较研究》（未刊稿）。

[②] 参见孙敏：《农村集体土地所有权式微的实践逻辑及其困境——基于宁海县某镇近郊土地开发历程的思考》，《北京社会科学》2018年第11期。

法是先购置一两台机器和车床，利用自己闲置房屋，从事加工活动，然后逐步扩大，在宅基地上兴建厂房。再下一步是扩大宅基地面积，或者是向集体购买土地（使用权），建设更大的厂房。少数规模较大企业，搬出村庄，进入工业园区。村庄土地是民营经济发展的基础，农民能否扩大宅基地面积、能否越过规划建房、能否从集体获得闲置土地使用权，决定其发展空间。浙江农民兴办企业积极性高，民营经济活跃，在村庄内部引发对集体土地资源的激烈争夺。

自20世纪80年代开始，浙江农村一些集体经济组织就将社队企业留下的集体土地和厂房处置给私人，一些具有市场眼光的农民，获得厂房所有权和集体土地长期使用权，实现土地私占。在集体公共土地被私人逐步占有之后，农民开始在宅基地上竞争，符合条件的农民向集体申请宅基地，经济实力雄厚的农民向贫困户购买宅基地指标，形成村庄内部土地占有面积与经济分化高度契合形态。到浙江部分村庄调研，观察当地农民房屋风格、面积、层高，大体可推断出户主的经济状况。民营经济富有活力，背后是个人奋斗和农民之间的竞争，浙江地区村庄内部阶层分化明显。通常是经济条件越好的农民，占有土地越多，违建面积越大，一些贫困户将宅基地指标卖掉后，一家几口居住在破旧低矮的老房子中，反差强烈。

浙江农民崇尚个人奋斗，集体观念不强。浙江地区的农村经济组织对集体资源资产统一经营管理不强，集体资源被私人占有，利益分配不均，引发村民博弈。集体土地是公共的，能否获得公共利益，关键是控制村委会。围绕着集体公共利益争夺，浙江农村的村民选举被激活，一段时期内曾出现换届选举中"贿选"现象。村庄内部派系对立，村庄政治分层，企业老板竞选村干部，形成富人治村局面。浙江地区的村庄政治被利益激活，被激活的村庄政治并不带来公共事务的有效治理，反而常常出现派系对立，致使公共治理失败。集体经济管理不善，公有利益不公享，村庄内部充斥着政治上的反对和博弈，无法达成集体行动，集体经济公有私占管理方式损害基层治理。

（四）基层善治的条件

三个地区的差异显示集体经济管理与基层治理的关联性。集体经济有效管理是基层善治的条件。

农村基层善治包含两层内涵。一是村庄内部，农民具备集体行动能力，在公共事务上达成统一，相互合作，抑制钉子户，个人行动指向公共利益，农民能够挑选出好的村干部，并有效监督干部行为。二是纵向上处理好与国家的关系，农民认同国家，严格执行法定政策，对于一些解释空间较大的政策，能够结合村庄实际情况执行。

苏南地区的基层治理最有效。在集体经济公有共享模式下，苏南地区的集体收入转化为公共服务能力，公共利益公平合理分配，农民之间不存在纠纷，村级组织满足农民的需求，村民与村级组织良性互动。在对外方面，土地公有观念深入人心，苏南农民认为集体所有与国家所有实质是统一的，政府给予合理安置补偿后，农民自愿退出土地权利，土地增值收益滋润国家与农民关系，农民获得的利益越多，对国家认同越高。

珠三角地区的基层治理呈现相反状态。一方面，当地集体收入用于分红后，村庄内部公共服务能力不足；另一方面，珠三角地区农民对土地租金收入高度依赖，土地股份合作社强化农民的私权意识，农民反对土地管理政策。土地增值收益将农民捆绑在一起，共同对抗国家政策，形成村庄"土围子"。

在集体经济公有私占模式下，浙江地区的基层治理呈现政治能量大、治理效能低的特点。

农村集体经济管理模式影响基层治理状况，三个地区的差异，可从公私关系的角度解释。苏南地区的农村集体经济是公有性质，集体收入巩固村社集体地位，对内整合农民，对外连接国家，形成国家（大公）—村社集体（小公）—农民（小私）结构，构建起国家与农民、农民与农民、国家与社会的良性关系，实现基层"第三领域"有序运作。珠三角地区的农村股份合作社是共有性质，共有遵循私的逻辑，合作社属于大私组织，地租收入强化农民私的观念，国家与农民被大私阻隔，形成农民团结起来排斥国家政策的对抗性结构。浙江地区的公有私占模式，造成农民分化，农民一盘散沙，集体行动能力弱，村庄自治能力不足，同时也不具备对抗国家政策的能力。

综合以上分析，将三类地区的基层治理逻辑和"第三领域"运作方式，呈现为表2。

表2 三类地区基层治理逻辑比较

地区	集体经济	"第三领域"结构	治理状况	典型特征
苏南地区	公有公享	大公—小公—小私	有效治理	村级规范运行、信访少
珠三角地区	共有共享	大公—大私—小私	公共服务不足	土围子、群体性事件
浙江地区	公有私占	大公—小私	竞选政治	派系斗争、反对派举报

四、重建村社：
建设面向未来的乡村治理体系

上面分析的三个地区都位于我国沿海经济发达地区。占全国农村多数的中西部村庄，当前依然保持农业形态。农地农用，土地没有增值空间，集体收入来源不足影响中西部村庄治理。村庄治理状态不仅受集体收入多少影响，关键还取决于集体经济管理模式。当前中西部地区的村庄治理困境很大程度上是由集体土地制度改革思路错误造成。推进集体治理体系现代化，提升农村现代基层治理能力，出路是调整土地制度改革方向，重建村社集体组织。

（一）集体土地制度改革与乡村治理困境

改革开放后，绝大部分农村走上分散经营道路，保留统一经营的村庄很少，如南街村、华西村。在分的思路下，农村集体经济组织控制的资源资产很少,改革的底线是集体土地所有权不变。集体土地经营使用权利通过土地承包分配给农户,如何设置土地承包经营制度,以及如何划分集体与农户的权利边界,是农村改革的主线。

家庭联产承包责任制属于农业经营制度,土地承包经营制度是家庭联产承包责任制的基础,土地制度服从于农业经营制度。以20世纪90年代中期实施的第二轮土地承包为分界点,农村土地制度发生性质变化。第二轮土地承包之前,集体组织向农民发包土地,目标是激发农民生产经营积极性。土地属于生产资料,农民属于劳动者,通过土地承包实现劳动者与土地生产资料的有效结合。在这一时期,设置土地承包期限和土地调整制度,是基于方便农业生产和提高农业经营效率做出的。第二轮土地承包之后,农村土地制度从生产经营制度向财产制度转变,财产权话语替代了农业经营话语,土地从生产资料变成私人财产物,承包户从农业生产经营主体变成占有土地的财产主体。[①]土地承包经营制度性质变化的显著标志是,原土地承包关系依据合同法执行,土地承包经营权属于债权,后来土地承包经营权被纳入物权法保护,土地承包经营权变成物权。

土地承包经营制度异化影响农业经营效率,土地权利被大量外出务工农民占有,违背"地尽其利"原则。另外,随着土地承包经营权逐步被强化,农民不仅有权使用土地,而且在不使用的

[①] 桂华:《从经营制度向财产制度异化——集体农地制度改革的回顾、反思与展望》,《政治经济学评论》2016年第5期。

情况下占有土地，可选择流转，也可摆荒。近年来国家开始试行土地承包经营权抵押政策，进一步扩大农户对土地的处置权。土地产生的利益有限，土地上的权利也有限，农户拥有的权利越大，则集体所有权越空虚。集体经济组织不掌握土地权利，丧失基层治理抓手。

集体土地所有权虚化，让中西部村庄普遍陷入治理困境。以农村公共品供给为例，国家财政项目资金投向村庄过程中，在工程落地过程中，常常遭到农户阻挠。项目施工涉及土地占有，土地实际控制权在农户手中，集体无法调整土地，也没有能力给予补偿，出现公益与私利冲突，降低国家资金投入效率。

农村土地承包经营制度被固化后，国家又开始推行集体产权制度改革，要求将集体资产量化为股权，分配到个人，同时推行"政经分离"改革。集体产权制度改革的后果是进一步虚化集体，抽空基层治理的公共利益基础，破坏村社集体作为国家与农民关系的纽带。改革后，集体所有制被法定的土地承包经营权、个体化股权抽空，村社集体瓦解，村民自治丧失活力，国家直接与千家万户农民对接，乡村"第三领域"从国家与社会二元合一形态，变成国家与农民分离、国家与社会疏离状态，基层治理能力大幅下降。

（二）重建乡村治理体系

进入21世纪以来，我国乡村治理发生巨大变化。其一，税费改革改变国家与农民的制度性联系。其二，农村土地制度改革与集体产权制度改革，改变连接国家与农民的组织载体。其三，乡村自身也发生巨大变化，城镇化推动农民流动，村庄社会开放，基层熟人社会逐渐解体。国家提出治理体系和治理能力现代化的改革目标，基层治理改革需回应农村需求。

建设现代农村基层治理体系，前提是对乡村发展方向做出整体判断。当前我国进入全面建成小康社会攻坚阶段，城镇化工业化将继续推进，农村城镇化是未来一段时期不会改变的趋势。乡村人口基数庞大，未来我国进入城镇化较高阶段后，依然会有数亿人口生活在农村。乡村基层治理不可能实现国家与千家万户农民的一一对接。至少在未来二三十年内，国家依然需要通过某种中间组织载体建立与农民的联系。乡村治理依然要维持国家与社会"二元合一"形态，"第三领域"依然存在。

重建乡村治理体系，有几种值得探讨的可能形式：

一是重建村庄熟人社会。村庄（家族）组织在我国基层治理中一直发挥基础性作用。中国共产党领导完成社会革命，改造基层组织方式，重建基层社会，但是村庄熟人社会依然被保留下来。集体化时期和改革开放之后，基层治理单元与村庄社区一定程度重合，熟人社会因素深刻影响基层治理。改革开放后，我国城镇化率以每年超过1%的速度提高，尤其是2000年之后，农民大量进城，村庄边界开放，村庄社会共同体解体成为不可逆的趋势。在此背景下，重建传统意义上的村社熟人社会不大可能，乡村治理必须适应乡村社会"半熟人化"甚至"陌生化"趋势。一些学者倡导乡村儒学，教授农民读经，试图恢复传统的文化教化，用道德手段重建基层社会关系。这类做法在私人生活领域可能会有一定效果，能够遏制农村地下教会扩散，但是很难建立起乡村公共治理根基。

二是建立横向的农业经济组织。主要是各类专业性农业合作社，包括生产种植合作社、销售合作社、农机合作社等。这类合作社有利于解决小农户与大生产的矛盾，以及小农户与大市场的矛盾。农业合作社聚焦于经济领域问题，属于性质单一和功能单一的经济组织，只能在生产经营销售方面发挥作用，属于少数人基于特定利益的联合，不能变成全方位的基层治理组织。

三是综合性的社区合作组织。黄宗智教授借鉴日本、韩国和我国台湾地区的"东亚合作社模式"经验，提出发展农村综合性社区合作组织来破解基层治理问题。他曾提出如下设想：

我们可以想象由下而上的但也带有国家认可和扶持的"国家化"社会组织，譬如，建立带有国家领导和扶持的，但是基于村庄社区由下而上的、村民积极参与的、真正服务于村民的（如为农产品提供"纵向一体化"的加工和销售物流服务的"东亚型"）合作社（"农协"）（黄宗智，2018，2015b）、城镇社区组织，以及"商会"、工会和其他社会组织，包括各种各样的专业组织，也包括社会－国家协同提供公共服务、福利、劳动保护、保险等组织。另外还有由社会高度参与的"社会化"国家机构，如纳入社会参与的乡镇法律服务所、消费者协会，以及公安部门和法院的调解组织等。在治理体系上，一方面固然应该在某些领域,特别是现代专业化程度较高的新型领域建立所必需的"科层制"和"公务员"化机构,但另一方面,也可以在多方面承继、更新中国比较特殊的国家和社会携手的低成本第三领域机构和组织。一种可能远景是,形成一个既具有中国特色也是"现代化"的"'中度'国家集权"+"较高度渗透社会"的第三领域(特别是农村公共服务方面)的现代中国式政法体系。因为,历史已经告诉我们,国家和社会在第三领域的良性携手,能够释放出极大的能量。[①]

四是重建村社。近年来,笔者所在研究团队开始在重建基层治理体系层面上探讨集体经济改革问题。[②]农村人地关系重构、农业转型、土地生产资料被释放、农业生产剩余重新配置,等等,这些趋势和变化为构建面向未来的基层治理体系提供机会。要发挥集体所有制优势,利用国家资源输入,重新组织农民,构建富有活力的现代基层治理体系。

第三种思路与第四种思路有相似点,两种思路都强调基层组织的经济性、社会性与政治性合一,重视社会主义制度遗产,立足现实,面向未来。重建基层治理体系,就是要建立顺应社会变化趋势、符合乡村发展定位的"第三领域"新的形式。重建基层

[①] 黄宗智:《重新思考"第三领域":中国古今国家与社会的二元合一》,《开放时代》2019年第3期。

[②] 参见贺雪峰:《农民组织化与再造村社集体》,《开放时代》2019年第3期;贺雪峰:《如何再造村社集体》,《南京农业大学学报(社会科学版)》2019年第3期。

治理体系,需重视村社集体的重要性。

五、恢复词与物的联系:
从实践出发的社会科学研究

黄宗智教授建构"第三领域"概念,针对套用"国家与社会"理论框架来分析中国经验现象的做法,提醒研究者要反思他所借用概念背后的理论预设。黄宗智教授认为,中国社会科学的目的是认识中国,社会科学研究要服务于提高人民福祉。[①]做好这一点,需要坚持从实践出发的社会科学研究方法,研究时"要到最基本的事实中去寻找最强有力的分析概念"[②]。对"第三领域"的分析,构成黄宗智教授践行他自己所倡导的研究方法的例证。

毛泽东、费孝通、梁漱溟构成中国社会学三大传统,构建有主体性的中国社会科学,需要继承毛泽东的实践论、辩证法和历史唯物主义分析方法,重视费孝通"志在富民"与"认识中国"的社会学抱负,借鉴梁漱溟对待中国文化传统的态度。在具体实践中,我们强调田野调查,重视现实经验,倡导"饱和经验法",既不迷信理论,也不排斥理论,将理论和概念当做研究手段,目

[①] 桂华:《双重文化自觉下社会科学主体性追求——评黄宗智从实践出发的研究方法》,《社会科学论坛》2016年第8期。

[②] 黄宗智:《认识中国——走向从实践出发的社会科学》,《中国社会科学》2005年第1期。

的是认识现实。[①]我们的做法与黄宗智教授倡导的从实践出发的社会科学研究方法,有一定共通处。

坚持从实践出发的社会科学研究,关键的一点是处理好概念与经验的关系。概念是认识事物的工具。需要区分三种类型的常用概念,分别是政策文件中的概念、西方理论概念与分析性概念。下面以"集体经济"为例说明如何处理好概念与经验的关系。

政策文件中的概念,可称之为政策概念。近年来,党中央十分重视发展农村集体经济问题,集体经济概念经常出现在各种涉农文件中。这类政策概念将发展农村集体经济定位于提高农民收入,忽视农村集体经济的其他内涵。政策概念的不足之处在于,距离现实太近,缺乏抽象性、分析性。另一方面,政策概念着力于如何解决现实社会问题,规范性太强,实证性不够。

西方理论概念是基于西方社会经验提炼出来的,西方理论概念背后包含西方社会实践历史及其价值追求。不加反思地运用西方概念来分析中国现实问题,会出现词与物分离,且将概念中隐含的价值标准带到中国。例如,农村集体经济作为中国特色社会主义公有制经济的实践形式,在西方资本主义国家找不到对应物,集体经济不同于合作经济,集体所有制不同于共有制。一些研究者试图超越历史,认为西方不存在的事物,中国就不应该存在,主张按照共有制来改造农村集体经济,或者直接斥之为"怪

[①] 贺雪峰编:《华中村治研究:立场·观点·方法(2016年卷)》,社科科学文献出版社2016年版。

胎"。西方理论概念距离中国经验太远，需要将它们放在经验中修正后，才能作为学习经验的工具。

  一类概念靠现实太近，一类概念距现实太远，处在二者之间的是深刻广泛接触和分析中国实践经验后提炼出来的分析性概念。这些分析性概念是深刻广泛研究实践经验之后自然而然的产物，词的形式不重要，重要的是它们属于有所指、能够沟通交流、可被新的经验修正的概念。分析性概念从实践中来，再回到实践中去。思维在概念与实践经验之间往返穿插，最后提出符合现实且具有抽象性的概念。从实践中来的分析性概念，既具体，又抽象，是对事物具体的抽象。唯有对经验现实观察的深入骨髓，概念才能力透纸背。本文重新认识农村集体经济性质，揭示村社集体在基层治理中的作用，丰富对集体经济这一中国特色社会主义基层实践活动的认识。

新型农村集体产权制度作用机制研究

——乡村振兴主体的实践逻辑思考

侯风云

习近平总书记指出:"全面建设社会主义现代化国家,实现中华民族伟大复兴,最艰巨最繁重的任务依然在农村,最广泛最深厚的基础依然在农村。"[1]研究发现,相比于私有化的土地制度,农村集体产权制度是农业农村现代化以及农村全面振兴的制度基础,同时在新的历史条件下,集体产权制度很好地发挥作用还存在着体制机制障碍,需要深入思考。本文从乡村振兴主体的实践演化中,分析出国有企业主导乡村振兴过程中,可以很好地利用农村集体产权制度改革的成就,进而讨论了农村集体产权在国有企业主导乡村振兴中的作用机制。

---

[1] 习近平:《坚持把解决好"三农"问题作为全党工作重中之重,举全党全社会之力推动乡村振兴》,《求是》2022年第7期。

一、农村集体产权制度改革成就和提出的问题

(一) 清产核资全部完成和农民集体成员数量确认

2016年12月26日中共中央、国务院《关于稳步推进农村集体产权制度改革的意见》认为开展集体资产清产核资是顺利推进农村集体产权制度改革的基础和前提。该改革要求"对集体所有的各类资产进行全面清产核资,摸清集体家底,健全管理制度,防止资产流失。在清产核资中,重点清查核实未承包到户的资源性资产和集体统一经营的经营性资产以及现金、债权债务等,查实存量、价值和使用情况,做到账证相符和账实相符"[①]。

该项工作即集体资产清产核资在全国范围已全部完成。

《意见》要求明确集体资产所有权。"在清产核资基础上,把农村集体资产的所有权确权到不同层级的农村集体经济组织成员集体,并依法由农村集体经济组织代表集体行使所有权。属于村农民集体所有的,由村集体经济组织代表集体行使所有权,未成立集体经济组织的由村民委员会代表集体行使所有权;分别属于村内两个以上农民集体所有的,由村内各该集体经济组织代表集

---

① 对清查出的没有登记入账或者核算不准确的,要经核对公示后登记入账或者调整账目;对长期借出或者未按规定手续租赁转让的,要清理收回或者补办手续;对侵占集体资金和资产的,要如数退赔,涉及违规违纪的移交纪检监察机关处理,构成犯罪的移交司法机关依法追究当事人的刑事责任。清产核资结果要向全体农村集体经济组织成员公示,并经成员大会或者代表大会确认。清产核资结束后,要建立健全集体资产登记、保管、使用、处置等制度,实行台账管理。各省级政府要对清产核资工作做出统一安排,从2017年开始,按照时间服从质量的要求逐步推进,力争用3年左右时间基本完成。

体行使所有权,未成立集体经济组织的由村民小组代表集体行使所有权;属于乡镇农民集体所有的,由乡镇集体经济组织代表集体行使所有权。有集体统一经营资产的村(组),特别是城中村、城郊村、经济发达村等,应建立健全农村集体经济组织,并在村党组织的领导和村民委员会的支持下,按照法律法规行使集体资产所有权。集体资产所有权确权要严格按照产权归属进行,不能打乱原集体所有的界限。"

民政部关于《中华人民共和国村民委员会组织法(修订草案征求意见稿)》公开征求意见的通知(2022年9月12日)指出,村民委员会应当依法管理使用其作为基层群众性自治组织法人的财产,包括:1.政府拨付的运转经费;2.村集体经济收益用于本村公共事务和公益事业的资金;3.属于村民委员会所有的办公用房和公共服务设施;4.依法向村民或者驻村单位筹集的资金;5.社会捐赠的资金和物品;6.其他合法财产。

据有关方面表述,从2016年开始试点,到目前为止,全国75%以上的农村集体经济组织产权制度实现了资源变资产、资金变股金、农民变股东即"三变"改革。根据中央农办原主任陈锡文表述,目前全国属于集体经济组织成员有9亿多人!

中央农办主任,农业农村部部长唐仁健对农村清产核资的成果进行了说明。指出开展了农村集体资产清产核资,核(实)清(查)了农村集体资产6.5万亿元,集体土地等资源65.5亿亩,确认集体成员9亿人，基本实现"底清账明"。[①]《中华人民共和国国民经济和社会发展第十四个五年规划和2035年远景目标纲要》指出，"完善利益联结机制，通过'资源变资产、资金变股金、农民变股东'，让农民更多分享产业增值收益"。

我们认为，农村集体经济组织产权制度改革的成果有三个：一是建立了村或社区集体经济组织，该组织的集体资产得到明晰、确认；二是乡镇级的集体资产进一步明晰；三是农民承包权得到确认，集体经济组织成员地位进一步确立。

（二）农村集体经济组织法人资格得以确认

关于村集体经济组织是否是法人的问题，《中共中央国务院关于稳步推进农村集体产权制度改革的意见》（2016年12月26日）这样表述："抓紧研究制定农村集体经济组织方面的法律，赋予农村集体经济组织法人资格，明确权利义务关系，依法维护农村集体经济组织及其成员的权益，保证农村集体经济组织平等使用生产要素，公平参与市场竞争，同等受到法律保护。"上海出台的《关于推进本市农村集体经济组织产权制度改革的若干意见》（沪府发〔2014〕70号）这样表述："推进农村集体经济组织产权制度改革的乡镇、村要根据本地经济社会发展实际情况，选择有限责任公司、社区股份合作社和农村社区经济合作社等组织形式，建立组织治理结构。"《深入推进农村集体产权制度改革的

[①]《农村集体产权制度改革取得阶段性进展　全面完成清产核资》，中央农办、农业农村部2021年4月26日发布。

若干问题》(《农民日报》2020.05.09)这样表述:"要妥善处理好农村集体产权制度改革和农村集体经济组织立法的关系,确保产权制度改革于法有据,在守住法律政策底线的同时发展壮大集体经济。《民法总则》明确赋予农村集体经济组织特别法人地位,十三届全国人大常委会将农村集体经济组织方面的立法列为第三类项目。现阶段,必须加快农村集体经济组织法立法进程,为集体经济规范发展提供法治保障。"

(三)"三变"改革——变谁的资产?谁的股金?谁的股东?

在农村集体产权制度改革中,主要是在村或社区范围内或在镇的范围内,但在镇范围内的集体经济组织不一定是一个实体性的经营组织,而只是镇范围内的集体资产。在资源变资产、资金变股金、农民变股东的改革过程中,还没有从根本上解决:"变谁的资产?谁的股金?谁的股东?"的问题。

在农村如何使体现社会主义公有制经济的农村土地等属于农民集体所有资产,为广大农民谋利益,如何破除束缚集体经济发展的体制机制障碍,激活农村资源要素,如何巩固和发展农村公有制经济,让农民群众成为集体经济发展的真正参与者和受益者?都没有很好的解决方案。就是说,在激活农村资源要素方面,绝大部分农村中根本的组织主体及运行机制还没有确定。

目前不论是理论上还是实践上,多是重视农村集体经济的发展,本人对于乡村振兴的最初思路也是重视农村集体经济的发展以及农村带头人作用的发挥[1]。但是实践证明以一村为单位的集体经济发展存在着较大的局限性，一些村可以做得很好，许多村是做不好的。

二、依靠一村集体资产振兴乡村的局限性

（一）农业生产的农民家庭个体经营存在的问题

农村家庭承包制后，所实行的是统分结合的家庭联合承包责任制，但是在实践中重分不重统，导致农村经营方式以家庭个体经营为主。而且党在农村的各项富民政策一直偏向于农民家庭个体，强化家庭市场主体地位。从统一规定土地承包期，到统一延长土地承包期，再到土地确权登记；从"缴够国家的，留足集体的，剩下的是自己的"到取消农民所有税费摊派，再到国家给钱给物，都是不断强化家庭自治权利。家庭自治的积极性仅仅体现在承包的土地上，却未能体现在集体的事业上。实践证明，这一改革确实在开始阶段调动了农民的积极性，但市场调节的盲目性以及农民个体经营的脆弱性，以及随着城市化水平的提升，外出就业机会的增加，大量年轻农民外出打工，种地成为老年人或者农民的兼业行为，尽管财政对于种粮食年年有补贴，但由于种粮成本不断提升（不仅直接成本增加，而且务工工资提升导致种粮

---

[1] 侯风云：《壮大农村集体经济，走出农村发展困境》，《福建论坛》2017年第9期。

食的机会成本大大提升）导致农村家庭承包经营下的土地生产率难有提高，甚至出现抛荒现象。

农民家庭个体经营存在的问题显而易见，为实践证明已经不可行。主要几点原因可以说明，规模小，市场不稳定，单纯经营农业不可能解决生活中的问题，较大规模经营又受到土地承权的限制，流转土地经营受到农业生产成本增加的限制，实践中存在着将农业生产服务托管给社会农业服务机构如合作销社，但存在施肥成本核算的限制。农民不能够放心外出打工，由于小农生产导致二三产业发展空间受限，从而就近就业困难。

因此我们探讨通过土地确权，"三权分置"，实现规模经营，降低农业生产成本，确保国家粮食安全。

（二）大规模耕作及耕作主体选择

在一般情况下，粮食生产问题是需要集中进行的，尤其是在平原地区，适合大规模耕作的土地上，集中经营远比个体经营在生产成本和田间管理上成本要低得多。生产过程中的增产技术使用要方便得多，而且技术指导也容易得多，于是土地产出率要高得多，粮食集中经营对于粮食安全十分必要。

集中连片耕作或农业规模生产，是农业现代化的根本途径，也是农村一二三产业融合发展的途径。实践证明，集中连片耕种靠农民个体不行。

1. 耕地向种粮大户集中或社会资本集中的限制

为了确保土地向种粮大户集中或向资本集中，或向农村集体集中，对土地进行确权，确权后的经营权可以流转，农民收取流转费，即承包权经济实现，结果由于流转费不断提高，导致流转大户种粮不赚钱，只能通过获得国家种粮补贴而生存。

外来资本流转土地后，由于不能改变耕地用途，只能种粮，结果由于用工成本高，很难获得与工业生产或服务业相当的利润，因此许多资本在雄心勃勃流转土地后经营不久由于亏损而退出。

资本规模经营虽然可以实现农业规模生产，提升效率，但由于无法从事二三产业以及公共品供应，因此不能有效解决农民面临的就业问题，不能实现农业产业链的有效延伸，不能解决困难。

2.合作社规模经营的优势及限制

即使一些村党支部领办合作社，将农民的土地流转给合作社，但也由于支付农民较高的分红（土地入股）或流转费（土地流转）而运转困难，尤其是一些不能进行很好规划，村集体没有得到发展的村，村集体经营也存在着生产社会化服务、粮食收贮、晾晒等问题，我们调研德州平原县郑家庄村在2017年第一年流转全村土地后第一季种玉米，结果秋收玉米下来，晾晒就成了问题，成堆的玉米堆在一起，有的因为潮湿而有轻微发酵，收购商趁机压价，导致收入下降。但即使这样，从产量和收入上看，也比农民家庭自己经营合适得多，因为农民将土地流转（这里是土地入股）给集体集中耕作后，自己外出打工不必再惦记土地耕作，在获得打工收入后还可以有一份土地分红收入。而且由于集体经营，享受一些社会化服务中的政府补贴，各种农用生产资料集中购买，成本降低，可以大大降低生产成本。但是后来我们进一步调研发现，村里只能种大田作物，因为担心种其他作物会出现风险，影响给农民的分红，一旦分红少了，担心土地被农民要回去。

3.农业生产由谁经营不是一个可以独立考虑的问题

需要考虑的问题是，农民家庭个体经营不行，农民将土地流转出去，先不说将土地流转给谁，流转出土地的农民，他们向哪里去？都进城打工吗？剩下的老年人做什么？谁来照顾？

转入土地的经营主体，只发展农业可以吗？显然不行，经营农业需要交纳农民流转费，而农产品价格又不能有多大程度提升的情况下，如何获得一个合理的利润？

乡村振兴需要发展其他产业，即一二三产业融合发展，那么二三产业发展，建设用地如何得来？资金由何而来？谁来主导二三产业的发展？由农民专业合作社，还是由家庭农场，还是社会资本甚至国际资本？

实际上，所有这些主体都没有办法既解决乡村振兴中的资金所需，更不能解决农业初始规模经营的资金和二三产业发展需要的建设用地问题。

（三）乡村振兴单纯以一个村为单位的局限性

只做农业，没有二三产业的发展，农村难有振兴。无论是第一产业发展，还是二三产业发展，都需要人才和资金，需要建设用地，以一个村为单位，根本无法实现。以一村为单位，由于各村发展极不平衡，造成一些村可以振兴，另一些村则由于各方面条件不具备而难以振兴，必然造成村与村之间差别增大，不利于共同富裕的推进，相反多村联合，各村优势互补，更容易设计振兴方案。

1. 靠政府对于村的投入和支持，不能够从根本上解决问题

前些年我对乡村振兴或者对于农村发展的思考主要集中在只要村集体经济发展，农民就有出路。就是完善统分结合的家庭承包责任制，改变原来"只分不统"的状况，完善村集体"统"的层面，从而壮大集体经济。原因是，如果村集体经济为零，那么许多公共事业只能靠政府投入，造成巨大的政府财政负担。事实上，这些年，政府每年向农村投入了大量的资金用于扶贫和各项农村农业项目建设，这些资金在投入和使用过程中，培植了一个利益集团，但是资金支持一旦中止，一些项目就陷入困境：人才问题、资金问题、各利益主体的合作问题等都没有很好解决。贫困问题可能再次发生，需要政府继续通过财政投入才能解决。

所以尽管政府进行了大量的投入，但乡村振兴仍然没有找到一个合适的切入点。

目前各级政府减税降费，疫情等原因造成的税收减少而支出增加，就使原来单纯靠政府财政投入来振兴乡村的办法变得更加困难。

2. 年轻人不回村，乡村振兴就无从谈起

最重要的是，乡村没有年轻人，怎么振兴？因此我们需要进

一步思考的是，如何将青年人引回到乡村？

事实上，由于疫情等原因造成的经济增速减缓，以及产业升级等原因造成的就业机会减少，许多外出的年轻人日子很不好过。即使在城里买房，也由于工作不稳定，房贷车贷甚至日常生活贷款，使他们在城里难以为继。但考虑孩子上学问题，还必须留在城里，因为回村上学，村里已没了小学，即使有，教学质量如何也令人担忧。为了孩子，他们在城里勉强维持。

提升农村的基础教育质量和水平是乡村振兴的关键。

具体的情况是，现在还没有振兴的乡村，大量的中青年外出打工，在外面谋求发展和生存，因此农村人口少尤其是中青年少，村里没有中青年，只剩下老人，那乡村振兴如何进行？而没有振兴的村，要想吸引外出人员回乡，又非常困难，因为青年人回乡，连婚姻问题都难解决，即使有婚姻，孩子教育问题也很难解决，许多农村的孩子要走几里路上小学，这就很困难，因此许多青年人必须到县城买房上学，男青年不在城里买房甚至都找不上媳妇，这就造成了青年人的巨大婚姻成本。因此在乡村没有良好基础教育的情况下，根本不可能吸引外出青年人回乡。乡村没有青年人，靠老人，没法振兴。

3.以目前的以一村为单位无法提升基础教育水平

这主要是因为村里年轻人少，孩子少，学校教育不成规模。一个村全部学龄儿童不过几十人，十几人，怎么办学校？多年的计划生育使农村人口锐减，再加上青年人外出打工，孩子减少，给一个村的孩子办学校，确实存在着不规模经济的问题。正因如此，现在还在不断减少小规模的学校数量。

因此，要发展农村教育，没有一定的集中居住，基本不可能。

实际上不论是教育还是医疗服务抑或是托幼、养老服务，以及其他公共品投入，以一个村为单位进行，既没有规模效益，也没有投入能力，政府财政投入会造成极大的财政浪费。甚至政府也无力投入。

所以即使一个村集体经济得到发展，这些问题也较难得到解决。

多年来乡村发展存在着一个恶性循环：

基础教育不好—没有年轻人—村集体经济发展困难—村公共事业投入少—教育不好—没有年轻人……

4.能不能通过思想教育把年轻人引回来？

可否通过爱国爱乡教育，把年轻人吸引回来，参与乡村振兴，而不是让年轻人在城里，等着乡村振兴了再回农村？实际上，这在一定程度上是可以的，前提是要有一个带头人，这个带头人既有能力，也有境界，他愿意以其实际行动说服他们同伴回乡村进行建设。

这些年也确实出现了这样的农村。但更多的农村一是没有合适的带头人，二是村里发展产业需要资金，这个资金要么靠政府各种项目投入，要么靠吸引外部资本，而外部资本往往是从自身利益出发，不能从农民利益出发。因此，通常是流转农民的土地，让农民再外出打工，但不能很好地发挥年轻人在家乡干事创业振兴乡村的作用。

而且由于私人资本投入量小，常常也只是依托国家项目资金投入，国家一旦不再投入，运转就相当困难。由于力量所限，难以形成三产融合和适度规模经济。

5. 因村制宜，集体经济组织进行乡村振兴，只是凤毛麟角

我们强调实事求是，因地制宜，不同的村可以有不同的产业模式、制度模式来发展他们的集体经济，但这些年来，我们提倡集体经济发展，也没有涌现出许多集体经济发展很好、农村面貌焕然一新的村子，真正走向振兴的村很少。例如山东兰陵代村、河南临颍南街村等。前者有一位王传喜，后者有一位王宏斌，他们都有一个共同特点：一心为了村里的父老乡亲过上好日子，同时他们都是能人。也就是说，他们境界非常高，能力特别强。

可以说，许多村的村集体组织没有形成普遍的带动作用。

长期的调研观察发现，大部分农村的集体组织相当涣散。在农民个体经营面对市场出现问题时，政府支持农民组织专业合作社，解决技术、流通等问题，给专业合作社大量的补贴。一些专业合作社确实起到了很好的作用。但调研中也发现，一些农民专业合作社受少数组织者操纵，他们在合作社中占有绝大部分利益，并享受国家的政策支持，而其他社员只是接受一些技术服务和较低价格下的产品收购。可以说，农民专业合作社并没有从根本上改变农民生产经营困境，更不能解决农民的生活困境。

（四）党组织领办合作社多是以一村为单位进行

近年来，随着乡村振兴战略实施，政府加强农村党支部建设，在目前的土地"三权分置"制度下，一些地区政府推进党支部领办合作社，使农村各种资源得到综合利用，合作社运作更加规范，农民的利益得到照顾，村集体收入大幅增加。

2018年暑假，我们对烟台党支部领办合作社进行实地调研，发现烟台市委组织部在党支部领办合作社上的制度设计确实充分考虑了农民利益和村集体利益。他们在股权设置中规定集体资产、资金、资源必然入股，并且尽量占大股，最低不能低于10%，而且集体股是金股，以确保集体股权持有人在特定事项中能够行使决策权和否决权，从而有效防止侵占农民利益等风险。

为了保护弱者，烟台市委组织部制定关于党支部领办合作社的指导意见，明确规定单个成员持股比例不超过20%，避免大户垄断形成"精英社"。同时，通过土地置换、集体增股、设置公益岗等方式，把老弱病残贫困户吸收进合作社，改变贫困户"等人送小康"的脱贫心态。党支部领办合作社，由党支部主导，制定合作社章程，确定分配原则。一般在扣除10%左右的公积金、公益金后，剩余部分全部按股分红给群众和村集体，让群众享受到全产业链增值收益，实现群众利益最大化。时任烟台市委组织部长于涛同志总结为"我们在股权设置上明确规定，村集体持股比例不低于10%，单个成员持股比例不超过20%。同时通过土地置换、集体赠股、设置公益岗等方式，把老弱病残、贫困户吸收到合作社"[1]。确实在保障农民利益和集体利益上下功夫，取得了很好的效果。我们调研过的烟台市东院头村合作社2019年分红，现金入股1万元，年终分红5000元；土地入股，每亩分红4000元。烟台市衣家村也是通过党支部领办合作社，以劳动入股，把全村50户农民组织起来，战天斗地，男女老少齐上阵，仅7个月就在大山深处开辟了上山路，建起了蓄水池，改善了基础设施，引入种植养殖等产业，2019年村集体收入25万元，户均增收6000元[2]。党支部领办合作社，实现了将农民组织起来，烟台市到2020年8月党支部领办合作社覆盖2779个村。[3]在党支部领导下，以劳动为纽带把农民组织起来，盘活农村各种资源，取得很大成效。

而且农民专业合作社往往也不完全局限于一村范围内。2020年我们在潍坊庵上湖村调研时发现，合作社可以吸纳邻村村民加入。

但是这种情况在组织机制上面临着一个问题：村集体金股分红归集体所有，而其他村村民并不享受该村的集体收入。因此党支部领办合作社，多是以一村为单位实施。

但是，以一村为基础进行乡村振兴存在着各种生产要素资源限制，难以形成规模经济，在农业规模生产、销售加工规模、品牌打造、与城市商超对接的稳定性等方面都受到限制。

---

[1] 于涛：《组织工作道与行》，东方出版社2022年版，第187页。
[2] 于涛：《组织工作道与行》，东方出版社2022年版，第170页。
[3] 于涛：《组织工作道与行》，东方出版社2022年版，第152页。

（五）党建引领乡村振兴融合发展区实践与不足

烟台在推进党支部领办合作社的同时，同步推进了创建党建引领乡村振兴融合发展区。合作社是村内的小联合，融合发展区是村与村的大联合。根据地域相邻、产业相近、治理相融、人缘相亲的原则，按照辐射二至三公里的半径和1000户到3000户居民，设立融合发展区，大村带小村，强村带弱村，整合各种资源，实现基层党建、公共服务、集体经济、社会治理同频共振，联动发展。2020年融合的发展区覆盖40%左右的村，乡镇干部和90多项公共服务项目下沉到发展区，统一建卫生室、幼儿园、银行网点等。①

2022年6月，我们在淄博市沂源县对国有企业主导乡村振兴状况进行调研，发现沂源创新推行"联村党建"工作模式，采取组建联合村党支部和成立"联合党委"等形式，改进和加强党的集中统一领导，引领各联建村融合发展、抱团振兴，开辟了以组织振兴推动乡村振兴的新路径。该模式实质也是解决针对一村进行振兴，即使搞党支部领办合作社，也同样面临着规模太小，各种生产经营要素不足的问题，而且一村难以提供农村发展需要的公共品。

但是，联村党建在统筹农村资源使用上还难以形成真正的统一规划，对各村集体之间及农民家庭及专业合作社等利益主体之间的利益协调难度很大，而且仅靠联村党建难以解决乡村振兴规

---

① 于涛：《组织工作道与行》，东方出版社2022年版，第191页。

划上的大规模基础设施投资和各产业发展中的资金需求问题。尤其是不能提供教育、养老等公共品服务，从而不能从根本上使农民走出困境。

在今天城乡融合发展，三次产业融合发展的趋势下，农民专业合作社也不是一个真正能够实现五大振兴的载体：

第一，从地域上看，有以一村为界的，有突破村界的；

第二，从主导者来看，有个体农民领导或主导的，有后来的村党支部领办的，但都是在一个较小的区域内进行的，不能形成大的规模产业，而且不能与农村整体发展相协调；

第三，有的可以带动集体经济的发展从而带来农村公共品供给能力的提升，有的只是使个体农民收入增加；

第四，有的只是组织者获得了很好的收益，而广大农民只是能够通过合作社实现一定的收入提升；

第五，农民专业合作社的功能较为单一，只是从生产经营上完成合作，而对乡村振兴缺乏统一规划和统筹发展能力。

可以说，目前在绝大部分农村，谁带领农民真正走出困境这个问题还没有从根本上解决。

我们的调研发现，即使发挥集体经济组织的作用，仅以一村为单位进行乡村振兴，各种生产要素不能有效组织，难以三产融合。在农业生产上，如果一个村单独组建农业生产现代化服务，机械设备使用效率低，自身投入造成浪费。需要从外部购买服务，而农业的播种、田间管理和收割、存储都有很强的季节性和技术性，因此依靠外部管理实际上存在着极大的不确定性。

这就是一个矛盾。不过这一矛盾似乎由于社会化服务还是可以解决，但更为重要的问题是：村土地资源少，只进行农业生产，不可能进行多种经营，更不可能从事二三产业，因为一村土地提供的产品或原料不足以支撑二三产业发展所需，形不成规模经济。

一个村难以形成农产品品牌效应。更重要的是，二三产业发展需要建设用地，而在一村的范围内进行规划，很难实现每个村都可以规划出部分建设用地用于工业和服务业的开展。而只从事第一产业即农业的生产，不论是粮食作物还是其他经济作物，一是附加值小，二是受市场波动影响过于严重，有时甚至增产不增收。而二三产业发展可以在一定程度上拓展价值增值空间，也可以通过加工等生产使农产品在难以出售的季节变成相应制成品，满足市场需要。这样的三次产业融合发展，以一个村为单位很难完成。

三、社会资本与农村集体经济融合发展存在困难

（一）社会资本参与乡村振兴的主要模式

我们鼓励社会资本进农村，参与乡村振兴，并不是说，社会资本就可以主导乡村振兴，更不是说，社会资本就能完成乡村振兴的重任。各级党委政府尤其是基层党委对此应该有基本的认识。

乡村振兴进行到今天，全国各地出现了不同的模式，其中社会资本到农村，参与乡村振兴的模式早已出现，其中公司+合作社（基地）+农户、租金保底+股份分红、双向入股分红、保护价收购+利润返还或二次结算等是常见形式，人们把资本进村给农民的收益总结为六类：赔付金、租金、薪金、股金分红、鼓励金、经营金。这些形式，许多名义上给农民带来利益，实际上在没有政策资金持续投入的情况下，有些社会资本自身发展都成问题，更不用说农民的利益。

在这里，我们总结了社会资本在农村发展中存在的几个方面的问题，主要想说明，为什么社会资本完不成乡村振兴的重任。

（二）社会资本经营农业自身难以为继，更不能实现三产融合发展

多年来，鼓励农村家庭农场，实现农业规模经营，但是家庭农场只能从事农业生产，不能够实现多产业经营，而且也只能是一部分农民的富裕，不能实现整个乡村的产业振兴。在单一农业生产状态下，一部分农民的农业规模经营必然是以大部分农民外出打工为代价。

一些地方政府希望通过引进外来资本实现乡村振兴，但我们发现，资本进村后，在耕地红线下，只能从事农业生产，如果农业生产在农民家庭经营还可以维持的话，那么由资本经营往往由于雇佣农民生产，导致工资成本增加，不能赚钱；而且大规模生产面临晾晒储存和市场问题，社会资本往往只能赚到政府的农业

补贴，因此资本在农村的发展并没有形成气候。

事实上，在现有的农村土地制度下，社会资本从事农业生产，必须缴纳每亩1000元左右的流转费给农民，这就大大增加了农业生产的制度成本。在经营不善的情况下，一些地区形成了资本与农民的矛盾，流转费不能及时兑现，农民利益受损的情况时有发生。事实证明，私人资本进行农业经营，如果只以农业为基础，根本不可能实现自身收入持续增加；而如果进行多样化经营，从事二三产业，又受制于耕地用途或建设用地以及自身资本量的限制。一旦享受不到政府支持资金，就会出现经营难以为继的现象。

调研发现，社会资本从事农业生产的产量水平一般在：小麦亩产约1000斤，玉米亩产约1200斤，不如60—70岁有生产经验和能力的农民专业种地的产量，但比一些兼业农民的产量要高。今年粮价上升，土地的流转费用上升，有的每亩1200—1400元，这就大大增加资本从事农业生产的成本。[1]

（三）社会资本无法在不同村之间进行土地规划和利益调整

社会资本无力协调不同性质的土地使用，无法提供农村公共品服务。

---

[1] 与红河农学博士工作站潍坊农业专家张培教授讨论，他长期在农业一线从事农业增产项目研究，十分了解农村实际。

如前所述，以一村为单位进行乡村振兴并不适用于所有农村。以村为单位进行乡村振兴不仅受到市场规模和要素（土地、劳动力、人才）规模的限制，而且受到公共品投入的规模不经济的限制。由于乡村振兴需要人才和资金，因此单靠政府投入往往难以实现，只靠一个村的集体投入或农民个体投入也难以应对，靠私人资本更无法实现乡村振兴，因为私人资本无法进行不同村之间的规划，也没有能力进行大规模的基础设施投入。

最重要的是，在城乡社会资本进入农村，只是经营农业的情况下，难有满意的利益，而经营二三产业又受到建设用地指标的限制，这也是私人资本进村困难的一个重要原因。

最突出的问题是，私人资本在参加乡村振兴中首先考虑的是自身盈利，并不能真正带来农民利益尤其是不能使农民走出困境。目前出现的私人资本在农村的投资，多是给农民支付部分流转费，有的可以解决部分农民的就业（打零工），使农民增加一些就业收入，而这并不能真正解决农民的就业稳定、教育、养老问题。

（四）农村资本化将会产生严重后果

在家庭承包制背景下，无论是家庭农场，还是社会资本进村，都是以流转农民土地让农民离开农村为前提。

如果大部分土地流转给少数大资本，后果不堪设想。目前的土地制度下如何将八九亿农村人口下的土地流转给社会资本或实行规模经营的少数人？如果大部分土地流转给少数大资本，如果这些大资本再将农村资源包装上市，在资本市场上兜来转去，许多农村可能会让外国资本控制，大资本进而外国资本大举进入农村，后果是怎样？这是我们各级政府在乡村振兴战略实施中特别需要加以注意的问题。

农村资本化对于农民、对于国家都会是一种灾难！

进一步讲，资本主导下的乡村振兴带来政府支农资金的私有化。目前资本主导的一些农业项目，一方面在资金批复过程和使用过程中出现腐败问题，另一方面存在各路人马联手套取国家支农资金的现象，而一旦资本在农村落脚，就会不断要挟政府进行投入，而且连同政府前期投入的基础设施投资也全部为资本所利用甚至成为其资产的一部分。社会资本在经营过程中会不断向国家要政策要资金，不然很难维持。调研显示，前几年建起的一些示范园区就在套取了政府资金后只是挂着牌子，没有实际效果。

这也是我们每年大量的财政资金投入乡村振兴事业，但乡村并没有实现振兴的一个重要原因。

需要进一步思考的问题是，如果社会资本大规模进入农业，实现规模经营，并且通过智慧农业，即更加现代化的农业，农业只需要极少数人，众多的农民不做农民，外出打工的状况可以改变他们的处境吗？

实践证明，一小部分人可以改变，但大多数人不能得到改变，他们出外打工经商面临的辛酸我们曾经做过调研，流动儿童、留守儿童、留守老人以及住房问题、婚恋问题、保障问题、心理归属问题等都没法解决，走出农村的农民不论是第一代，还是第二代，还是倒二代①，都不能改变他们的生存困境！而且年轻人外出，许多老人留在农村，目前农村留守老人自杀的情况时有发生，可见将农民"赶出"农村既不是我们党实施乡村振兴战略的前提也不是乡村振兴的结果。

我们知道乡村振兴通过城乡融合、产业融合、生产要素融合来实现。社会资本主导乡村振兴，不仅不能实现各种融合，而且会赶走农民，造成新的城乡对立——进城农民工的艰难与进村资本的盛宴。

最可怕的是，农民将土地流转给资本后，一旦在城里不能生存，再回农村，虽然作为集体成员仍然拥有土地承包权，但经营权流转给大资本后，只要资本正常经营，就难以要回土地自己经营，实际上，资本流转农民土地，只要经营得好，农民就不可能要回土地自己经营。

相反，如果资本经营不好，就可能毁约，连流转费都不可能给农民。

（五）社会资本不能实现"资源变资产、资金变股金、农民变股东"

乡村振兴需要人才，而人才来自哪里？假如现代化的农业只

---

① 侯风云，对此问题的分析，参见侯风云发表在山东政协公众号上的三篇文章：《委员调查进城农民工生存状态：贫困、边缘、恐婚》，2016年8月18日；《委员调查进城农民工生存状态续：过劳、漂泊、歧视，问"中国梦"普遍茫然》，2016年8月19日；《"倒二代"农民工是怎样一个社会群体？》，2016年9月4日。

需要1亿职业农民，那这1亿职业农民应该是哪些人？这些人绝不是剩在农村的老弱病残。现代职业农民如何来到农村？谁来组织？由社会资本组织是否可以？社会资本能否解决这些农民子女的上学问题？

这是人们没有进一步回答的问题！

一直以来，基层政府对于社会资本参与乡村振兴寄予厚望，总是宣传资本不仅给农民土地流转费，而且还让工人打工赚钱；不仅给农民一份分红，还使用农民来打工赚取一块收入。实际上，在农村，资本给予农民的工资基本是最低的，而且是需要时来，不需要时去。不缴任何社会保险，因此只能是老年人赚些许零用钱，不能作为家庭收入的主要来源。

真正养家的工资收入，农民必须外出打工。外出打工，就是背井离乡，撇下老人，带上孩子（原先城里不接纳孩子上学，形成众多的留守儿童）到城里打工。

一旦外出打工受阻（产业结构调整或经济形势变动），则农民的日子就会陷入困境。

我们认为，乡村振兴必须防止内部少数人控制和外部资本侵占。在乡村振兴实践中，有城市工商资本投入到农村，农村经济组织以及作为集体成员的农民家庭虽然可使"资源变资产、资金变股金、农民变股东"，但起主导地位的城市资本如果是社会私人资本，资源变资产后是否给农民，给农村集体经济组织带来长远的收益？农民作为集体经济组织的成员能够变成私人企业的股东吗？

资金变股金后是否可以有合适的分红？

谁来代表全体集体成员与私人资本的企业进行谈判或参与管理，来实现集体资产的收益？

在这个过程中，基层政府或担心与资本打交道，不能保证给农民带来利益而影响社会稳定，因而不愿承担责任；集体经济组织的代表也没有能力或不能代表全体集体组织成员与资本打交道。

事实上，中央政府一再强调的是："坚持农民集体所有不动摇，不能把集体经济改弱了、改小了、改垮了，防止集体资产流失；坚持农民权利不受损，不能把农民的财产权利改虚了、改少了、改没了，防止内部少数人控制和外部资本侵占。严格依法办事，妥善处理各种利益关系。"

四、国有企业主导乡村振兴的逻辑选择

（一）谁是乡村振兴的主导力量？

前文我们探讨了2016年以来的农村集体产权制度的改革成就。同时我们分析了，在农村集体产权制度下，依靠以一村为单位进行乡村振兴，很难形成一二三产业的融合发展，这一是受制于耕地规模的限制，难以实现现代农业的发展；二是受制于建设用地的限制，不能进行二三产业的发展；三是受制于资金的限制，难以通过银行贷款实现三产发展；四是受制于人才的限制，

以一村为单位的情况下，许多村即使进行了村基层支部建设，但真正懂得经营能够奉献的村干部少之又少，而且由于村里没有较高水平的基础教育学校，难以吸引外出人员回乡；五是一村的产品难以形成品牌和开拓市场。同时我们认为，社会资本不能完成乡村振兴。这使我们追问：谁是乡村振兴的主导力量？

（二）政府主导乡村振兴需要一个统一的实施主体

目前政府在乡村振兴中的作用发挥主要通过资金投入和人才投入来进行。政府实施的各项人才工程也都与财政资金挂钩。

关于财政资金投入，在现有的经营体制下，乡村振兴战略实施过程中，绝大部分乡村的振兴主要靠的就是每年政府财政资金的大量投入。2008年至2020年国家财政用于农业农村支出数额逐年增加，到2020年已经达到14094亿元。农业农村支出占财政支出总额的比重2008年为4.6%，2018年、2019年和2020年分别为5.9%、5.9%和6.1%，大幅提升。2006年，山东省地方财政支出中支援农业支出达到108亿元，占地方财政支出的5.9%，2022年，山东省加大财政"三农"投入力度，安排乡村振兴资金728.86亿元，其中省级资金338.04亿元，占地方财政支出的7.1%。

这些投入主要通过扶贫和项目资金投入的方式进行。精准扶贫，解决了农民的绝对贫困问题，农民吃饱穿暖，能够看病的问题基本得到解决。通过各种项目投入使农村道路、水利、卫生、环境、通信设施、公共服务等得到了极大改善，但是并没有解决

"三农"存在的一些根本性问题。主要表现在：

第一，农民的养老问题是一个根本性问题。年轻子女外出打工而老人在家种地，随着留守老人年龄增大，他们的养老问题是一个没法解决的难题，部分老人感觉生活没有了兴趣和意义。

第二，孩子教育问题、医疗的便利问题等都没有解决。村里年轻人外出打工，有的带走孩子，有的留在家里，农村居住人口少，而且居住分散，上学太远，成本太高。为了解决上学问题，年轻人只能去县城买房。许多家庭在农村盖了新房还必须到县城买房。无形中增加了农民婚育负担，而且由于居住分散，农村基本的一些医疗难以在村里实现。

第三，农村的三产融合问题不能实现。目前最重要的问题是：小农生产情况下，对于主粮生产而言，成本高，收益低，质量难保障的情况下，靠粮食价格提升根本不可能解决农民问题，乡村振兴必须是产业振兴，只有农业生产不能实现乡村振兴，必须是三产融合。

这就涉及一个根本的问题，谁来发展三产？个体农民自己根本不行（改革之初农村出现养殖专业户、运输专业户等，但现在单个农民不能够面对变化的市场，也无力进行现代工业要求的基本投资）。私人资本受制于耕地保护限制没有建设用地。零星建设用地不能进行统一规划，这些靠财政资金投入是根本不能解决的问题，也是财政资金投入效率低下的表现。

政府财政资金投入没有达到真正的效果，主要是由两方面原因引起：一是财政资金投入分散、资金使用效率低；二是没有一个真正代表国家进行乡村振兴中财政资金使用的主体。

因此,现阶段在乡村振兴过程中的主要矛盾已经不再是政府支农财政资金不足,而是财政资金使用效率低下的问题。这种低效不仅是由于存在制度性损耗,而且还存在项目投资由各部门分别进行,水利部门、农业部门、环保部门、民政部门、组织部门、教育部门、科技部门等争相争取向农村进行其所属范围内的项目投资,而这些项目投在不同区域由不同主体动作,不能形成一个基本的合作,导致财政支农资金使用的浪费和低效,政府投入大量资金未能真正达到乡村振兴、改善民生的预期效果,这些也可以算作一种制度性损耗。

在政府对农村进行的各项人才工程上,投入巨大,但一个人才仅负责一村,挂职科技县长等只负责一方面业务推进等,他们均不能规划乡村,均不能从根本上解决农村发展面临的困境。

通过政府投入是否可以完成五大振兴——几年来,政府对于乡村振兴做法更多是通过一些项目进行投入,通过各人才工程推动城里干部或科技人才到农村工作一段时间,项目和人才相互推动。但这些项目往往零星、分散,实施主体复杂,有的是通过社会资本实施,有的是通过乡村集体实施,有的是通过当地政府实施,不能形成一个地区乡村振兴的合力,也缺乏对一个地区乡村振兴以及城乡融合发展的全面的规划。

(三)国有企业成为国家实现乡村振兴战略的主体

乡村振兴是国家战略,在个体农民家庭、社会资本、农民专业合作社发展都难以胜任的情况下,国有企业应该承担重任,在中国特色社会主义市场经济体制中,选择合理的企业治理模式,将企业发展与农民利益和乡村振兴战略实施结合起来,与当地政府合作,组织并带领农民,统筹城乡资源,通过县域规划,实现县域内外协调发展,城乡融合、三产融合,增加农民就业机会,保障农民合理利益诉求,通过乡村振兴,实现社会主义的共同富裕。

理论证明国有企业应该参与乡村振兴战略的实施[①],实践也证明只有国有企业才能够实现对农民利益的照顾。在现时的条件下,国有企业可以成为国家实现乡村振兴战略的经济主体和组织主体。

我们谈国有企业主导乡村振兴,不是指国有企业在某个项目上通过国家政策支持,来完成单个项目的投资,给农村带来局部改善的同时,主要以追求企业自身利益为主要目的的行为。而是指国有企业在农村一定区域内主要是县域内根据不同的自然和文化传统以及经济条件,因地制宜进行统一规划,通过产业振兴、人才振兴、文化振兴、生态振兴、组织振兴,从而实现农村的产业兴旺、生态宜居、乡风文明、治理有效、生活富裕。

就是充分考虑农村现有的制度框架,采取合适的治理模式,通过规模不等的合村并居,一方面实现土地连片耕作,实现农业现代化耕作;另一方面通过合村并居过程中的土地集中规划,腾

---

① 侯风云:《国有企业主导乡村振兴的政治经济学分析》,《政治经济学研究》2022年第9期。

出宅基地，增加建设用地，这样通过农村自身挖潜，解决由于耕地保护制约第二三产业发展的建设用地指标问题。

同时合村并居可以实现自来水、地下管道的集中铺设以及中小学教育和养老、托育机构集中建设，这样乡村经济、产业、社会、生态、卫生、文化等才能得到真正提升，乡村才能真正体现全方位振兴。

（四）国有企业通过合理的治理结构使各经济主体形成乡村振兴合力

通过国有企业主导乡村振兴，对接现有的农村土地制度和不同经济成分，可以做到对农民利益的充分照顾，并实现各个利益主体之间利益关系的有机协调，而且国有企业主导乡村振兴使农民作为国有企业的职工成为乡村振兴的主体和直接受益者。这就直接回答了乡村振兴为了谁，依靠谁，谁是振兴的主体的问题。通过合理的制度安排也能够处理好各种不同的振兴主体之间的利益关系。

但是需要特别明确的是，国有企业主导乡村振兴，不能仅仅依托国家乡村振兴战略实施中的支持政策和资金项目，赚取自身眼前利益，而是要主动承担社会责任。这个社会责任内容丰富，包括服务于国家发展战略需要；服务于国家粮食安全需要；要有农民利益保护者的责任担当，而不是进入农村，与农民争夺利益；要承担环境保护，生态平衡和可持续发展的社会责任。

国有企业主导乡村振兴，基本的指导思想是：以乡村振兴为一项重要任务，企业在振兴中实现自身发展。乡村振兴一定是一二三产业融合发展，延长农业产业链，增大农村收益，整个过程中农民利益得到充分照顾。国有企业不以眼前的盈利为目标，而是以完成社会职能，承担国家发展战略为目标。不以眼前盈利为目标，但不是不以盈利为目标，因为不盈利就不能持续。而是着眼于眼前和长远盈利，盈利用途不是为了管理层的职务消费和工资福利，而是为了给相关利益方利益增进尤其是为了国家战略实施。

通过国有企业对农村资源的整合，推动农业生产现代化和高品质化，确保主粮耕种面积不断增加，优良品种不断开发，确保粮食安全和种子安全，使中国人的饭碗稳稳端在中国人的手里。通过对农民利益的保护，确保农民老有所养、病有所医、居住舒适、就业稳定且有所发展、婚育无后顾之忧，确实能够帮助党和政府使七八亿农民生活富足，国家安定；并通过农民的富足带动国内需求增加，从而实现国内国际双循环发展格局的实现。通过国有企业在农村的发展壮大，进一步体现社会主义制度的优越性。

我们认为，国有企业是实现城乡协调发展，农村三产融合的最好选择。现在农村发展中出现众多问题，即使政府大量投入，也由于没有一个合适的承接主体，财政资金使用效率低下。国有企业主导乡村振兴，可以将实现自身发展和壮大、承担社会责任和政治责任有机结合起来。这主要是通过县域内资源统一规划，根据不同片区资源状况，将土地实现连片经营，统一进行农业生产服务，通过农业生产的现代化，降低生产成本，提高土地产量，增加农业生产收益；同时通过统一规划，整治空心村，合村并居，实现教育、医疗、基础设施、地下管网等公共品供应成本降低，使用效率提升，将大量闲置宅基地进行整治，从而在增加耕地的同时增加建设用地，使农村二三产业得到发展；通过延长农业产业链，增大农村收益，从而实现自身收益的提升，并不断将收益用于农村发展；通过居住改善、三产融合发展，企业得到发展，农民获得利益，乡村真正振兴。

国有企业主导乡村振兴，不是对农村的国有化。国有企业整合农村资源，对村集体土地以及农民承包地和宅基地进行统一规划使用，不是无偿没收，使之国有化，而是在中国特色社会主义市场经济体制下，创新发展模式，对接农村现有不同类型经济主体的利益诉求，将国家战略推进、国有企业发展与农村各经济主体利益有机结合。

在中国特色社会主义市场经济体制下，国有企业主导乡村振兴过程，必然涉及不同的经济主体或利益主体，这些利益主体之间的利益关系需要进行合理的安排才能使国有企业在农村的运行顺利，并达到良好结果。需要认真研究的是，在现有的制度框架下，不同利益主体的权力和责任，他们希望在国有企业主导乡村振兴中获得怎样的利益和承担怎样的义务。这实际上就涉及主导乡村振兴中的国有企业的治理模式问题。

五、农村集体产权在国有企业中的实现机制

（一）农村集体产权制度改革为国有企业主导乡村振兴奠定了基础

农村集体产权制度改革，明晰了村集体和农民家庭的财产以及农民的集体成员身份，同时确认了村集体经济组织的法人地位，这为国有企业主导乡村振兴奠定了基础。这些集体财产经过确权或以村集体经济组织持股，没有成立村集体经济组织的以村委会持股入股到国有企业。政府可以利用农村集体产权制度改革的成果，推动不同层级的国有企业承担起主导乡村振兴的重任。

国有企业主导乡村振兴必须充分尊重现有的农村产权制度。可以说，农村集体资产清产核资工作为集体经济组织入股到国有企业并作为股东打下了良好的基础。不同类型的集体资产可以入股国有企业，集体成员身份使农民可以成为集体资产分红的受益者，甚至成为国有企业主导乡村振兴工作开展需要明确考虑的利益主体和依靠力量。

（二）清产核资后的集体资产入股国有企业取得分红

在近年的农村集体经济产权制度改革中，通过清产核资，确定了集体资产的数量，这些资产包括未承包到户的集体"四荒"地（荒山、荒沟、荒丘、荒滩）、果园、养殖水面等资源；集体集中开发的现代农业项目；以村集体名义利用生态环境和人文历

史等资源发展的休闲农业和乡村旅游项目；村里闲置的各类经营性和非经营性房产设施、集体建设用地；农村集体经济组织为农户和各类农业经营主体提供产前、产中、产后农业生产性服务的各项机器设备、基础设施；集体积累资金、政府帮扶资金等基本通过清产核资入股进行了集体产权确定，该集体资产以农村集体经济组织为主体投入到国有企业中，形成国有企业的资产。

随着企业的发展，集体经济组织取得分红，并将红利用于村集体公共服务需要。这样可以减少主导乡村振兴中的国有企业对乡村公共品维护及公共服务的费用支出。可以说，这样的企业治理制度安排体现了对集体资产权益的维护，同时也通过入股国有企业，通过国有企业合理运作和发展，实现增值，从而带动集中规划后的社区公共服务水平的提升。因此持续解决农村公共服务问题并不会增加国有企业负担，而是通过国有企业合理利用这些入股的集体资产，使其保值增值，获得分红收入用于社区集体需要。

（三）农民集体成员身份及其利益实现问题

依据2016年12月26日中共中央、国务院《关于稳步推进农村集体产权制度改革的意见》的精神，在农村集体产权制度改革中，股权设置应以成员股为主。该意见指出，"农村集体经营性资产的股份合作制改革，不同于工商企业的股份制改造，要体现成员集体所有和特有的社区性，只能在农村集体经济组织内部进行。股权设置应以成员股为主，是否设置集体股由本集体经济组织成员民主讨论决定。股权管理提倡实行不随人口增减变动而调整的方式"。在这里，许多资产，往往不适宜量化到户或者量化到成员个人，国有企业进入农村后，就需要以集体经济组织为主体入股国有企业。可以将农村集体经营性资产和非经营性资产一并纳到国有企业资产中，因为国有企业在进行统一规划，实现三产融合发展的过程中，原有的村集体非经营性资产也可能转化为经营性资产。在这里，集体经济组织代表村集体成员入股国有企业，所获取的发展收益，并用于村社公共福利支出需要，由村集体成员共同分享。

这里重点讨论集体成员如何进入国有企业中，并有相应权益。集体成员身份可以继承，如果原有的集体成员去世或者离开，其直系亲属可以继承；对于婚配到该村的女性或男性，其配偶是集体成员，则该嫁入者应该自然成为集体成员，享受集体成员的利益。但对于承包地、宅基地等资产性以家庭为主体入股的股份，由于以家庭为主体入股，因此新增成员虽然不能分割股份，但对于新增人口，通过分享家庭内拥有的承包地资产权益而获得与家庭其他成员同等的权益。

这一设计也充分考虑了中共中央、国务院《关于稳步推进农村集体产权制度改革的意见》中的关于确认农村集体经济组织成员身份的建议。确保集体成员以及新增集体成员在国有企业中的利益得到保护，因此对于集体成员，应该在制度上得到确认。该《意见》关于确认农村集体经济组织成员身份中提出，"依据有关法律法规，按照尊重历史、兼顾现实、程序规范、群众认可的原则，统筹考虑户籍关系、农村土地承包关系、对集体积累的贡献等因素，协调平衡各方利益，做好农村集体经济组织成员身份确认工作，解决成员边界不清的问题。改革试点中，要探索在群众民主协商基础上确认农村集体经济组织成员的具体程序、标准和管理办法，建立健全农村集体经济组织成员登记备案机制。成员身份的确认既要得到多数人认可，又要防止多数人侵犯少数人权益，切实保护妇女合法权益"。提倡家庭今后的新增人口，可以作为农村集体经济组织成员通过分享家庭内拥有的集体资产权益的办法，按章程获得集体资产份额和集体成员身份。

这里涉及集体成员的利益有两个，一个是纯粹的集体成员的利益，一个是集体成员股，即土地承包权的经济体现和所拥有的宅基地等其他落实到集体成员身上的集体资产股的利益。

该《意见》关于保障农民集体资产股份权利的部分提出："组织实施好赋予农民对集体资产股份占有、收益、有偿退出及抵押、担保、继承权改革试点。建立集体资产股权登记制度，记载农村集体经济组织成员持有的集体资产股份信息，出具股权证书。健全集体收益分配制度，明确公积金、公益金提取比例，把农民集体资产股份收益分配权落到实处。探索农民对集体资产股份有偿退出的条件和程序，现阶段农民持有的集体资产股份有偿退出不得突破本集体经济组织的范围，可以在本集体内部转让或者由本集体赎回。有关部门要研究制定集体资产股份抵押、担保贷款办法，指导农村集体经济组织制定农民持有集体资产股份继承的办法。及时总结试点经验，适时在面上推开。"

（四）清产核资中的其他集体资产入股国有企业

另外，在土地测量中，多出的土地，既不属于农民承包地，也不属于原有村集体的土地、矿山以及其他可以纳入到国有企业主导乡村振兴中的资产，可以归入乡镇政府集体所有，并入股到国有企业资产中。如果国有企业规划经营过程中，需要跨县域经营，涉及县外其他乡镇或县国有资产，入股到国有企业中，算作地方国有资产的一部分参与国有企业发展并分红。如果主导乡村振兴的国有企业正好就是县乡国有企业，则直接算作国有企业的股权即可。

芜湖市"党组织领办合作社"引领新型集体化实践

丁 玲 陈 龙 伍旭中

随着脱贫攻坚目标实现,接续推进乡村振兴成为摆在全党面前的一个重大任务。在中国共产党第二十次全国代表大会上,习近平总书记强调,"从现在起,中国共产党的中心任务就是团结带领全国各族人民全面建成社会主义现代化强国"[1],指出"中国式现代化是人口规模巨大的现代化,是全体人民共同富裕的现代化"[2]。坚持发展和壮大村级集体经济,是巩固拓展脱贫攻坚成果、推动乡村产业振兴、引领农民实现共同富裕的重要途径,是党组织增强凝聚力、提升组织力的重要支撑。

2021年以来,芜湖市吸收烟台市、毕节市"党支部领办合作社"的做法和浙江省"强村公司"的实践经验,因地制宜、积极探索,在安徽省率先全域推行"党组织领办合作社"。截至2023

---

[1] 习近平:《高举中国特色社会主义伟大旗帜 为全面建设社会主义现代化国家而团结奋斗——在中国共产党第二十次全国代表大会上的报告》,人民出版社2022年版,第21页。

[2] 习近平:《高举中国特色社会主义伟大旗帜 为全面建设社会主义现代化国家而团结奋斗——在中国共产党第二十次全国代表大会上的报告》,人民出版社2022年版,第22页。

年12月，全市共有189个村级党组织领办合作社，其中市、县试点合作社70个，13个镇级联合社，2个县区级联合社。截至2022年底，全市经营性收入50万元以上强村376个，占比56.29%，较2021年提高26.39个百分点；村均59.72万元，较2021年提高25.39万元。全市党组织领办合作社累计吸纳入社村民2.7万人，其中监测户980户2448人。70个试点村实现村集体经营性收入7875.3万元、同比增长153.9%，帮助入社村民增收5512.7万元、户均2041元。

党的十九大提出乡村振兴战略，乡村振兴如何发挥基层党组织守护和统筹协调公共资源的作用？如何使留守乡村的人们安居乐业，团结普惠？我们在调研中发现，芜湖市党组织领办合作社的实践与探索，在乡村的生态保护上，在壮大新型集体经济的制度建设上，在促进乡村的组织化、增加公共性上，都有着一定的成果。

一、背景动因与发展历程

推行党组织领办合作社之前，芜湖市的农村地区主要面临五大问题：一是村级集体经济比较薄弱。与先发地区相比，芜湖市农村集体经济不强，且大多增收渠道单一、发展后劲不足。二是基层党组织战斗力不强。一些基层负责人反映，村党组织做群众工作没有有力抓手，联系群众缺乏有效的平台和纽带，有的村党组织说话没人听、干活没人跟，基层矛盾较多，乡村治理水平不高。三是农村发展活力不足。农村空心化、农民老龄化、农业边缘化现象比较突出。不少村的常住人口不到户籍人口的1/3，平均年龄近60岁，一产增加值占全市GDP比重不到5%。四是农民增收途径不多。虽然通过脱贫攻坚战，让贫困人口全部实现了脱贫，但是仍有一些低收入户、监测户持续增收基础薄弱，不断缩小收入差距、发展差距的压力还比较大。五是农户发展不够平衡。前期很多农民专业合作社由少数人发起、少数人受益，事实上变成了"精英社""金钱社"，富了少数农户，多数农户未受益，这与促进共同富裕的根本要求不相适应。

这些问题，在基层具有一定的普遍性，是不可回避、必须整体攻克的难题。2021年7月，芜湖市专门组建联合调研组，围绕"集体经济如何做大、百姓共同富裕如何推进、干部闯劲如何激发"等抓党建促乡村振兴三大问题，在全市范围内开展深入调研，谋求破局之法。

（一）试点先行

关河村是芜湖市的出列贫困村，地处无为市蜀山镇西北边陲，全村756户中有135户曾经是建档立卡贫困户，村里多为山地丘陵，村民常年靠种植水稻、山芋为生，如何带领村民脱贫致富，增强村集体经济，是村"两委"日思夜想的问题。2017年9月，在第七批驻村工作队的协调下，关河村党支部牵头成立关河沿山种养殖综合专业合作社，决定尝试以党支部领办合作社的方式带动村集体经济发展，帮助农户提高农产品销售收入。合作社把农户的零散农产品（茶叶、粉丝等）集中起来，注册了关河沿山牌商标5个，完成绿色食品认证，在城市社区建立直供直销网点，抱团发展实现农超对接，合作社销售所得利润按比例进行分红。在合作社的助力下，关河村于2019年底实现现行标准下的所有贫困人口全部脱贫，提前一年完成脱贫攻坚任务，2020年村集体经济收入突破125万元，收益达25万元。

2021年9月，关河村的案例被市级联合调研组写入《芜湖市党建引领壮大集体经济的建议》呈送市委市政府主要负责同志，经过调研讨论，市委市政府最终决定在全市摸排基础条件好、村班子战斗力强的15个村进行试点，并逐步扩大范围，探索以党组织领办合作社为抓手，壮大集体经济助力共同富裕。

（二）一锤接着一锤敲

2021年12月，芜湖市委农村工作领导小组正式印发《推进村党组织领办合作社壮大集体经济实现共同富裕的实施方案》，提出用5年的时间，实现全市合作社体制机制和政策体系的基本建立，市委明确以季度推进的模式，坚决把党组织领办合作社干出成效。

2021年底，芜湖市举办全市村党组织领办合作社壮大集体经济实现共同富裕培训班，为各级干部进行培训并发放《塘约道路》《烟台纪事》等党组织领办合作社相关书籍资料，从理论层面提高各级干部认识水平。为了帮助新生的合作社提高对接市场的能力，积累"第一桶金"，2022年1月，芜湖市出台《关于支持村党组织领办合作社承接农村公益性项目的实施方案》，从财政预算等支出的农村公益性项目中，筛选适合合作社承接实施的农村人居环境整治、村庄道路建设及管养、农田水利建设及维修养护等项目，30万元以下的服务类、60万元以下的工程类项目可由合作社按规定组织实施，确保"有活干"。很多合作社刚成立不到半年，工作思路和方法还都在探索，通过公益性项目赚取第一桶金，有了启动资金，才能更好地开展下一步活动。截至2022年底，已承接公益性项目178个，涉及资金6350万元，带动村民本地就业1953人，增加村集体收益819.2万元。

2022年3月，芜湖市调整完善扶持壮大村级集体经济领导小组，市委组织部、农业农村局、乡村振兴局负责同志兼任办公室主任并抽调人员组成专班。2023年新年伊始，芜湖市党组织领办合作社迎来首个分红年，45个党组织领办合作社陆续为社员分红，498户脱贫户和监测户获得分红12.18万元，户均增收245元，基层党组织与群众联系更融洽更紧密。2023年3月6日，芜湖市召开党组织领办合作社2023年度工作会议。经过一年多的实践检验，各级干部更加坚定党组织领办合作社走的是一条发展新型农村集体经济，把群众组织起来抱团发展的道路，与党的二十大精神高度契合。

二、主要做法

通过"连股、连责、连心、连利"，芜湖市将党组织领办合作社作为全市农村重点工作扎实推进，不断增强村级党支部组织能力，激发村级集体经济内生动力。

（一）"绝对控股模式"

芜湖市提出符合全市实际、立足长远发展的"绝对控股模式"，在建社初期要求村党组织占股不低于50%，确保党组织的主动权、话语权和决策权。刚推进这项工作时，有干部不理解，"过去的村股份经济合作社不是好得很吗，为什么又要搞党组织领办合作社，有什么区别？"实际上，过去基层党组织在农村的领导作用发挥得很不够，和经济工作脱离较远，因而党组织和农民之间没有建立起直接的利益联结，在动员群众、组织群众的时候没有抓手。随着《芜湖市村党组织领办合作社运行管理办法（试行）》出台，充分发挥党组织政治优势、组织优势，鼓励党员、群众出资入股或以土地承包经营权、林权、技术、地上附着物等折价入股方式，同村集体成立专业合作社。过去，有不少村干部习惯于"躺平"，村集体经济发展主要靠地理位置，靠"出身"，有了党组织领办合作社之后，必须将村党支部工作融入产业发展、农民和集体增收之中，上级组织部门也将集体经济发展情况纳入优秀村、优秀村书记评选的重要参考，湾沚区组织部部长赵慧星认为，"我们的干部决不能躺平、吃租金，而是要用产业的发展来壮大集体经济，现在所有的干部都要懂经济，会运营，懂产业发展方向，否则的话就不是一个合格的村干部"。

（二）组织保障与运行保障

为保障党组织领办合作社顺利推进，芜湖市市委建立领导小组及办公室，领导小组每季度召开一次全市党组织领办合作社推进会。各级党委组织部门、农业农村部门、乡村振兴部门、供销社部门负责牵头抓总，做好督促调度和业务指导。一方面，强化组织保障。要求县级统筹，明确县区党委、政府承担主体责任，负责统筹谋划推进本地"党组织领办合作社"工作。另一方面，强化运行保障。市级财政每年投入2000万元用于发展村级集体经济，自2023年起，上浮至3000万元。无为市、南陵县按照每村5万元，其他县区按照每村10万元，设立扶持壮大村级集体经济专项资金。2022年，市级财政安排了600万元用于15个市级"党组织领办合作社"试点村作为扶持资金。繁昌区还设立了2000万元的风险补偿基金，引导金融机构优先在信用村合作社拓展金融业务，按照信用等级给予财政贴息。创设"乡村振兴贷"及续贷过桥资金等措施，支持合作社发展现代农业生产。

（三）统一思想，层层宣讲

赵慧星部长告诉我们，"我们镇村两级干部对党组织领办合作社的认识是一步一步在深化，刚开始也很难，任何一个新事物在推进的过程中，一定要不断地统一干部的思想，然后在实践的过程中创新，就会看到成效……刚开始是我天天推着他们走，那时候大家还不愿意搞合作社，到现在是他们自己主动要去探索，下去调研经常有惊喜"。统一思想，就要在乡镇书记层面，做到思想认识到位、统筹谋划到位，将党组织领办合作社纳入镇域经济发展规划。在村党支部书记层面，要把政策讲清、把道理讲明、把利弊讲透，把党组织领办合作社对提高党支部威信、既强村又富民的好处讲明。在广大农民群众层面，找准宣传切入点，深入浅出讲解政策，及时总结推广好经验、好做法。通过召开会议、组织培训、观摩学习、走访动员等形式，用实实在在的例子给群众吃上"定心丸"。例如繁昌区区委书记亲自挂帅、带头宣讲，再让镇党委书记给村书记讲，村书记给群众讲。各村采取农村大喇叭、党员入户走访、会议座谈、群众说事议事等方式，层层宣传动员，引导村民积极参与，全区各级召开组织动员会1300多次。

（四）统筹四个方面，全面推动

首先，在政策支持方面，芜湖市编制了《芜湖市党组织领办合作社答与问》，明晰合作社意义、办理条件及操作流程，帮助合作社及时了解、争取相关政府政策（项目）。其次，在经费保障方面，结合实际，从财政资金补助、土地指标保障、品牌商标建设等方面给予政策倾斜。例如，针对沈弄村农户购买农资和饲料，繁昌区党建引领的"三位一体"信用合作发挥了作用。沈弄村针对本村信用评级A级以上的用户，给予1A级用户农资周转期限两个月，2A用户农资周转期限四个月，3A用户农资周转期限六个月。1A级用户财政贴息40%，2A级用户财政贴息50%，3A

级用户财政贴息60%，这些都是基于繁昌区的财政支持。再次，在产业选择方面，注重从实际出发，鼓励党组织领办合作社以承接公益性项目起步，条件成熟的可尝试发展一定比例的特色产业。如湾沚区周桥村曾是个"后进村"，2021年村集体经营性收入仅10.8万元。2022年以来，当地通过党组织领办合作社申报了4个投资少、周期短的公益性项目，有了启动资金后，再利用境内的旅游资源，因地制宜注册成立了物业公司，为景区提供服务，村集体经济收入2023年全年有望突破100万元。湾沚区桃园村更是"无中生有"，针对培训经济，依托于桃园村全省唯一一个农村党建馆，成为芜湖市党组织领办合作社中唯一一个对外承接党员教育培训的合作社，合作社2022年上半年已经培训2000多人次，给合作社增收60多万元。有干部表示，"我觉得党组织领办合作社是我在岗位上干的最有成就感的一件事，因为成效是能够直接看得到的"。最后，在利益分配方面，村集体挣钱了，必须要提取10%用于发展农村公益事业，修路、修建小学、办长者食堂等等。在股份分配中优先分配给村民，确保村民持股占比不低于30%。湾沚区横岗社区为防止大户持股过多，侵害小农户利益，合作社章程规定每股500元，个人最多持有10股，每户最多持有20股。湾沚区桃园村确定一股股金为200元，入股金额上限10000元，主要考量的也是更大程度吸纳更广泛的村民参与，防止合作社的收益只被小部分人获得。

三、工作成效

2021年以来，芜湖市通过党组织领办合作社，将党组织的政治引领功能，合作社抱团发展优势，群众的能动性等要素融合起来，努力激活乡村振兴"一池春水"。

（一）状态之变——党组织干事创业的劲头更足了

通过领办合作社，党组织有具体事可干了，以合作社为抓手实施农村产业振兴，为村干部提供了干事创业的舞台，许多村党支部书记真正找到了"当家人""领头羊"的感觉。

弋江区新大埠村桂定强书记表示，"党组织领办合作社成立之前，部分村干部思想存在惰性，觉得合作社搞不搞无所谓，只要维稳就行"。新大埠村成立党组织领办合作社之后，通过动员百姓入股、积极申报公益性项目、谋划蔬菜种植、休闲农旅项目等等，极大地提高了干部的工作积极性，群众对村两委的工作认可度也越来越高，最后入股的农户达到三四千人之多。湾沚区双桥村党组织领办合作社利用地处陶辛水韵景区核心区的优势，开发了荷叶杯、莲子脆等荷莲系列农副产品，给村集体和村民带来实际收益，村干部加班加点为合作社产品做包装、谋销路，由相对松散的班子变成同心同德谋发展的团队。双桥村过去工程一动必有信访，今年党组织领办合作社在村里先后完成道路改造和党建广场建设两个公益性项目，群众一致支持。

弋江区新义村有块70亩的土地，是没人敢碰的"垃圾地"，因为经营权涉及诸多小农户，没人愿意接手。前几任村干部想清理改造，但部分村民不同意，只能眼巴巴看着土地抛荒多年。村党组织领办合作社成立后，通过将这块土地经营权整合入社，很快就完成了土地集约平整，发展菊花种植，干成了几届村委想干却没干成的事，村支书韩大旺深有感触，"党组织领办的合作社代表村集体利益，也代表所有入股村民利益，发展菊花种植收益归集体和每一个入股村民，办事就特别顺畅"。越来越多的基层干部在党组织领办合作社中得到了历练，成长为优秀的带头人。合作社的发展为外出人员返乡创业提供了机会，吸引了人才回流。村里的脱贫户和监测户等劳动能力较弱的群体，能够在合作社中务工就业。村集体有了钱，人居环境整治、美丽乡村建设等"双基"建设也有条件实施了，村民的需求得到更好满足，乡村更加和谐有序。

（二）路径之变——强村富民的发展渠道更宽了

芜湖市党组织领办合作社，一方面充分发挥村党组织的政治和组织优势，通过领办合作社，让村党组织站在经济发展最前沿，带领群众上项目、闯市场，并将合作社承接的惠农政策惠及群众；另一方面，充分利用合作社对接市场、抱团发展的作用，通过合作社把分散的群众组织起来，提高了农民进入市场的组织化程度。

2022年4月，在建设粮食烘干厂之后，湾沚区花桥村又跟区供销社合作，成立了花桥村供销合作社有限公司，花桥村党组织领办合作社出资80万元，区供销社出资20万元，从事生产资料销售，在原粮食烘干厂旁边建了一个560平方米的仓储中心，成立2个月便销售58吨化肥，给村民让利，农户每吨化肥可省1万元，村集体也有盈利。今年，花桥村已经拿到品牌化肥的区一级代理，将生产资料销售扩大到整个湾沚区，提升了党组织拓开富民兴业之路的能力。

湾沚区桃园村的特色农产品过去面临着一个比较尴尬的局面：名气比较大、品质比较好，但是产量和销量比较低。党组织领办合作社成立后，利用注册的孝祥状元商标对桃园村以及周边的一些知名农产品，进行统购统销。2022年5月，桃园村和区级联合社，以及市里的有关单位，联合举办了一场"供销优选，津津有味"的线上线下直播带货活动，一方面通过线下品牌直销，餐饮协会和大型超市现场集中采购特色农产品，另一方面线上邀请了30多个网络主播，通过抖音、快手来进行销售，短短几天，整体的销售额达数十万元。

（三）力量之变——促进共同富裕的愿景更近了

党组织领办合作社让集体和群众携手并肩，其根本出发点是加强党对合作社的领导，既要做大"蛋糕"，又要分好"蛋糕"，推动共同富裕。

湾沚区组织部赵部长算了一笔账，2021年湾沚区66个村集体经济收入是250万元，2022年上半年，收入已达到300万元，说明通过党组织领办合作社这样一个试点推动工作，集体经济明显得到了发展。集体经济发展了，农民才可能实现共同富裕。湾沚区在推进"党组织领办合作社"过程中坚持两个100%，第一个是村民入社不追求100%，第二个是困难群众入社务必100%，确保将监测户和低收入户等困难群体吸纳入社，区级党组织领办联合社将每年收益的10%用于低收入户和监测户的基本保障。湾沚区花桥村合作社采取分红转股金的办法，释放2852股每股500元到每位村民手中，在保证村集体控股62.1%的前提下，实现村民参股率100%，花桥村书记袁祖发说："在领办合作社过程中，我们确保集体股具有决策权，利润分红由合作社主导，向普通社员特别是困难群众倾斜，实现脱贫攻坚成果不断巩固。"

在芜湖市，凡是有"党组织领办合作社"的村，监测户均实现100%入社。同时，合作社通过占股比例的顶层设计，防止了大户控制或大户垄断，让入社群众共享发展成果。镜湖区坍村坚持"1%入股法"，村民个人持股占比不超过1%，在保证党组织领办属性的前提下，确保入股的广泛性。繁昌区童坝村丰富入股形式，党组织51%股份以货币资金入股，村民个人以货币资金入股，机械设备、运输车辆等固定资产通过第三方评估作价入股，针对低保、五保、残疾等困难群体，以工时费折资形式入股。繁昌区沈弄村在分红股份中提取两个5%，第一个5%用于基础设施建设，第二个5%给予80周岁以上老人、孤儿、防返贫对象进行分红。南陵县四连村以每户送股份的形式，将困难户纳入合作社变成股东，此外，合作社的土地管护工作、采摘莲蓬、剥莲子等工作都优先安排给防返贫人员，让他们可以参与劳动、挣取工资,年底合作社还将对全村70岁以上老人进行分红,每位老人500元。

(四)活力之变——乡村治理能力提升了

党建引领合作社发展可构建"一元多样"复合治理形态。芜湖市党组织领办合作社在产权明晰的基础上,维系了"政经合一",在发展集体经济的同时也激活了村庄治理。

繁昌区童坝村创新开展"板凳"会,将小板凳搬进田间地头、农家小院,说事场所从室内转到室外、从固定变成流动,合作社的事村民议,将各类矛盾化解在一线,动员村民全体一起参与到乡村治理共建共治共享中来。繁昌区新东村为推进党组织领办合作社承接的高标准农田建设项目,设立党员群众"议事亭",每月组织党员群众代表聚集在议事亭讨论本村党组织领办合作社的大事小情,随时参加田间管理、了解社务财务公开事项,共同商议出有利于村集体发展的"金点子""新路子"。镜湖区圩村将合作社工作和党建工作融合起来,比如植树节的时候,恰好也是合作社种植果树的高峰期,于是宣传发动村里的党员参与果树种植,没有入股的党员可以当作党员活动参与,入股的党员更是义不容辞,将两项工作结合一起,取得了很好的效果。南陵县四连村,以前是百人上访村,随着村集体经济和党组织领办合作社的发展,现在已经0人上访。湾沚区友谊村,在实行"找回耕地"后,共找回100亩地,放在以前在发包之前村集体肯定让这块地荒着,现在有了党组织领办合作社,村书记自己开着拖拉机,带着村里的干部早上5点多去种地，种到8点再去村里上班。在这个过程中，村民知道村干部们耕地不是为自己，是为村集体种田，就有人主动给干部们送水送西瓜，或者参与进来。大家热火朝天的集体劳动的场面，在过去是没有的，这是党组织重新获得党员和群众信任的一个非常重要的方法，正如赵慧星部长所说："确实这件事对社会治理有很大作用，在此过程中，我没有看到有原来好的村，因为发展党领办合作社变坏，但坏的村因为发展这个变好的，比比皆是。"

（五）形象之变——基层组织建设加强了

芜湖的实践，是以党组织领办合作社建设倒逼村党组织积极作为，推动软弱涣散村党组织整顿，推动基层党组织和党员干部学习市场知识，拓宽发展思路，提高为民服务意识和能力。

镜湖区圩村党总支委员王凯认为，"党员的凝聚力也不是一天两天可以培养的，主要还是看组织干得好不好，组织干得越好，越能得到党员以及村民的信任与支持，党员的向心力凝聚力越大……如果你干不出成绩来，想喊人家过来参加活动，人家也不愿意来"。繁昌区蔡铺村是2021年的软弱涣散村，村集体经济发展缓慢一直是亟待解决的难题，2022年借着党组织领办合作社的东风，成立生产、销售、服务三位一体的专业合作社，通过种植特色农作物、网销农副产品、承接公益性项目等方式，村集体获得稳定可持续收入29万元，带动12名村民增收5万元，增强了群众对基层组织的信任。

鸠江区光华村党组织领办合作社成立后，考虑到村内散居特困户老人多，80岁以上的老人约有20人，子女不在身边，对他们来说买菜做饭是不小的负担，因此2022年5月27日开火了党爱心助餐食堂，解决老人的用餐问题。通过招募志愿者和村"两长"，组建爱心车队，配备爱心餐盒，保障村民爱心就餐。下一步光华村将结合鸠江区老年助餐工程建设实施方案，通过统一标准爱心助餐卡（10元/餐），既有免费提供，也有分档自费，对辖区内老人爱心就餐进行分类管理、分类服务。光华村第一书记王家乐谈起党组织领办合作带来的变化说："不仅收入增加了，我们党员还下乡给老人送餐，老百姓对我们的印象也变好了。成立党组织领办合作社后效率更高了，有组织后做事更快、更便捷了，同时跟政府对接也更方便了。"

四、党组织引领新型集体化实践的特点

计划经济时期，人民公社"三级所有、队为基础"，集体经济有着明确的组织架构和功能定位。农村改革40年后的今天，在市场化的条件下，农村组织化有待第二次飞跃，新型集体经济如何发展，如何组织群众既是一个理论问题，也是一个实践问题。尽管有南街村、周家庄、华西村这样的集体经济案例存在，很多人仍然认为中国农村已经分田到户几十年，早已没有复制它们的条件。然而近几年，受《塘约道路》的启发，山东烟台、贵州毕节都在尝试推动党支部领办合作社。在此基础上，安徽芜湖推广

党组织领办集体经济的做法，是又一次突破性的、市域范围内的尝试。从我们调研的案例来看，芜湖的新型集体化发端于党组织领办合作社，但它们不同于过去市场化原则为主导的专业合作社。在怀有"初心"的党组织带头人推动下，新型集体经济的内涵超越了一般的专业合作社，并不断丰富其公共性、扩大普惠性、增强内生性。如此，党组织领办合作社就不只是部分农民增收的途径，更是新型集体化实践和乡村振兴的基础。

我们基于调研的案例，概括了芜湖市党组织引领新型集体化实践的特点。

（一）不忘初心：为乡村不振寻出路

党组织领办合作社带头人的初心，是为20世纪90年代以来乡村不振的困境寻找出路，我富裕不是富裕，大家富裕才是真的富裕。在芜湖党组织领办合作社的案例中，激发这些初心的机缘，大多都有乡村衰败、农村社会涣散的背景。

南陵县四连村的带头人、支书刘友红是个"七〇后"，曾任芜湖金牛电气股份有限公司采购部主任、仓库主任。原本在外事业蒸蒸日上的他，在2014年应上一任书记邀请，辞职回到家乡，经村民选举进入村两委。那时，村里发展停滞不前，村里环境卫生也很差，加上大堤拆迁遗留了许多问题，随之而来的各种矛盾纠纷也日益增多，在2018年四连村还是有名的"百人上访村"、不稳定村。这一年的7月底，刘友红当选了四连村党总支书记，即便刚接手时"两眼一抹黑"，新建的村部大楼还欠了七十多万元外债，各种质疑、上访全摆在面前，但他下定决心，要破解残局、为村庄建设出力，要把家乡建设成美好和谐、风景明媚的地方。走在村里，随便问村民刘书记怎么样，村民大多会用"有能力""没有私心""做事公平公正"之类的话来评价。刘友红并没有满足于此，反而看到了问题和危机：外出打工导致大量土地抛荒；不能外出打工的村民缺乏就业机会；村容不整，村民只顾小家，不顾大家。他认为必须在发展中解决矛盾，大发展小困难，小发展大困难，不发展更困难，"当一个村子有产业，村民每天有就业收入，他们有时间信访吗？跑一次出去要花钱，在家能挣钱，还会有人跑吗？"2021年芜湖市市县推动党组织领办合作社，让刘友红找到把初心转化为实践的路线，建立起"合股联营、村社共建"的新型集体经济组织。四连村多次召开党员大会，党员带头干，合作社在组建过程中，很多党员同志流下了汗水和泪水，84岁的老党员张管雨，拿出自家地势较高的好农田与其他村民的低洼田交换，支持合作社扭转土地。当时正值冬季，共产党员尹学木，带头下田指导平整土地，一个多月从未停歇。在四连村的案例里，我们看到，一方面刘友红一直怀有自己的初心，另一方面，怀有初心的刘友红是被村庄需要、村民信任的；村民对他的信任更加激发了他坚持初心。

南陵县万兴村书记万海水也是七零后，过去一直在村里做些小生意，并担任电工，因为对村里情况很熟悉，且能调动村干部的积极性，2010年3月起受镇党委推荐担任村书记。后来供电公司要求他转走组织关系，但为了能继续当书记，他辞去了电工工作，专心做村干部。十几年来，他冲在为民服务一线，带领村班子和村民，将全村大大小小的50口塘进行清淤扩挖，新建硬化村组道路5条13公里，改造供电台区10个。万兴村是典型的山区村，空有山场却得不到利用，但是万书记没有气馁，2015年，他从一些资料中发现白茶致富的案例，于是带领村两委同志去浙江考察，并当机立断从安吉买下3万株茶苗，回村种植茶树。经过几年的努力，将一座座原本荆棘丛生的灌木林山丘，硬生生开辟出1500亩层层叠叠的茶林来。2022年村民人均收入33400元，集体经济可支配收入102万元。村民亲切地称万书记为"黑皮书记"，因为村里在他的带领下，把荒山开成茶山，他吃了很多苦，晒得黢黑。如今万兴村早已告别了"负债村"的贫穷面貌，跨入芜湖地区经济强村行列，然而取得的成绩并没有改变万海水一心为民服务的初心和劲头，他多次提及："一个村要想有长久的发展，必须壮大村级集体经济，必须有自己的主导产业。"为此，他先后动员了本村13位有经济实力的村民返乡，规模发展白茶、栀子茶、烟草、水产养殖等多样化乡村产业。他的真心实干，赢得了群众的信赖、尊重和爱戴。

湾沚区桃园村的老书记梁友文是个有着三十多年党龄的老党员，在2009年回到村里工作之前一直从事个体企业经营。梁友文刚任书记的时候，桃园村还是一个负债百万、举步维艰的软弱涣散村。和大多数村庄一样，彼时的桃园村也只剩下空巢老人和留守儿童，村庄日益没落，房屋无人居住，环境又脏又乱。他说自己当上书记前不想群众投他的票。接受村书记的任命前，他也满心挣扎，但村民觉得他为人正直、有公心、有能力，纷纷要求他做书记。上任后，村里落后的面貌让他看在眼里，急在心里。为摆脱贫困落后的面貌，他下定决心一定要尽快让村民过上好日子。"很多人都说我们桃园村的变化都集中在这两三年，实际上，从2009年开始，我们就下决心要改变。"在这样的信念下，他长期忍受病痛，舍己为民。在甲状腺肿瘤手术后的第七天，他立刻回到岗位忙于村内事务，在另一次参与水利兴修工作时，他又不小心摔断了腿，留下后遗症。家人总劝他不要这么拼，他却坚守初心，不以为意。桃园村人口众多，管理难度大。为促进党群干群关系和谐，他积极发挥老党员作用，探索成立了老前辈协调工作站。老前辈协调工作站定期组织德高望重、党性觉悟高、人际关系好的老党员，实地走访村民家庭，主动排查隐患，确保矛盾、问题不出村。这一举措，也让梁友文进一步赢得了村民的信赖。在大家眼中，他是永远充满干劲、不知疲倦的好书记。

（二）逆市场化：新时代的愚公精神

不忘初心后，如何带动群众呢？四十多年的分田到户已经让农民养成了单打独斗的惯性，如何重新动员农民合作，带领群众走向集体化？我们调研发现，依靠党组织领办合作社，推动者们甘当新时代的愚公，付出逆市场化的努力，才能带动群众，创造"合"的条件，打破"分"的惯性。

南陵县万兴村党组织领办合作社的产业是白茶，这起源于书记万海水首先自己实验种了100亩，然后几名党员带头示范，以

理解新型农村集体经济

"党建+生态产业"作为主要发展模式，发动十几个村民一起种植。在芜湖市推动党组织领办合作社之后，村两委趁热打铁召开村民大会，成立了南陵县首家村党总支领办的农民专业合作社，万海水带头将自家茶地全部入股合作社。万书记认为，"发展合作社，光靠村干部是远远不够的，必须要发动村民主动加入"。刚开始谈到入股，有些人还是不敢干。万海水提议由村"两委"干部、党员、村民组长带头，深入学习《烟台纪事》《组织起来的力量》等发展案例，明确为什么要领办合作社、如何领办合作社等关键问题，从思想认识层面凝心聚力。通过召开老同志座谈会、党员和脱贫户代表座谈会等多种方式，与村里不同群体探讨党组织领办合作社的重要意义、征求党组织领办合作社的发展方向，明确领办合作社的具体形式，最终通过以村集体厂房项目租金入股以及村"两委"干部带头出资入股等形式，坚定群众的入社信心，终于，功夫不负有心人，村内14户茶农积极响应，纷纷以资金和资源等形式入股合作社。如果按照市场化逻辑，获得利益的应该首先是万海水书记，然后是其他党员们。然而，他们没有把自己探路、试错的成果，按市场规律变成自己先富起来的途径，而是逆市场化地让成果成为集体的公共品，与村民分享。这种公共性的生产也为村党支部在群众中赢得了公信力和号召力，体现了"集体"逆市场化的功能。2022年年底，经过盘点，村集体经济收入超过百万，万书记坚持，"虽然不是所有村民都加入了合作社，但发展成果该由村民共享"。于是，在2023年1月15日的分红大会，村集体一致决定拿出村集体收入为全村247名70

岁以上老人每人送上300元的慰问金，为10户特殊困难人群每人送上800元慰问金。同时，按户按人数为全村2450位村民分发年猪肉，表达对群众的新年祝福与关心，让大家共享村党组织领办合作社发展村集体经济的项目果实。

  繁昌区沈弄村的干部们也是逆市场化的新愚公，为村民创造新的公共性。机缘巧合之下，繁昌区全区基层党组织书记培训班参观了安徽省司尔特肥业股份有限公司，沈弄村党总支书记赵永革立即意识到这是一个争取到优质且低价肥料的好机会，经过多次调研学习，最终决定，以合作社代理农资的形式发展集体经济。2022年上半年，受市场环境影响，农资价格不断攀升，厂家现货价格较2021年底上涨500元左右一吨。本村农户大多数都没有农资库存，如果以当前市场价格购入农资，则必然要面临生产成本增加的问题。经合作社理事会商议决定，本村农户在村合作社采购农资，一律按未涨价之前的价格购买。保障了农户的生产，合作社却陷入了账户余额不足的困境。因此村两委开会，干部们主动将自己的资金转入合作社用于预付款支出。同时，针对信用户，村干部主动垫资支付款项，保证合作社的资金及时入账。2022年，党组织领办合作社共销售农资、饲料、种子1010吨，直接为农户节约生产成本约30万元。2023年4月，合作社从村集体经营性收入中拿出46万元用于全村4474名股民分红，同时针对老年人发放额外的慰问分红，全村115名80岁以上老人每人能领到200元。作为全市第一个收入超过500万元的党组织领办合作社，按照合作社章程可以按比例给予村干部分红，但是赵永革书记坚持不分红，他认为党组织领办合作社刚起步就给干部分红，影响不好，不利于团结群众。他很清楚这些奉献都是逆市场化的，也因此决定了党组织领办合作社与一般的合作社不一样，是普惠性的，他们的无偿贡献也保证了合作社的平稳发展。

湾沚区桃园村也是通过创造新的公共性，带动村民的合作。"得知东家在考学，闻听西家在娶媳，最少也得三两百，亲朋好友上千块，平时月随五六门……"这是位于湾沚区桃园村村部的一处"随礼难"文化宣传墙，内容是由村民自编自演的，接地气的言语把农村人情世故随礼难描绘得生动有趣，不禁让人停下脚步，细细读上一遍。过去，村里盛行攀比、浪费奢侈之风，梁友文说，"过去红白喜事给老百姓造成的负担太重，平时我们老百姓一个月都要去四五家，遇到五一、十一，有的都要去十几家"。桃园村两委认识到开展移风易俗工作的必要性，于是成立了村民道德议事会、红白理事会，选择在村中有威信的村民任组织成员，更新群众的孝养理念，推动"遏制农村高价彩礼典型做法"，制定了经全体村民代表大会同意的《随礼难》，倡导红白喜事简办，同时利用农民大食堂，在此食堂办理喜宴给予7.5折的折扣，以此减轻村民的负担。说起村里这几年乡风的变化，尤其是人情世故随礼这一块，村民徐德金感触很深："原来我们村里这家做喜事，那家做大事，大家都有一种攀比心理，随礼一般300到500块钱。村里看到这种不好的风气，就开会宣传，后来一致同意，每家不管是喜事还是其他大事，都是100块钱，意思一下就行了。"在《桃园村村规民约》里，也明确写着"红白喜事严控标，每桌三百不许超。亲朋好友礼壹佰，礼尚往来笑颜开"。此外，桃园村积极发挥老前辈调解工作室的作用，这个工作室由村里五位德高望重的老人自发成立的。在他们的引导下，如今移风易俗成了村里的新时尚，红白喜事攀比的少了，逢年过节赌博的陋习没了。2020年至今，包括桃园村在内的湾沚镇各村居已有效劝阻200余户群众简办筵席，随礼减少了近百万元。

南陵县的四连村党组织领办合作社也不断地为全村提供公共品，增强社区的集体性。四连村刘友红告诉我们，"当时利民路段正在改造拆迁，我们通过镇党委联系县城管局，把旧路灯杆拉回来重新刷漆，花了7万块钱为全村安装了96盏路灯，方便了村民出行。同时我还申请自来水管网改造项目，改善村里自来水水质，通过这几件实事，村民对我们村两委开始慢慢信任了，对我们的态度也发生了转变，双基建设和村子治理紧密相连的，从基础设施建设，村民可以看到村两委为老百姓做事的决心"。截至目前四连村已经完成全村污水整治，做到雨污分流；完成了自来水加压泵房建设，全村村民饮用芜湖长江水；完成天然气管网全村全覆盖，已有40%村民用上了天然气。

（三）集体理性：因地制宜发展产业

长久以来，外界对集体经济的一个诟病是：集体经济都是靠能人，缺乏可持续性。如果这个能人不在了，集体经济就会垮掉。事实上，在市场经济的条件下，市场主体的生存艰难是普遍现象，而非集体经济本身的问题。而作为市场主体的农村集体经济组织，往往因为其内部的集体理性，或许比一般的市场主体更有韧性和可持续性。

繁昌区沈弄村土地肥沃，水资源丰富，村里土地已经基本全部流转给大户进行种植。那么党组织领办合作社用什么方法发展起来？这是留给村"两委"干部的难题。经过多方讨论，最终决定，村合作社直接代理农资，销售给本村农户，既可以节约农户生产成本，村集体也能获得一定的收益。然而，村合作社代理农资、饲料初期，主要销售给本村农户，订单量少、规模小，加上厂家天天催着回款订货，村党组织面临着随时被取消代理权的巨大压力。为了"开拓市场"，村干部们在本职工作之余走村出镇，甚至远赴江西婺源县，找客户、谈生意，当起了"业务员"。产品不熟，就多学习；碰了钉子，吃了闭门羹，就多次上门。"这是大家集体选定的产业，咬着牙也要把合作谈成。"慢慢地，在村干部的共同努力下，农资销售的局面打开了。没想到的是，农资到货后，村干部又迎来了新问题：销售初期货量不够，无法雇到合适的搬运工来处理货物。为了缩减成本，村干部和村里的党员志愿者当即决定自己当起"搬运工"，自愿承担起装卸工作。尤其在疫情期间，物流受阻，为了镇村周边的农户能及时收到农资，村干部又一次当起了"配送员"，不辞辛苦为农户配送农资。合作社代理农资业务也因此获得良好的口碑。

2022年1月12日，南陵县四连村党组织领办合作社正式成立。合作社由四连村集体经济股份合作社与33位村民合作成立。注册资金112万元，村集体占比50%，村民占比50%。合作社成立后，发展什么产业、怎么样去发展便是摆在村两委面前的一道难关。村支书刘友红认为："一个产业的发展因地制宜是关键，我们首先要问自己，我们村子里有什么？我们会什么？技术在哪？我们销售渠道在哪？上级政策是否允许？后续产业链延伸是否有问题？只有搞清楚这些，我们才能明确想干什么，怎么干。"四连村村部前面地势特殊，两边高中间低，一到梅雨季节经常淹水，每年排涝电费都花费好几万元，农作物就是种得再好，常年不断水，收割机不得下田，作物收不起来，产量仍然很低。看着村部前面的400多亩土地，刘友红将目光盯在了"水"上，何不因地制宜，发展不怕被水淹的产业？于是合作社成员集思广益，大家纷纷表示四连村一直以来就有种植莲藕的传统，当地的水质和土壤条件也非常适合种植莲子莲藕。确定好产业后，"选种"成为了合作社发展的第二道难关。这时，村两委提出以130亩土地作试点，收集各类优良种子种植，最终以口感、产量等方面指标进行综合评判，经比较，从江西引来良种种植。同时，为降低风险，合作社购买了种植级价格保险，每亩最高保额2000元，消除后顾之忧，进一步吸引更多村民入社。

镜湖区圩村傍依青安江和石板湖，党组织领办合作社成立后，结合区域特点，主动对接了镜湖区农水局的圩堤绿化防水土流失项目，挖掘闲置资源的潜力。过去农水局在圩堤下的坡面上种过各类风景树，但存活率很低，不到20%，而且无人管理、杂草丛生。合作社承接该项目后，在坡面上改种果树，既能像防护林一样防止水土流失，也可以产生一定的经济效益，加上春天果树开花，整体美观效果也要强于风景树。但是在合作社成立初期，由于种植技术不成熟，管护工作滞后，造成病虫害多，生产成本高等难题。如何解决这些问题呢？合作社经过多轮商讨，决定探索"合作社+产业管护"的模式，由合作社统一负责果树进行跟踪管护，在果树及果实成长的关键阶段开始施肥、修枝、防病虫害，再加上科学栽种果树幼苗，减少农药使用比例，在既能降低虫害的抗药性前提下，又尽量做到绿色环保。不仅如此，合作社还承接了17公里的圩堤清障工作，既保障了圩堤有序高效清理，还可动员组织在家群众，用工上照顾困难家庭及农村的留守劳动力。

三山经济开发区的沿湖村，位于长江冲击形成的沙洲地，土壤疏松肥沃，有机质含量较高，村里一直以种植无公害蔬菜为支柱产业，但是过去在销售上，一直是由蔬菜收购商（俗称"二道菜贩子"）上门收购。菜贩子将农户蔬菜收购后，并不确定收购价格，而是等其倒卖给大型蔬菜批发市场后，根据售卖价格，再交付农户蔬菜收购费。这种方式不仅将销售风险完全转嫁给农户，而且容易拖欠农民收购费，农民对此苦不堪言。经过市场调研后，沿湖村党组织领办合作社决定设立蔬菜收购点，对蔬菜进行过磅称重、分拣封装、打包销售，协调畅通蔬菜运输和销售渠道，与当地商超、企事业单位食堂直接对接，减少蔬菜流通中间环节，提高农户销售均价15%以上。为了解决夏季蔬菜临时储存难的问题，经过商议，合作社在村部建设了冷库，能储藏新鲜蔬菜8—10吨。此外，针对自20世纪90年代以来就出现的蔬菜种植产品更新少、产业结构单一的问题，合作社流转了8亩闲置土地，专门用来开展蔬菜新品种引育和栽培试验研究，一方面增加蔬菜品种多样性供农户选择，另一方面重点选育适合深加工的蔬菜品种，开拓多样化市场。

秉持"绿水青山就是金山银山"的理念，在生态环境保护上，党组织领办合作社也发挥着作用。南陵县奋斗食用菌专业合作社联合社，是由南陵县工山镇天官村、红星村、戴汇村3个村党组织领办合作社组成，除了自身发展食用菌产业，联合社还将带动三个村以及周边村的畜禽养殖大棚逐步转产，进一步保护当地生态环境。南陵县奎之韵生态农业旅游农民专业合作社，是许镇奎塘湖周边8个村联合成立的合作社，经营范围以生态农业和乡村旅游为主，正在经营船舶旅游（有游船、龙舟、快艇等），开拓观光、采摘、餐饮等项目。联合社暂不考虑和文旅公司合作，因为要追求经济账和环境账的平衡，不能一味追求经济效益，破坏了奎湖的生态环境，联合社干部朱尚铭表示："一个村的力量比较薄弱，村多了的话力量就比较强大。并且有镇党委在前面引导，组织部在幕后支持，有底气对发展进行把控。"

（四）扩大内涵：三级合作工作体系

除了在横向上进行生产、信用、供销合作，芜湖市党组织领办合作社的内涵还在不断扩大：提高合作的层次，扩大合作的规模，区（县）镇村同步发展，成立镇一级和县一级的联合社。由政府搭建平台，吸收各村合作社加入，一方面可以抱团对接资本，另一方面能够"以强带弱"，对弱势村集体进行帮扶。

芜湖市湾沚区在安徽省首创了区、镇、村三级合作社运营体系。2022年3月，湾沚区区级联合社——芜湖再生稻农业发展专业合作联合社成立，主要为全区3.3万亩再生稻提供"八统一服务"：生产资料采购、良种供应、种植方式、水肥管理、病虫害防治、订单生产、品牌包装、销售价格。在生产上，区级联合社可以发挥统筹优势，整合区内社会化服务组织的农业生产设备，在全区合理布局，做到资源利用最大化，使每亩再生稻植保费用降至6元。由联合社牵头，对全区14个农事服务中心进行了升级改造，全域联动，邀请农技专家、科技特派员开办培训班，将种植、病虫害防治等技术送到田间地头。在销售上，湾沚区联合社整合区内米油虾蟹瓜果等资源，集中力量办大事，创建了"沚选优品"农特产品公共品牌，与京东科技对接，在城镇中心建设了湾沚区特色农产品展销馆，对各村合作社产品进行集中展销；在龙尾张夜市开设党组织领办合作社产品集市进行集中售卖，与奇瑞集团等大型企业、单位签订了销售协议，2022年11月至2023年1月，已经实现销售收入500余万元。2023年3月6日，湾沚区就进行了三级党组织领办合作社分红大会，全区党组织领办合作社试点村集体经济收入共2153.62万元，同比增长115.11%。

湾沚区组织部部长赵慧星认为，仅仅把村里的合作社成立起来是远远不够的，因为村里能调动的资源非常有限，有些资源是要镇级甚至区级才能调动。不同层级的资源要统筹协调起来，只有党组织能做到，比如产业链的布局，产前产中产后协调，一二三产业怎么联合等等，否则村与村之间、镇与镇之间容易形成恶性竞争。在湾沚区，区级联合主要瞄准主导产业，各个镇选择产业的方向则根据自己资源配置和产业基础的实际情况来确定，在实践中逐步形成"错位发展""以强带弱"等经验。"错位发展"，即对于试点村中发展势头好的，抱团联合、错位发展的效果。如花桥镇花桥村、五四村分别以种植业服务、养殖业服务作为发展方向，错位竞争、共同发展。位于主城区的湾沚镇重点发展培训经济和物业经济，自然资源丰富的红杨镇则聚焦文旅和农旅发展合作社经济，花桥镇鸠兹湾共富乡村在镇级联合社的主导下，动员空巢老人以闲置房屋和土地入社，建设不出村的养老院"鸠园田居"，让老年人不离本土实现居有良屋、食有好宴、安享晚年。全区5个镇分别采取镇级配股、村级筹股方式抱团发展，实现了镇级合作社全覆盖。"以强带弱"，就是用工作基础强、产业定位清晰、市场前景好的村带领工作基础薄弱、产业定位不清晰、市场前景差的村共同发展，实现组织共建、要素共用、利益共享。如湾沚镇桃园村吸收老村村入股投资建设乡村振兴学院，共投入资金约1530万元，其中市区两级60万元、镇级500万元、村本级850万元，吸收老村村投资120万元，实现利益共享。六郎镇为解决撤乡并镇遗留的资产权属不清问题，由发展较好的易太村、东八村带领基础相对较差的万锹村、中窑村、金桥村、殷港社区成立易太片区党组织领办联合合作社，整合片区资产，发展以农业技术培训为主导的产业。

为带动所有村党组织共同发展集体经济、实现群众共同富裕，区级联合社将全区22个村级党组织领办合作社全部纳入其中，特别注重帮助集体经济薄弱的村共同发展。同时，区级合作社吸纳全区所有防返贫监测户入户，每户由村级股份经济合作社按照5000元标准代为持股，实现困难群众100%入社，100%分红。

党组织领办合作社坚持多数参与，使得新型集体经济能够很好地实现多重价值：乡风文明、社区和谐、可持续发展。

关于市场制度是否挤出道德偏好的实验经济学研究的现状与展望

叶 航

一、国内外相关研究

（一）国外相关研究

2012年5月，美国《波士顿评论》发表了以公开课驰名世界的哈佛大学政治学家迈克尔·桑德尔（Michael Sandel）教授的一篇文章《市场如何挤出道德》。文章发表后，在该杂志网站论坛上引起热烈争论，吸引了美国著名社会学家理查德·森尼特、著名经济学家赫伯特·金迪斯和萨缪·鲍尔斯等人的加入。以桑德尔、森尼特等政治学家和社会学家为一方的代表认为现代社会的全面市场化会削弱公民的道德偏好，使人变得贪婪、自私和不负责任；而以金迪斯和鲍尔斯等经济学家为另一方的代表则认为，市场化不仅不会削弱公民的道德偏好，反而会促进道德偏好的提升。在众多实验经济学家的努力下，今天的经济学也可以像物理学和化学一样，在实验室中通过可控制、可重复的实验观察人们的行为和决策，从而验证不同的理论假设。这就是实验经济学中的实验室实验。2013年发表于《科学》杂志的论文《道德与市场》就是通过实验室实验检验市场化是否会挤出人们道德偏好的经典文献。在市场机制下表现出来的道德水平远低于个体决策时的水平。

但实验经济学家得到的结果也受到人们的各种质疑,其中最主要的就是所谓实验的"外部有效性"问题。正是这些质疑迫使实验经济学家共同努力,推动了田野实验的发展。田野实验更贴近真实世界,如卡朋特等人所言:"实验经济学家不再保守,他们开始在实地招募被试而不是实验室;开始用实际物品而不是诱导价值;开始在实验说明中设定真实的情境而不是抽象的术语。"今天,实验室实验与田野实验已经成为实验经济学家观察现实经济生活的重要研究方法。

20世纪90年代,美国桑塔费研究院曾组织过一场历时10年的大规模田野实验。由数十位经济学家、社会学家和人类学家共同参与,在全球五大洲12个国家的15个小型社会中开展了以最后通牒博弈、独裁博弈和公共品博弈为代表的跨文化行为实验。2001年8月发表于《美国经济评论》的实验结果表明,在不同社会经济和文化制度下,社会成员的行为偏好存在显著差异,这些差异无法被个人层次上的人口学特征所解释,而经济组织和市场一体化程度却可以在很大程度上解释这些差异:经济越发达、市场一体化程度越高,个体在实验中对合作和信任的支付也越高,从而整体合作水平、信任水平和道德水平也越高。而且,研究者还发现,实验中个体的行为模式与他们在日常社会生活中的行为模式高度一致，因此实验结果是外部有效的。

但弗雷等人通过一个自然田野实验，在微观层面上得出了与上述实验不同的结论。弗雷等人报告了一个发生在瑞士小山村沃尔芬西斯的真实案例：政府就是否在此填埋核废料举行公投，结果有51%的村民表示同意。为增加这一比例，经济学家建议给予经济补偿，结果支持者反而下降至25%，即使后来政府将补偿额大幅提高至8700美元（远远超过当时瑞士的人均月收入），也无法达到原来的支持率。研究者认为，运用市场化的金钱激励手段会抑制人们的责任感和义务感等基于道德偏好的考量。对许多居民来说，接受核废料填埋体现了一种公民责任和公共精神，而金钱补偿给人的感觉却像政府在贿赂民众。事实上，事后的调查也表明，在那些拒绝金钱补偿方案的人当中，有83%的人以"我不愿意被贿赂"解释了他们的反对行为。

类似地，格尼茨和鲁斯蒂奇尼等人进行的田野实验则在另一维度上揭示了与以上研究相同的微观机制。以色列某城市幼儿园碰到的难题是，许多家长经常超过规定时间接孩子回家，致使管理员不能正常下班。根据标准经济学模型的假设，如果对迟来的家长课以罚款将有效减少这一现象。于是研究者制定了一项严格的惩罚制度，但该制度实行后，迟接孩子的家长不但没有减少，反而增加了近一倍。大约12个星期以后，研究者取消了该项惩罚制度，但这一现象仍然保持在新的高度而无法恢复到以前水平。研究者指出，正是市场化的惩罚制度挤出了家长心目中对自己不当行为的愧疚感，使他们认为可以用金钱来赎买自己给他人带来的不便，就像在市场上购买其他商品一样。

莱布兰特等人2013年发表于《美国科学院院刊》的论文，则从宏观层面讨论了社会经济制度对个体竞争偏好的影响。研究者分别从巴西巴伊亚州临湖而居的个人主义社群与临海而居的集体主义社群中招募被试，被试可以选择不同的任务：1.用网球向3米远的桶内投掷10次，每进一球获1个单位奖励；2.与另一位被试进行比赛，进球多者获胜，每进一球获3个单位奖励，而败者一无所获。结果显示，个人主义社群比集体主义社群的被试表现出更强的竞争意识，选择竞赛的比例分别是45.6%和27.6%。分析还表明，渔民的竞争偏好与其捕鱼作业的经验高度相关：没有经验的渔民，无论其生活在哪个社群，在竞争偏好上都无显著差异；而个人主义社群中捕鱼经验越丰富的被试竞争偏好也越强。反之，集体主义社群中捕鱼经验越丰富的被试竞争偏好则越弱。

亚皮赛拉等人2014年发表于《美国经济评论》的论文，也从宏观层面上讨论了社会经济制度对个体行为偏好的影响。他们通过对坦桑尼亚北部世界上仅存的狩猎—采集民族——哈扎族部落的田野实验研究，检验了市场化程度对个体禀赋效应的影响。由于地理位置不同，哈扎族人生活的地区中有一部分是一般游客难以进入的，所以市场化程度较低；但有一部分地区因为旅游开发增进了与现代社会的接触，所以市场化程度较高。实验分别在两地开展，被试要用自己的某一物品（禀赋物品）去交换另一件物品。结果发现，低开放组的哈扎族人没有表现出禀赋效应，他们选择交换的比例为53%，与理性人假设下50%的预期比例没有显著差异；而高开放组的哈扎族人则表现出明显的禀赋效应，他们选择交换的比例仅为25%，与理性人假设产生了显著差异。实验结果表明，市场化程度的高低会显著改变人们的经济偏好。

卡梅伦等人2013年发表于《科学》杂志的论文，则是在中国进行的田野实验。他们试图检验中国政府实行的独生子女政策对个体行为偏好造成的影响。该研究以1979年（我国计划生育国策开始实施）为节点，分别招募1975、1978、1980和1983四个年份出生的被试，通过独裁者博弈、信任博弈、公共品博弈、风险博弈、竞争博弈等经典的行为博弈实验，对被试的利他行为、信任行为、合作行为、风险意识和竞争意识等行为偏好进行了观察，进而得到计划生育政策实施前后出生的被试在行为偏好上的差异。研究结果显示，相对于独生子女政策实行前出生的被试，在该政策实行以后出生的个体表现得更为自利、更不愿意相信别人、更难以合作，而且也更加厌恶风险和厌恶竞争。

（二）国内相关研究

在我国，田野实验研究还处于起步阶段。迄今发表在国内重要经济学期刊上的文献主要有6篇。其中3篇为本课题组成员撰写的有关理论综述，另外3篇则是对田野实验方法论进行的具体研究。其中何浩然和陈叶烽2012年发表于《世界经济》的论文，分别在实验者提供初始禀赋和被试自己挣得初始禀赋两种情境下观察了被试在独裁者博弈中的捐赠额。实验结果显示，前者的捐赠额显著大于后者；而且，这种差异不受被试性别影响。何浩然

2012年发表于《经济学季刊》的论文通过我国限塑政策执行前后对消费者自我陈述和实际行为的比较，检验了陈述性偏好与显示偏好的差异性。结果表明，采用田野调查获得的陈述性偏好可以较好地预测该政策的实行效果。周晔馨等2014年发表于《经济研究》的论文分别在学校和工厂招募被试进行公共品博弈实验，以检验样本不同是否会影响实验的外部有效性。结果显示，虽然不同外部条件会对被试的合作信念产生一定影响，但被试中"条件合作"的性质却相对稳定。这6篇论文，事实上都偏重实验经济学方法论的探讨，与本题研究的主题没有直接相关性。

国内对集体主义村庄的研究主要分为两类：一类是描述性报道，如《开放时代》曾连续刊登文章介绍我国比较知名的集体主义村庄，包括广东崖口、河北周家庄、云南大营街、河南刘庄、北京留民营和浙江滕头；另一类则是国内学者从经济学、社会学等不同角度，对集体主义村庄的历史成因、制度结构、社会治理、公共服务等进行的理论探讨。其中最重要的是本课题组成员曹正汉教授的系列田野调查，他从20世纪90年代末开始的广东崖口村的跟踪研究一直持续至今，对崖口村集体主义公社的存在原因、制度变迁路径及其在市场经济环境下的生存之道进行了深度分析与总结。其他的研究，如宋婧和杨善华以苏南某村为案例，分析了经济体制变革，尤其是市场过程对村庄治理和社会活动的影响；韩俊和张要杰对太仓市集体主义村庄在市场化转型过程中公共服务与社会治理的田野调查与理论剖析。这些关于集体主义村庄的研究成果，为本研究提供了丰富的资料和信息。

二、应进一步拓展的研究空间

福尔克和捷克等通过实验室实验,检验了市场化是否会对个体的道德偏好产生挤出效应。该项研究的实验设计巧妙精致,实验结果漂亮干净。不但通过个体决策与市场决策的对比证实了挤出效应的存在性,而且通过双边市场和多边市场与挤出效应的正相关揭示了挤出效应产生的内在机理:"在市场中,责任感和愧疚感因他人的分摊而减弱,且减弱程度与市场参与者的多少成正比。"但这个实验仍无法摆脱实验室实验本身的弱点:高度抽象的实验情境是否具有外部有效性让人质疑,因为实验者把"是否杀死一只小白鼠"作为衡量个体道德偏好的量化指标容易引起人们的诟病。当然,正是这些不足,为我们的后续研究提供了一个新的研究视角:我们可以在田野实验中复制这项实验,并且在市场和非市场两种制度环境中与其他多种检验道德偏好的实验结果进行比较,从而检验该实验的外部有效性。

美国桑塔费研究院20世纪90年代组织的田野实验,无论在实验的成本投入、被试规模、时间跨度以及地域广泛性上,都堪称世界第一,迄今无人超越。但由于该项实验只是从既定的环境中观察被试的行为特征,没有分离社会经济制度与社会法律制度以及习俗、宗教等文化因素对被试的影响。因此,我们无法准确判断"市场化程度越高,个体的合作水平、信任水平与道德水平也越高"的实验结果究竟是社会经济制度,还是社会法律制度、习俗或宗教等文化因素引致的。而我们田野实验则可以利用中国市场化改革中留下的少量非市场化的"遗产",在两个地理位置相邻、其他因素相近,但社会经济制度迥异的村落中招募被试开展相关实验,从而达到分离社会经济制度与社会法律制度以及文化因素这一在现实世界中很难实现的实验条件,以弥补桑塔费研究院田野实验的不足。另外,桑塔费研究院的实验内容偏重于道德偏好的测试,没有对个体的经济偏好,如风险偏好、竞争偏好、时间偏好等行为特征进行测试,从而也为我们的后续研究留下了拓展空间。

弗雷等人对瑞士核废料填埋地村民公投和政府给予高额货币补偿的自然实验研究,以及格尼茨和鲁斯蒂奇尼等人对以色列某幼儿园试图通过惩戒性罚款遏制家长迟接孩子现象的田野实验研究,虽然都不是从宏观层面上直接揭示社会经济制度对个体行为偏好的影响,但却注重从微观层面上揭示市场化如何挤出个体道德偏好的内在机制。比如,金钱补偿会抑制人们心目中的责任感和义务感,使他们感受不到公共精神的激励作用;惩罚制度会挤出人们心目中的愧疚感,使他们认为可以用金钱赎买自己过错等。这一题研究视角可以为本课题研究带来极大的启发,因为社会经济制度对个体行为偏好的影响虽然发生在宏观层面,但如果要深入剖析这种影响,则必须揭示其内在的微观决定机理。

莱布兰特对巴西巴伊亚渔民竞争意识研究的田野实验,以及亚皮赛拉等人对坦桑尼亚哈扎族人禀赋效应研究的田野实验,都是从宏观层面探讨了社会经济制度对个体行为偏好的影响。而且,这两项田野实验研究都巧妙利用了地缘因素造成的制度差别，从而较好地分离了制度因素与法律因素、文化因素对被试的影响，使研究者得以独立地考察社会经济制度在宏观层面上对个体行为偏好产生的影响。就此而论，这两项实验研究与我们的田野实验有异曲同工之处。但不同的地方在于，这两项实验研究都是利用了自然形成的"隔离屏障"，以达到分离制度因素的目的；而我们实验中的"隔离屏障"则是由制度变迁和制度转型造成的，这一举世无双的观察条件，恰好可以为我们深入探讨社会经济制度影响个体行为偏好的演化机理提供有效的视角。此外，上述两项实验都有不足之处，即研究者考察的内容和视角过于单一。比如，前者只考察了被试在竞争意识上的差别，而后者只考察了被试在禀赋效应上的差别。正因为如此，他们的实验也为我们的后续研究留下了广阔的拓展空间。

卡梅伦等人2013年对中国独生子女政策影响个体行为偏好的田野实验研究，以我国计划生育国策开始实施的年份作为节点，分别招募该节点前后若干年出生的被试，通过最后通牒博弈、独裁者博弈、信任博弈、公共品博弈、风险博弈、竞争博弈等经典的行为博弈对被试的利他行为、互惠行为、信任行为、合作行为等道德偏好，以及风险意识和竞争意识等经济偏好进行了较为全面的观察，从而检验了我国独生子女政策对个体行为偏好产生的全面影响。该项实验的研究思路独具匠心，实验设计全面周到，实验结果也符合人们的经验判断，从而具有较大的可信性。该实验研究的目的和出发点虽然与我们的田野实验有很大区别，但其研究方法和实验设计却对我们有很大的借鉴意义。而该实验研究的欠缺在于没有从微观层面上很好地揭示独生子女政策影响个体行为偏好的内在机理，从而也为我们的田野实验提供了改进方向。

国内关于集体主义村庄的研究，虽然为本研究提供了丰富的资料信息，但其不足在于现有的研究成果基本都属于对某个集体主义村庄的个案研究，还缺乏对这一独特的制度现象进行的整体描述，以及全局性的理论解构、理论分析和理论总结。但正是这一不足，为本研究留下了巨大的拓展空间。此外，现有的关于集体主义村庄的研究都是建立在田野调查和定性分析的基础上，还缺乏以田野实验为依据的定量分析、实证分析和科学检验。而本研究的主要内容和研究方法，正好可以填补国内该研究领域已有成果的这些空白，为中国集体主义村庄的研究提供一个全方位的图景，以及第一手的行为数据。

三、可进一步拓展的主要研究方法

（一）田野调查

田野调查是指经过专门训练的研究者亲自进入某一基层或社区，通过直接观察、访谈、问卷、居住体验等参与方式，获取第一手研究资料的过程，也称田野研究或田野工作。田野调查最早是人类学（包括考古学和文化人类学）使用的一种基本研究方法，近半个世纪以来逐步扩展至社会学、政治学、民俗学、民族学、语言学、心理学、艺术学和经济学等学科，成为社会科学进行经验研究的一种重要方法。田野调查的基本思想是直接参与被研究对象的生活，在一个有严格定义的空间和时间范围内，通过体验和记录人们生活的方方面面，展示人们的日常生活与思想活动。与其他在实验室内进行的可控制或准控制的研究相比，田野调查的主要特点在于不对研究对象进行任何人为的干预且必须在现场或实地进行。主要通过以下具体步骤和方法来开展相关的田野调查：

1. 实地考察

直接派调查人员入住本研究的重要对象——中国现存的集体主义村庄，通过查阅地方志、历史档案、名人家谱、行政统计资料和直接观察村民日常生活等途径，获取该地人文历史、经济发展、社会分层、乡风民俗、社区治理、社会保障、社会公益、公共集资等社会状况的相关信息和自然数据。

2. 访谈对话

直接派访谈人员深入集体主义村庄村民家中，根据事先拟好的访谈提纲，询问被访人员的日常生活习惯、兴趣爱好、娱乐活动、家庭收入、家庭消费、邻里关系、子女就业以及家庭成员的基本情况等村民家庭与个人的相关信息和自然数据。

3. 问卷调查

根据《中国综合社会调查（CGSS）问卷》现有的模块，调整并设计与本研究相关的调查问卷，采集集体主义村庄村民本人的家庭情况、婚姻状况、收入水平、受教育程度、就业经历、迁徙经历、信贷情况、健康状况、自我认知、社会认知等个体行为的相关信息和自然数据。

（二）田野实验

田野实验是在实验室实验基础上发展起来的一种实验经济学研究方法。田野实验的核心思想在于对现实世界所发生的事件及其诸因素之间的联系进行科学检验，利用实验的操作技巧（如随机化被试、控制相关变量）评估干预事件的处置效应或者变量之间的因果效应。田野实验的基本操作方法则是从一个总体样本中随机选取被试样本，然后随机地将被试分为控制组与处理组，在控制其他因素不变的情况下，对处理组被试进行实验处理，并根据两组被试的数据比较，得出最后的因果效应。其中，由于被试被随机分入两组，因此实验的处理组水平完全独立于个体特征和其他可能影响实验结果的因素，这就避免了计量模型中常见的遗漏变量偏差或内生变量偏差问题，即处理组水平 X 对实验结果 Y 的因果效应只表现为条件期望上的差别，用公式表示为 $E(Y|X=x) - E(Y|X=0)$。其中 $E(Y|X=x)$ 是处理组被试在处理组水平为 x 时的行为表现 Y 的期望值，$E(Y|X=0)$ 是控制组被试的行为表现 Y 的期望值。在本研究中，我们主要通过以下具体步骤和方法来开展相关的田野实验。

实验可安排在当地中、小学教室或大礼堂等公共场所内进行，两个村庄的村民将混合在一起完成实验。被试在实验中都是匿名的，即他们不知道对手是谁，而且也无法观察到其他被试的选择。在实验中，被试相互间也不能进行沟通，所以被试在实验中需要有独立分隔的空间。实验说明由实验员口头表达，并在正式实验前进行控制性问题的测试，以确保被试已经真正理解实验任务。在完成这些步骤的基础上，我们将通过最后通牒博弈实验、独裁者博弈实验、信任博弈实验、公共品博弈实验和欺骗博弈实验等经典的行为实验手段测度每个被试的道德偏好，通过风险决策实验、竞争决策实验、交易决策实验、定价决策实验、跨期决策实验等经典的行为实验手段测度每个被试的经济偏好。

1. 测度个体道德偏好的手段

（1）最后通牒博弈实验

最后通牒博弈实验由两名被试配对进行，实验任务为两人分配一笔金钱。实验开始前将随机决定其中一名被试作为提议者，而另一名被试作为响应者；提议者可以对这笔金钱提出任意分配方案，而响应者则做出"接受"或"拒绝"的回应。若提议者的方案被响应者接受，则双方可按提议者提出的方案获得相应的收益；若提议者的方案被响应者拒绝，则双方收益均为0。按经济学理性人假设，响应者应该接受任何大于0的方案（经济学理性公理中的非餍足性定理），而如果提议者预期到这一理性选择的结果，从而将给对方一个尽可能小的份额。但大量实验结果表明，提议者一般会将40%—50%份额留给对方，而大部分响应者都会拒绝低于20%的方案。行为经济学家认为，这是因为人们所具有的公平偏好或不公平厌恶偏好所致。因此，通过最后通牒博弈中提议者留给对方的份额可以检验被试是否具有公平偏好以及公平偏好的强弱程度，通过最后通牒博弈中响应者的拒绝水平可以判断被试是否具有不平等厌恶偏好以及不平等厌恶偏好的强弱程度。

(2) 独裁者博弈实验

独裁者博弈实验是一个升级版的最后通牒博弈实验。独裁者博弈实验与最后通牒博弈实验的唯一不同之处在于博弈中的响应者无权反对提议者的分配方案，只能被动接受对方给予自己的任何份额。因此，该博弈实验中的提议者具有不受限制的"独裁权"。显然，按经济学理性人假设，提议者将独占所有金钱而不会给对方留下任何利益。然而，大量实验结果却显示，即使提议者享有"独裁权"，但他依然会给对方留下一定额度的收益。行为经济学家认为，这是因为人们所具有的利他偏好所致。因此，通过考察独裁者博弈中提议者分配额的大小可以检验被试是否具有利他偏好以及利他偏好的强弱程度。

(3) 信任博弈实验

信任博弈实验由两名被试配对进行，其中一名被试作为委托人，而另一名被试作为代理人。委托人可在得到的初始禀赋 Y 中决定是否拿出份额 Z 进行投资，若投资则投资额 Z 会被乘以 n 倍后交给代理人；代理人得到 nZ 后，则需决定从中拿出多少返还给委托人。按经济学理性人假设，该博弈的子博弈精炼纳什均衡为代理人不做任何返还；而委托人将预期到这一理性决策，从而就不会进行任何投资。但大量实验结果表明，大多数委托人都会进行一定额度的投资，而大多数代理人也会将一定数额的收益返还给对方。行为经济学家认为，这是因为人们所具有的对他人的信任偏好以及不愿意辜负他人的可信任偏好所致。因此，通过该实验中委托人投资额的大小可以检验被试是否具有信任偏好以及该偏好的强弱程度，通过实验中代理人的返还额可以判断被试是否具有可信任偏好以及该偏好的强弱程度。

（4）公共品博弈实验

公共品博弈实验由多名被试同时进行，其中每一位参与者都会被提供相同数额的初始禀赋。参与者可以选择从初始禀赋拿出一定份额 x 投入公共池，所有投入公共池的金额将产生一个放大的社会收益（例如乘上 n 倍，如此整个社会收益则为 $n\sum x$），而每一位参与者（不论其是否将钱投入公共池）都能平均分得这一社会收益。按经济学理性人假设，该博弈的占优策略为不做任何投入而坐享其成，即采取"搭便车"行为。但如果每个被试都这样行为，结果则是公共品的零供给，这是一个纳什均衡。但实际上，我们不仅在现实生活中可以观察到人们自愿在公共品上的投资，而大量公共品博弈实验也表明，人们不会全都选择搭便车。行为经济学家认为，这是因为人们所具有的合作偏好所致。因此，通过公共品博弈中被试公共投入的多少可以判断其是否具有合作偏好以及该偏好的强弱程度。

（5）欺骗博弈实验

欺骗博弈实验由两名被试配对进行，其中一名为知情者，另一名为不知情者。实验提供两种收益状态让知情者知晓：$A(x, y)$ 和 $B(z, m)$，其中 $x > z$，$y < m$；知情者无优先挑选权但可向不

知情者提出建议，不知情者则可以根据对方的建议优先挑选任一收益。如果只考虑一阶策略，按经济学理性人假设，知情者应该向不知情者撒谎，以便留下对自己有利的收益；若不知情者也具有同样信念，那么他就应该挑选与知情者建议相反的收益。但大量实验结果表明，很大一部分知情者会如实禀告收益情况，而很多不知情者也会选择相信知情者的建议。行为经济学家认为，这是因为人们所具有诚实偏好或欺骗厌恶偏好所致。因此，通过实验中知情者真实告知的次数及两种收益的差距可以检验被试是否具有诚实偏好以及该偏好的强弱程度，通过实验中不知情者相信对方的次数和频率可以判断被试是否具有诚实偏好的信念以及该信念的强弱程度。

2.测度个体经济偏好的手段

（1）风险决策实验

风险决策实验通过人们对风险量表中不同选项的选择来测量被试的风险偏好。风险量表中的选项分为安全项和冒险项两类：安全项一般是一个固定的收益（或损失），例如100%获得（或损失）10元；而冒险项则由两个不同概率的收益（或损失）组成，其中一个比安全项的收益（或损失）更大，另一个则更小。通过被试的选择可以判断其风险偏好的类型，即风险规避、风险中性或风险追逐；通过计算被试选择项的风险系数还可以判断其风险类型的强弱程度。

（2）竞争决策实验

竞争决策实验通常的做法为：被试需要在两个不同的实验任

务中进行选择，其中一个收益较低，但只要经过自己的努力便可获得；另一个则收益较高，但必须在与他人的竞争中获胜才能获得，否则将一无所获。例如，被试可以自由选择：A.在规定时间内独自完成一系列计算题，每答对一题便可获1单位的货币奖励；B.与另一个被试竞赛，双方都需在规定时间内完成一系列相同的计算题，答对多者获胜，获胜者每答对一题可获3单位的货币奖励；答对少者失败，失败者将没有任何奖励；若两人答对的题目相同，则每答对一题均可获1.5单位的货币奖励。根据被试的选择，我们可以判断其有无竞争偏好；通过设计一系列不同奖励的任务，我们还可以计算被试的竞争系数，并据此测量其竞争偏好的强弱程度。

（3）交易决策实验

交易决策实验由多名被试同时进行，通过虚拟市场的交易测试他们对价格变动趋势的敏感性。例如，让4名被试充当卖家，4名被试充当买家；交易品为纸牌，实验结束后卖家卖掉的每张纸牌可按x结算，买家买入的纸牌可按y结算，而$y>x$。实验有两种情境：第一为卖方市场，每个买家被告知可以兑换4张纸牌，而每个卖家只配备了3张纸牌，因此存在超额需求；第二为买方市场，每个买家被告知可以兑换3张纸牌，而每个卖家则配备了4张纸牌，因此存在超额供给。实验中每个被试只知道自己的纸牌数、能够兑换的张数及价格，但不知道其他人的情况。交易规则为：卖家首先开价，直到有买家愿意购买；如果有多名买家购买则出价最高者购得；如无人购买则卖家可以降低售价直至成交。根据经济学理性人假设和均衡价格假设，卖方市场中的均衡价格将收敛至 $P=y$，而买方市场中的均衡价格将收敛至 $P=x$。根据均衡价格的收敛速率，可以判断被试的市场感觉；而根据每一被试的价格敏感性及其交易成绩，则可以测量他对市场交易和价格变化的熟知程度与市场预测能力。

（4）定价决策实验

定价决策实验由两名被试配对进行，分别扮演同类产品的生产厂家 A_1 和 A_2。实验任务是通过制定有竞争力的价格达到挤出竞争对手并实现自身利益最大化的目标。被试将在一个给定的区间 $[x, y]$ 中决定自己的销售价格。例如该区间若为 [0.6元，1.6元]，则最低定价应大于等于0.6元，最高定价应小于等于1.6元。如 A_1 的定价 P_1 小于 A_2 的定价 P_2，则 A_1 赢得奖励 P_1，而 A_2 则得 αP_1；α 为一个大于0、小于等于1的市场挤出系数，比如 $\alpha=0.2$ 或 0.5，它反映了价格竞争市场上由于同类产品定价高于对手所造成的客户流失和利润损失。根据经济学理性人假设，竞争结果应导致销售价格收敛于最低价 x。但大量行为实验的结果表明，价格只是在 x 附近波动，并不收敛至 x。尤其当 α 的值较大时（比如 $\alpha=0.8$），被试的定价会远远偏离 x。行为经济学家用市场冲动来解释这类现象，它反映了定价者"要么满意，要么放弃"的赌气心理。根据被试的决策与最低价 x 的偏离程度，我们可以判断其定价偏好。通过比较被试在各种不同 α 值下的定价行为，我们还可以计算被试在市场定价时的理性程度或非理性程度（冲动、赌气）。

(5) 跨期决策实验

跨期决策实验通过人们对发生于不同时期的成本与收益进行的权衡和选择来测量被试贴现行为与时间偏好。通常的方法为：让被试在一个可以立即获得，但数额较小的现金奖励和一个未来才可获得，但数额较大的现金奖励之间进行选择，比如"你喜欢实验结束以后立即就可得到的10元钱"，还是"实验结束一个月以后才能得到的12元钱"？也可以在一系列连续的时间和金钱奖励之间让被试自行选择，如"你喜欢实验结束以后立即得到10元钱"，还是"一个月以后得到12元"，"三个月以后得到15元"或"一年以后得到20元"等。通过他们的选择，我们可以计算出被试的贴现率，从而测量其跨期决策行为中的时间偏好。

百年农民现代化：
土地制度变迁的目标与方式

白小虎

一、引言：农民现代化问题

什么是农民现代化？人们倾向于将经济、社会、文化等领域的诸多表现和特征在农民这个群体身上贴上种种现代化的标签，以此来表明农民现代化的内涵。例如，农民学习和掌握现代化科学技术知识，转变旧的思想观念、思维方式、价值取向、人生态度、发展自己的现代性，就是农民的现代化，也就是提高农民素质的过程。这种对农民现代化的认识，显然是一种按照现代化标准"照镜穿衣"式的机械对照，丝毫看不出其中有任何科学的规律，丝毫看不出农民为何及何以现代化的原因和现代化的结果。

在中国共产党百年奋斗历史中，农民问题始终是革命和建设的基本问题，其重点是农民的现代化。以毛泽东为代表的中国共产党人在新中国成立之前就对农民的现代化前途做出了历史性的思考，集中体现在《新民主主义论》和《论联合政府》的相关论述中。新民主主义革命推翻地主封建土地所有制，把农民从中解放出来，一方面发动了农民，大大加强了新民主主义革命的力量，另一方面改变了生产关系进而促进了农业的生产力发展，改善了农民的生存和生活，站在了历史进步的方向。在中共七大的政治报告《论联合政府》中，毛泽东进一步指出了农民与国家现代化的紧密关系。农民是国家工业化不可或缺的力量，是工人的前身，还是工业市场的主体，提供原材料并吸收大量的工业品。一个现代化的国家必须有强大的工业化，因此农民成为工人、农村人口变为城市人口将是一个长期过程。同时毛泽东也指出，新民主主义的生产关系促进了生产力发展，但还只是向社会主义过渡的形式。一些农民的合作组织带有了社会主义的性质，未来，社会化的农业才是社会主义性质的。土地制度变革后，农民的社会阶级属性、农业生产关系也随之变化，毛泽东认为，这种变革是进步的，是有利于生产力的发展，有利于农民实现富裕的生活。

  毛泽东以及中国共产党对农民的现代化的理解，是一种扎根历史的观照，并从历史唯物主义出发，揭示了农民现代化的本质。第一，农民现代化的根本出路与国家的工业化、现代化是一致的，前者从属于后者。只有强大的国家工业化实现了，农民的现代化才有可能实现。同时，农民又是国家工业化的重要力量。第二，农民就其阶级性而言是有局限性的，需要加以社会主义改造。土地个体私有的生产关系下农民并不代表先进生产力，农民固有的阶级属性倾向于个体小农生产。尽管相比较于地主占有土地的所有制而言已经大有进步，但仍不适应社会主义的社会化大生产，土地所有制、生产关系要加以渐进的社会主义改造以适应国家工业化的需要。第三，农民个体私有的土地所有制要改造成为社会主义公有制。党中央已经观察到土地农民私有已导致土地买卖兼并和农民内部的分化，会造成农民尤其是富农阶层利益与国家工业化目标的冲突。土地个体私有的生产关系主导的社会仍然是一个农业国，为了在促进农业生产力进步的同时有利于国家工业化的推进，土地制度未来还要向公有制变革以适应现代化要求。所以，土地制度变革是处理国家工业化现代化总体进程与农民现代化同步的核心问题。

中国共产党把农民作为革命的重要力量，把农民从封建土地所有制中解放出来作为革命的重要任务。革命取得胜利后，中国共产党领导社会主义现代化建设，把农民作为现代化的重要力量，把农民的现代化作为革命和建设的重要任务，仍然要通过变革土地制度以及以此为基础的生产关系。尽管这一方向是明确的，然而过程是曲折的。直到1978年农村联产承包责任制率先开启了中国的改革大幕，农民的现代化再一次回归到正确的轨道。中国特色社会主义市场经济建设取得了举世瞩目的成就，工业化、城市化进入了新的阶段，农村土地制度改革、农业农村现代化再一次站到了关键位置。

把农民从地主私人占有的土地所有制中解放出来后，农民一度成为了土地的主人，经合作化社会主义改造运动，形成了农村土地集体所有制基本框架。至此，农村土地公有制的基本属性一直没有变，但是农民的现代化境遇和前途在改革开放前后发生了重大的转折。中国共产党领导的农民现代化的伟大进程，曾经有什么失误，又做对了什么？今后该坚持进一步深化改革的方向又是什么？本文将从制度变迁的视角切入，回顾总结和研究土地产权制度变革对农民现代化从理想到实践并一步步接近成功实现所起到的关键作用。

二、要不要坚持土地公有制？

我国是世界上少数几个坚持土地公有制的大经济体，从20世纪50年代（1956年）确立了城市土地国有制和农村土地集体所有制以来，土地制度与时俱进，但是土地公有制的基本属性没有变。习近平同志2016年在安徽凤阳县小岗村召开的农村改革座谈会上指出，"不能把农村土地集体所有制改垮了"[①]。随着我国农村工业化兴起，一大批农民离土离乡转移到非农产业并在城市居住。面对我国城乡经济社会发展带来的巨大变化，城乡二元土地制度暴露出了很多弊端。农村土地集体所有制何去何从，城乡土地制度如何统一，学术界对土地公有制的改革方向和前途命运有很多不同的声音。

农村土地集体所有制是社会主义基本经济制度的组成部分，学者们对此大都持肯定和坚持的立场。有从意识形态或社会主义的本质规定来肯定集体所有制，有从与土地私有制的发展中国家对比中体现集体所有制的优势。按人口平均分配、按户占有产权

[①]《在农村改革座谈会上的讲话》，载《谈"三农"工作》，中央文献出版社2022年版，第197页。

的农村土地制度,向农民提供维持生存的基本保障。我国坚持的土地公有制没有造成土地兼并,集体土地内含社会保障功能。贺雪峰也论证了集体所有制相较于私有制在土地流转效率、规模经营效率和社会福利方面的诸多优势。

不能否认,新中国成立以来土地农民私人所有制转变为农村集体所有制后,计划经济体制下集体农业并没有给农民带来富足的生活,甚至连温饱问题都没有解决。农村土地集体所有制也因此遭受各类攻击非议。一种基于历史逻辑的观点认为,要走出集体农业的失败,就要回到土地制度的历史起点。土地公有制从农民个体所有制变革而来,那就应该重新实行土地私有,把土地分给农民。这些研究还以发达国家的历史为参照,结合现代市场经济理论的论证,指出土地私有化的合理性。一种基于效率逻辑观点认为,农地、林地的经营权的激励作用明显,长期的激励就应该赋予农民完整的产权,资源更有效配置提高了农民收入,农业和农村经济才能发展起来。基于利益分配逻辑的观点认为,农村土地征收以国有土地出让的过程中农民和村集体的利益被再次忽视,农民利益过去被工农产品价格剪刀差剥夺,现在被土地价格剪刀差剥夺。从保护利益来讲,农民应该对土地有完整的产权,且得到合法的保护,农民才能得到应有的权益。基于财产逻辑的观点认为,城市房产具有完整的权能,而农民的农地、宅基地的权能受到各种限制。要肯定农民对土地的完整产权,让农民平等得到完整的可转让、抵押的财产,并从土地的市场化交易中得到应有的财产收益。要素市场化配置、市场机制起决定性作用的观点得到高度认同，相应的土地私有化的错误观点也随之泛起。

集体产权的公共利益和私人利益界限不明确，双方都不能得到有效保护，结果导致农地过快流失，农民的利益受到极大的损害，间接否定了作为一种模糊产权的集体所有制。有学者认为农村土地集体所有制赋予了政府很强的控制权，"是由国家控制但由集体来承受其控制结果的一种中国农村特有的制度安排"。这种制度"同时损失了监管者和劳动者两个方面的积极性，其要害是国家行为造成严重的产权残缺"。尤其是城乡二元分割的土地制度下农民和农村利益更容易受到损失，国家、地方政府的形象就更像是对土地收益的"掠夺者"。不否认国家对集体产权有一定的控制，但也不能把国家放在与农民和农村集体争夺利益的位置上，把社会主义国家看作是一个"掠夺型国家"。

研究者基于不同的立场和视角，对农村土地集体所有制形成不同的判断。那些直接要求土地私有化、市场化的观点，以及间接要求明晰土地产权和赋予农民财产权并保护农民权益的观点，基本上把农民作为土地经济关系的中心。坚持土地公有制的那些观点，更多强调改革开放以来我国工业化、城市化发展的成就，强调与其他土地私有的发展中国家对比后的显著优势，回避了计划经济体制下土地集体所有制和农村集体经济长期低效率的事实。改革开放前后两段不同的发展缺少统一的土地公有制逻辑。中国农村土地制度不是一成不变的，其建立和完善都是在党的领导下不断推进的，评价中国农村土地制度，要避免两个误区。

第一个误区是忽视土地制度变迁过程中党、国家和各级政府的存在和作用。在农业经济中农民、村集体与土地有着天然的关系，但是随着工业化、城市化和现代化的推进，农民与土地的关系并不是主导的生产关系，而工业和城市发展与土地的关系更加重要，代表了社会发展的进步方向。政府有必要主动调整土地关系及其利益关系，并通过相应的制度稳定这种关系。一些完全以农民农村利益为中心来评价土地制度的逻辑是错误的。农民个体及农村集体的利益是制度需求的因素，而制度的供给主体最终是政府，土地的所有权的界定和保护最有效的行为有赖于政府供给。任何社会的一种产权制度，一种利益分配格局造成的社会经济影响，必定是一个国家政府当局要考虑的重要现实问题。而采取采用什么样的产权制度，形成什么样的利益格局，完全与这个国家、政府的性质和根本目标有关。那么在讨论新中国成立70年来农村土地制度变迁的得与失、经验与教训，就必须以党对现代化国家的目标的统领作为最根本的一个前提。

第二个误区是对农民现代化前途的理解。在国家和农民的土地关系中，土地当然是重要的生产资料，但那些认为给予农民土地所有权就能激励农民、保证农民获得土地收益的观点，过度夸大了土地的重要性。农民的个人能力比起土地而言，哪一种更为重要？农民彻底的解放和现代化，最终依靠的是土地这种生产资料的所有权，还是靠农民自身的能力以及这个社会生产力能够给农民带来的转变条件？中国共产党更看重的是农民的生产力和相应的社会关系。如果农民只能依靠土地这种生产资料创造价值，一个国家还仍然是农业国。农民凭借着对土地这种生产资料的所有权而获得收入，那么农民就不是价值创造的劳动者。中国共产党的新民主主义革命理论就早已确立了工业化、现代化的目标，而要从落后的农业国发展为工业化、现代化强国，占总人口数百分之八十多的农民中的绝大部分必然要走出土地，既不是凭土地所有权获益的"食地者"，也不是小农生产者，而是在工业化、城市化进程中转变为现代化的劳动者，摆脱土地作为生产资料和财产的双重束缚。

澄清了以上两个误区，我们不难发现，中国共产党一直坚持的土地公有制，代表的是整个国家现代化目标的最大利益。同时在这目标中，农民也将从小农生产者转变为先进的社会化大生产的一分子。建立什么样的土地制度，那就不完全以农民的利益为唯一考量，而是要找到农民利益与全社会利益一致的那种制度。

三、土地制度变迁的国家目标

新生的人民共和国作为制度变迁的供给主体，首先要恢复国民经济，获得独立的国际地位，在此基础上加快发展生产力、壮大国力、提高人民生活水平。毛泽东在《新民主主义论》《论联合政府》等重要文献中，多次谈到了当时的具体国情，分析了社会各阶级的地位和未来前途。在一个百分之八十多的人口是农民的国家中，农民是工业化的重要力量来源，也是消费工业产品的重要群体。新生的人民共和国经济基础薄弱，尤其是工业化刚刚起步，大量人口从事自给自足的小农经济，这样的国家是不可能跳过工业化阶段而成为一个独立自主的强国的。强大的工业是物质生产能力的基础，在生产力水平提高的基础上提高人民生活水平，发挥生产力诸要素中人的能动性。占总人口百分之八十以上的农民群体，只有得到彻底的改造，实现彻底的进步，在党的领导下，依靠农民自身的努力并加入到工业化进程，国家的面貌才能发生根本转变。农民不仅成为工业化的力量，一部分转移到工人队伍，而且劳动生产力提高后的农业农村也是吸收工业产品的主力。工业化是新生的共和国的必由之路。新中国要在工业化上追赶资本主义国家，离不开更高生产力水平的农业的支持。在人口众多、人均土地面积并不大的禀赋条件下，党中央发起了在土地公有制基础上探索发展与工业化相适应的社会化农业。

在一个落后的农业国树立工业化强国目标，选择土地公有制作为构建生产关系的基础，是十分具有挑战的。如何来驾驭其中的矛盾，能否利用好矛盾运动推动生产关系和生产力的进步，能否处理好国家目标中整体利益与局部利益的矛盾，这对中国共产党是巨大的考验。

第一层是国家目标中工业（城市）与农业（农村）两大部门之间的利益矛盾。所有制关系要适合工业化的需要，国家整体利益的大局是工业化强国目标，工业化部门、城市部门是现代化的主导部门，是整体利益中的主要方面。农业农村部门，是在发展过程中不断被改造吸收为现代部门的，是矛盾的次要方面。在一定的条件下，农业农村部门也可能成为特定阶段矛盾的主要方面，严重影响到工业化整体目标的实现。土地问题和农民现代化问题,不能孤立来看待,这些问题与国内外政治经济大格局下国家的工业化、现代化建设等任务同时存在、相互影响,是全局中的一部分。中国共产党秉持马克思主义方法论从国家现代化的大局来把握农民问题的方向,而不是孤立地仅仅从农村部门、农民个体的经济利益的局部来考虑,更不是简单从土地资源配置效率等经济指标来考虑。

第二层的矛盾是社会整体利益、农村集体利益和农民个体利益的关系。这三者是包含与被包含的关系,既有一致性也有冲突性。在利益既定的情况下,过于强调城市或农村的局部利益,必然损害其他部门的利益。土地制度作为基本经济制度针对土地的价值分配来协调整体和局部利益,附着在土地上的价值,并不是城市或农村,甚至农民个体等任何一个局部独享的,合理分配才有助于整体利益改进。整体利益和局部利益的矛盾关系如何实现最佳平衡,这是一个政治经济学问题。在公有制的大前提下,整体利益与局部利益的矛盾,要通过权衡,土地制度的基础性作用就很重要。

首先是在国家与农村集体的利益之间的制度安排。从长远来讲,土地的工业化、城市化用途是主流方向,土地用于非农用途而产生的土地收益增值会不断提高。这部分收益从其源头而言是土地的工业化配置,并不是农村部门创造的。这部分利益要在国家代表的社会整体与农村集体之间合理分配。分配的比例,不仅决定了两大部门之间的利益,还会影响工业化、城市化的代价与速度,影响到农村部门的发展积极性。在这个层面上,土地集体所有制是根本性的制度，矛盾关系的主要方面是政府如何权衡农村部门和工业及城市部门的利益。土地国有或集体所有都是公有制的形式，国家可以有目的地在价值规律的基础上干预农产品在工农和城乡之间的分配，国家可以把本来是地租的那一部分价值转化为工业化的资本积累，这有利于资源向工业化部门集中。

其次是农村集体与农民个体之间利益关系的制度安排。土地如何有效利用，农业劳动的投入与农业生产效率如何，取决于农民个体的积极性。农产品在工农城乡之间的价值分配是否合理，国家逐步在实践中发现和承认社会主义条件下的价值规律的作用，尊重农民的劳动，保护农民的积极性，必须作出农业生产经营活动的制度安排。例如，"三级所有，队为基础"，就是对一大二公的人民公社体制的改进，把自主权交还给了生产队。土地、大农具等生产资料等集体所有，但如何来衡量劳动投入并"按劳分配"是很不确定的，由生产队还是由家庭来实施具体的劳动过程，由谁来掌握所谓的劳动配置的"剩余控制权"，是这一层生产经营层面制度安排的关键。

综上，土地所有制的安排，只是国家处理社会整体利益与农村利益关系的安排，还需要对所有制下产权的进一步安排，才能处理好农村集体和农民个体关系。我国土地制度从最初的农民私人所有，经合作化改造后建立起农村集体所有制和人民公社体制。此后在农村集体所有制基础上实行联产承包责任制，并拉开了改革开放的序幕。其间，全国各地零星出现"家庭承包""包干到户"的现象，始终没有退回到土地私人所有的旧制度。农村集体土地承包经营的大胆改革，以及由此推动的农村工业化，都表明在集体所有权保持不变的前提下，合理的产权安排调整能适应经济社会发展的内外部环境变化，处理好国家和农村、集体与个人的利益关系，促进农村经济的发展。问题是改革开放前后这两个阶段，为什么农村土地集体所有制的变迁会造成如此巨大的差别，这必须结合制度变迁的方式加以考察。

四、强制性制度变迁的失败教训

新中国成立后国民经济得以恢复，我国就开始了工商业、手工业和农业的社会主义改造，推进的速度超出预想。受当时的国际地缘政治、国内政治气氛所左右，我国加快了工业化进程，重点超前发展重工业，与之相适应就必须加快农业的社会主义改造，发展现代化农业。超前重工业化的现代化的路径，决定了高积累的重工业化与集体化农业是一对必然组合，党中央在农业合作化的基础上加快了农业的集体化，在较短时间内，同时完成了农村土地的集体所有制和农村经济社会管理的人民公社制。这是一次国家主导的服务于国家工业化、现代化目标的强制性制度变迁。土地公有制从长远来讲是农业国发展形成社会化大生产的生产关系的制度基础，按照社会主义现代化农业的设想，人民公社集体所有制下，土地作为最基本的生产资料，也是未来工业化和城市化的必备要素。工业化为农业提供机械和化肥等生产资料，集体农业适推进机械化和规模化经营，提高产出农业水平并支持工业化。公有制产权结构一步到位，土地向规模化的工业开发等非农用途转变，免除了地租，增加了积累。然而，在土地公有制基础上建立与工业化相适应，并能为工业化提供资源和消化工业产品的现代农业的良好愿望最终落空了。

推行强制性制度变迁，党和国家作为制度供给的主体，在整体与局部的矛盾中更多考虑工业化强国的目标，同时也是把农民从土地上彻底解放的目标和途径。从长远来看城市和工业部门是最终出路，但是立足现实从短期来看，农业和农村才是工农业、城乡之间形成正常的物质交换关系并打开工业化巨大空间的主要力量，而且农业农村和城市工业之间需要建立起合理的交换渠道。强制性制度变迁完全以国家的长期目标为第一考虑，将还处于小农生产力水平的农民家庭通过几个阶段的合作化方式联合起来。由于农业基础设施落后，各类机械设备欠缺，资本有机构成低，农业生产属于劳动密集型而非规模效益型，集体联合劳动是低水平的。而且，联合起来的农民个体家庭没有必要的自主决策权，完全不具备"自由人联合体"的条件。农民既不具备足够的文化知识和技术水平，还没有积累起摆脱土地的生产能力，农民被合作化后缺少决策权而不自由。在农业生产中最活跃的要素没有自由，他们的权利被严重侵蚀，这样的产权安排与长期的国家目标是不完全一致的。

快速工业化的目标并不现实，农民真正要为工业和城市部门吸收，这不可能是一个快速过程，而是一个漫长的数代人要完成的过程。如果真正回归到人的现代化这一目标，公有制体制下的矛盾关系重新加以调整，产权结构要偏向农村和农民。事实上，农民争取对土地和自身劳动的控制并自主承担责任的（诱致性制度变迁）的动力一直没有消失。改革开放前，多地尝试包产到户、包干到户的小范围承包实验，但是都被认为是"资本主义"方向而遭到了压制。这样的诱致性制度变迁，虽然在中央高层也不乏认识，但仅在有限度范围和有限时间内得到了接受，比如说人民公社集体农业的生产管理制度不合理而导致农民消极抵制、粮食严重减产的时候，党中央决定改进整顿农村工作方针。党中央在纠正"大跃进"的错误、整顿调整农村经济时，短期内尊重农民个体和基层农村的积极性，统一核算的单位从公社进一步缩小到生产小队，到了不可能再降的最低限度，再缩小规模就是农户家庭并回归土地农民私有了。但终究受制于"资本主义"还是"社会主义"的路线方向之争，担心对人民公社集体农业的冲击，国家始终没有承认诱致性制度变迁中的产权结构调整。

新中国成立后的农业合作社、农村公社体制，是建立在集体产权基础上的，国家的目的不是完全占有农业生产剩余。相反，国家也从"大跃进"运动中吸取了教训，把核算单位细分到生产队或更小的生产小队，国家放弃了对具体农业生产劳动的控制权。这种做法既减少了控制权成本，也恢复了农民个体一部分积极性。集体产权有利于乡村的组织化，而且降低了与国家整体目标之间协调的难度，一定程度上尊重了基层的积极性，基层还是有一定的剩余控制权。这与苏俄时期完全剥夺了农民个体、农村集体的剩余控制权的余粮收集制不同。我国的公粮、承包粮之外的都是不定额空间,都是剩余控制部分。问题是,在计划经济体制、人民公社体制下,要把集体的作用和个体的积极性这对矛盾统一起来,这是有难度的。集体和农民的剩余控制权的实现途径很单一,国家统购统销的计划加强了控制,城乡二元分割严重堵塞了农业之外的发展机会,偏向工业和城市的剪刀差价格大大降低了农村集体剩余控制的价值。集体农业的产权制度安排最终严重挫伤了农民的积极性,扼杀了农村集体的活力,农民的现代化也长期停滞。

五、回归诱致性制度变迁

生产关系超越生产力水平也是一种不现实、不合理的存在,土地集体所有制与人民公社结合,业已被证明是一次社会主义建设历程中的挫折。集体所有制长远来看与国家工业化强国的目标相适应,但是没有解决好短期内有效提高农业生产力这一主要矛盾。农业生产遭到"一大二公""一平二调"做法的严重破坏后,各地农村也曾冒着政治风险把农地分给农户耕种,这种做法并不变更土地集体所有,又在短期内有效恢复农业生产。基层把农业生产经营单位进一步缩小到家庭,既保持土地集体所有又实行家庭经营的做法,能兼顾长期与短期的主要矛盾。这种基层的创新不仅未能得到党中央的承认,反而遭到了严厉批评和压制。但是,这种集体所有制下农业生产经营体制的创新为后续的联产承包责任制埋下了种子。

一个贫弱的农业国要实现工业化强国目标，土地所有制这一生产关系的基础如何适应工业化以及更大规模的社会化大生产，是一项前无古人的伟大创新。从现代产权理论关于产权结构及其作用的角度来看土地公有制，土地公有制将土地这种要素未来可能引起的利益调整的决策权置于公共领域。农村集体所有制将实际的决策权赋予了村集体和上级政府，在处理农业国现代化目标的长远战略安排上以国家工业化目标优先，农民和农业的现代化从属并服务于国家工业化，土地集体所有制代表了正确的方向。而公共空间之外的产权是实际控制权，关系到土地、劳动等诸多资源的投入配置决策，而这一部分控制权天然地属于劳动者，因此，农民个体、互助合作组织、村集体施行这部分控制权具有天然优先权。剥夺了这部分权利，或者过度缩小这部分权利，都会降低这部分控制权的价值和相应的农业产出。就农村土地集体所有制的产权结构而言，强制性制度变迁割裂了农民与土地的天然控制关系。虽然从长远来讲，农民通过工业化而现代化也最终将脱离土地生产关系，但是，所有制变迁的同时剥夺了农民对土地的控制权，大大超出了劳动密集型小农经济的生产力水平。只有当农业生产的资本有机构成达到相当高度，主要依靠机械化规模化生产，劳动者的数量已经大大降低，农业劳动联合的必要性大大增强，而联合劳动的监督成本大大降低，所有权和控制权合一才是有可能的。因此，过度的合作化和过早的集体化，反而无法实现最终让农民摆脱土地束缚而完成工业化和现代化转变的长远目标。

而反观诱致性制度变迁，农民和村集体作为土地控制权变革的推动者，这种行为是天然自发的，是经济主体面对外部环境变化做出的确保农业生产、维持生存、改善生活水平的自主决策。诱致性制度变迁调整土地的产权结构，不需要政府干预或推动，并不改变土地所有制的基本属性，与国家的长远目标并不矛盾，在国家长期目标、农民和农村的短期目标之间取得了平衡。获得了土地控制权的个体农民及农村集体，获得了应有的决策自由，农业生产力迅速得以恢复和提升。这一种公共领域决策的所有权归村集体而排他性的控制权归属农民个体的产权结构逐渐得到了政府的认可。政府找准了在制度变迁中的定位，找到了事关农地配置引起的集体和个体之间的经济利益，政府认可且推广经济主体推动的产权变革；而事关社会整体长远发展的利益关系要渐进而行，由政府来引导所有制关系调整。政府对基层推动的改革创新不再袖手旁观，不但承认基层发起的改革，而且还作为一种典范加以推广。制度变迁由最初的响应外部变化的诱致性变迁转变为政府主导的、符合基层需求的准诱致性制度变迁。因为政府的主动推动，农村土地集体所有制改革派生出了一系列的变革，农民有更多的机会和条件加入到工业化进程。

准诱致性制度变迁向农业之外的领域扩散，帮助农民走向农业生产以外的其他领域，实现了向工业化转移的现代化关键一步。这是一次历史性的变革，农民的权利空间打开了，所有权和控制权分割的产权结构创造了自由人，农民可以自由决定种不种田、种多少田。统分结合、双层承包经营的效果明显，农业丰收带来农业剩余和劳动力剩余,这些将形成积累和新一轮投资。农民拥有决策自由、支配自身劳动的自由,这是自由人联合体的基础条件。农村土地集体所有制完成了所有权的联合,降低了自由人联合的成本,有助于形成社会主义属性的自由人联合体。

拥有了职业自由和流动自由的农民对外部经济环境的反应迅速,农村社区政府也积极推动,很快在全国兴起了农村工业化,以三大区域农村工业化模式为典型。苏南模式的集体乡镇企业,温州模式的个体农民经商办厂,专业市场和块状产业联动发展;珠三角模式以吸引外资开办"三来一补"加工厂为主。农村土地集体所有制为农业剩余和积累向工业化转移提供了廉价土地,沿海农村工业化快速发展,不仅解决了本地农民的就业,还带动了中西部内陆省份农民向沿海流动。农村工业化给农民扩大了选择空间,土地承包经营权和制造业就业机会互相替代。一旦农民选择了进入工业化且有稳定的工作,农民已经与社会化大生产同步,对其而言,农民已不再是一个职业,而只是城乡二元体制下的一种身份。摆脱农民的职业烙印,仍然保留农民的身份权利,农村土地集体所有制的准需求诱致性制度变迁帮助农民实现现代化的第一步。

随着城市化的加速推进,城乡二元土地制度的矛盾不断凸显。土地征收为国有土地后出让,农民利益受损,但是,给多少利益补偿农民或村集体?如果没有市场化机制,这个标准很难确定。党中央决定,推动城乡建设用地平等入市,分享土地收益增值。农民摆脱土地的束缚进入非农产业,进入城市社会是必然趋势，也是农民适应经济社会变化最有利于农民及其后代发展的选择。延续准诱致性制度变迁的经验，各级政府响应最大多数农民的需求，在保证土地集体所有制的大方向不变前提下，主动推动城乡平等融合的土地制度变迁，继工业化之后以人的城市化来推动农民的现代化。

如果简单地保障农民的土地权益，让农民获得土地财产性收入，那么农民还有没有可能、能不能从土地和农村走出来？农村土地因非农化、城市化用途而增值，并不是农民的努力所致，而是工业化、城市化代表的全社会努力所致，给予农民或农村集体补偿有必要，那是对失去生产资料和就业机会、生存发展机会的补偿。超过这一标准的补偿能否促进其人力资本，能否帮助其立足于城市，能否促进其就业？即使给予其远高于农业产出剩余的补偿，短期内都无法使其加入到社会化大生产之中。如果国家对其人力资本积累不做任何努力，农民始终无法摆脱落后生产力。所以，真正要害之处，并不是土地增值是否归农村集体和农民所有，而是农村和农民在快速城市化进程中能否同步进步。加快推进城乡统筹体制机制改革，把农村土地的价值逐步从农村集体扩大到全社会的价值循环，建立起城乡平等的公共财政，为农村平等提供教育医疗卫生交通等基本公共服务，促使农民人力资本提升，使其更能适应非农产业就业和城市社会。加快建立城乡统筹体制机制，不单纯是将土地收益分配给农民或农村集体的问题，而是如何有效地把土地增值的那部分价值再次进入人力资本积累的循环，而不仅仅成为个人或小集体的既得利益。

城乡统筹的土地产权结构中，农民拥有的集体土地承包经营、宅基地的身份权，未来能否有序退出，这取决于农民自身的选择。城乡流动和身份转换受到三种力的作用影响，城市的服务形成吸引拉力，农村的公共服务形成人力资本的推力，而农村土地收益是锁定力。被动城市化的农民，有其住房和社保，还有一定的集体分红。他们获得这部分分红并不以税收的形式承担相应的社会义务，这里仍存在整体社会利益与局部利益的矛盾。土地增值是否全部作为村集体成员的既定权利，这是值得商榷的。未来打破土地二元体制从两个方向努力。一个方向是城乡基本公共服务均等化，保证农民的发展机会不断扩大和发展能力不断提高。一个方向是土地平等入市，但是土地的收益要承担社会义务，一部分价值要以税收形式回馈社会。社会主义本质是共同富裕，完全以农业为生的农民尚未达到城市社会的生产力水平，土地的增值收益用于帮助其发展生产脱贫致富。而完全不以农业为生，甚至以财产收益为生的城郊农民、城中村农民已经适应了城市生活，农民获得了巨额的土地增值收益，则应该承担共同富裕的义务。

目前很多进城农民不愿意放弃农村户籍和村集体的身份权益，同时也在享受着城市公共服务。当城市公共服务严重拥挤不堪重负时，社区政府将公共服务与住地户籍挂钩，农村户籍的身份权益与城市住地户籍的公共服务明显相互替代。城居农民能在城市立足，如果为了下一代获得更好的发展，要获得与城市户籍关联的公共服务时，农村集体的身份权与城市户籍必选其一，放弃农村户籍和集体身份权益而彻底城市化，那么与工业化、城市化进程同步进步的身份农民脱离了土地基础上的生产关系，而留在农村的农民是一种专业化的职业。当农民不再是与生俱来的身份，而是自由选择的职业，农民完成了彻底现代化。

六、结论

中国共产党诞生一百年来，立足于中国是一个落后的农业国的基本国情，始终把农民和农民问题看作是建立人民共和国和建设社会主义现代化的重要方面。中国革命把农民从封建土地所有制中解放出来，使农民成为了土地的主人，也让农民真正在社会关系上确立了独立的地位。中国共产党领导了农业合作化运动，农民所有的土地制度改造为集体土地制度，这是为建立现代化工业经济，并把农民带进社会化大生产、把农民再次改造为现代生产力重要组成部分的一次伟大探索和飞跃。这是过于超前的生产关系变革，农民既离不开土地作为生产资料，也离不开土地作为财产激励，强制性制度变迁这种方式没有达成土地制度变革的目标。既然以巨大的挫折为代价确立起了土地公有制，就决不能被轻易颠覆。中国共产党再次尊重农民的自主选择，及时肯定、积极推动基层组织施行的农地承包责任制，统分结合，双层经营，极大激发了农民和农村集体的积极性，农民在集体土地上焕发出前所未有的活力。中国共产党改变了制度变迁方式，把基层的制度创新大力推广，这一次政府积极推动的准诱致性制度变迁，赋予了农民的自由人地位，也在公有制下促进了自由人的联合。农村工业化、农村城市化是这次制度变迁的伟大成果，其深远影响一直持续到工业化、城市化中后期。党中央积极推动城乡二元土地制度变革，建立城乡统筹一体化发展的体制机制。

在中国共产党成立百年之际，中国的农民和农村发展真正进入了现代化的轨道。工业化进程使农民具备非农就业能力，农民选择承包经营权流转，第一次不依赖土地作为生产资料。在城乡统筹的土地制度下，农民及其后代在农村和城市间的流动更加安全，权利更有保障。如果他们能成为城市的一员，选择退出宅基地和集体身份权，换取城市住房、户籍和更高品质的城市生活，农民可以不依赖土地作为财产的身份权收益。未来作为身份的农民将成为一个历史名字。农民因土地关系而产生，农民的现代化也因摆脱土地关系而实现。农村土地集体所有的制度，处理好了国家的工业化、城市化以及推动社会发展的现代化目标，集体产权有助于快速推进工业化和城市化进程，使农民摆脱土地的束缚，真正获得发展机会。